国家自然科学基金项目"忠诚还是叛逆？——员工越轨创新行为的
内容结构、形成机制和影响结果"（项目编号：71872069）资助

越轨创新行为的测量、
形成机制与作用效果研究

Research on the Measurement,
Formation Mechanism and Effect of Bootleg Innovation

王弘钰◎著

中国财经出版传媒集团

经济科学出版社
Economic Science Press

图书在版编目（CIP）数据

越轨创新行为的测量、形成机制与作用效果研究/
王弘钰著 . -- 北京：经济科学出版社，2022. 11
ISBN 978 - 7 - 5218 - 4383 - 5

Ⅰ. ①越…　Ⅱ. ①王…　Ⅲ. ①企业创新-创新管理-
研究　Ⅳ. ①F273. 1

中国版本图书馆 CIP 数据核字（2022）第 223978 号

责任编辑：杜　鹏　刘　悦
责任校对：蒋子明
责任印制：邱　天

越轨创新行为的测量、形成机制与作用效果研究
王弘钰　著
经济科学出版社出版、发行　新华书店经销
社址：北京市海淀区阜成路甲 28 号　邮编：100142
编辑部电话：010-88191441　发行部电话：010-88191522
网址：www. esp. com. cn
电子邮箱：esp_ bj@ 163. com
天猫网店：经济科学出版社旗舰店
网址：http：//jjkxcbs. tmall. com
固安华明印业有限公司印装
710 × 1000　16 开　18 印张　300 000 字
2022 年 11 月第 1 版　2022 年 11 月第 1 次印刷
ISBN 978 - 7 - 5218 - 4383 - 5　定价：98. 00 元
（图书出现印装问题，本社负责调换。电话：010 - 88191545）
（版权所有　侵权必究　打击盗版　举报热线：010 - 88191661
QQ：2242791300　营销中心电话：010 - 88191537
电子邮箱：dbts@ esp. com. cn）

前　言

2019 年 3 月，习近平总书记在全国政协十三届二次会议上，对哲学社会科学工作指出，中国特色社会主义进入新时代，学术创新拥有无比广阔的空间；哲学社会科学研究要在守正创新上有新作为。如何使创新与时代同步伐，发时代之先声；如何使越轨创新恪守正道，又能涌现新思想、发现新方向，产生高质量创新成果。对于这些现实问题的回答，哲学社会科学研究者具有义不容辞的责任。

越轨创新行为（bootleg innovation）是指个体避免或无视上级否决，坚信自己的创意会给企业创造价值，并通过非正式途径继续深耕的行为（Augsdorfer，2005；Mainemelis，2010；黄玮、项国鹏、杜运周等，2017）。由于越轨创新行为具有目的的"合理性"和行为的"偏离性"，因而越轨创新行为是"忠诚和叛逆的复合体"（王弘钰，2018）。调查显示，超过80%的组织曾出现过越轨创新行为（Augsdorfer，2012）。越轨创新行为在组织中经常发生且不可避免（黄玮、项国鹏、杜运周，2017），尤其是党的十八大以来，数字经济成为中国经济发展中创新最活跃的领域，在无穷创新活力的环境下会越发地涌现。

学术界对越轨创新行为分外关注，并相继在越轨创新行为的界定与测量、越轨创新行为的形成、越轨创新行为的作用效果、越轨创新行为的研究方法等方面取得较丰硕的成果。但仍存在以下不足：（1）缺乏从创新过程视角测量员工越轨创新行为；（2）未能基于儒家文化情境取向识别越轨创新行为的内涵与维度；（3）缺乏自我验证视角下资质过剩感对越轨创新行为的影响机制研究；（4）缺乏差序式领导对越轨创新行为的影响及作用机制研究；（5）缺乏悖论式领导对越轨创新行为的影响及作用机制研究；（6）缺乏领导权变激励对越轨创新行为的影响及作用机制研究；（7）缺乏组织创新氛围对越轨创新行为的影响及作用机制研究；（8）缺乏个人—环境匹配视角下越轨创新行为转化为个体创新绩效的边界条件研究；（9）缺乏对越轨创新事件多层次动态影响过程的系统性研究；（10）缺乏纵向调研和案例研究方法的使用。

为了弥补上述研究不足，本书基于创新过程理论与儒家文化情境取向，修订越轨创新行为的测量量表；基于自我验证理论、差序格局理论、综合激励模型和社会认知理论，探究个体资质过剩感、差序式领导、悖论式领导、领导权变激励以及组织创新氛围对越轨创新行为的影响机制；基于个人—环境匹配模型探讨越轨创新行为对个体创新绩效的影响和边界条件，并利用事件系统理论对越轨创新事件的多层次动态影响过程进行深入分析；引入目前越轨创新行为领域中尚未研究使用的经验取样法和案例研究方法，深入分析越轨创新行为的形成机制及其影响的多层次动态演化过程。

本书共有7章。第1章绪论；第2章文献回顾与评述；第3章越轨创新行为的量表修订；第4章越轨创新行为的形成机制；第5章越轨创新行为的作用效果；第6章研究结论与理论贡献；第7章对策建议与研究展望。

本书的创新点体现在：（1）修订了越轨创新行为的测量量表；（2）揭示了资质过剩感对越轨创新行为的作用机制；（3）揭示了差序式领导对越轨创新行为的影响及作用机制；（4）揭示了悖论式领导对越轨创新行为的影响及作用机制；（5）揭示了领导权变激励对越轨创新行为的影响及作用机制；（6）揭示了组织创新氛围对越轨创新行为的影响及作用机制；（7）识别出越轨创新行为向个体创新绩效积极转化的边界条件；（8）揭示了越轨创新事件的多层次动态影响过程；（9）在越轨创新行为研究中引入经验取样法和案例研究方法。

本书对越轨创新行为的系统、深入研究，不仅深化了对越轨创新行为概念、内涵的理解；补充了越轨创新行为的形成机制研究；增加了越轨创新行为积极作用效果研究；拓展了诸多理论的应用范围等，体现出较深的理论意义。而且为企业提供了更为科学、实用的越轨创新行为测量工具；为企业合理应对员工越轨创新行为、实现科学高效的创新管理实践提供了理论依据；在为企业激发员工越轨创新行为的积极作用提供理论依据等方面体现出更强的实践意义。同时，本书又从建立合理的上下级关系，提高组织创新效率；关注员工心理特权，避免引发越轨行为；包容不同意见、缓解认知冲突，推进合规化创新活动；提升管理者的悖论式思维和能力；培养员工的角色宽度自我效能感，调动创新潜力等方面，提出了具有针对性的对策与建议。

感谢柳博洋老师、刘伯龙老师、李云剑博士、孙宏夺博士等对本书顺利完成的献计献策；感谢崔智淞老师、邹纯龙老师、万鹏宇老师、于佳利博士、薛飘飘硕士为本书提供的研究成果；感谢于佳利博士、赵迪博士、寇先柳博士参与本书的撰写工作。正因为大家的辛苦努力和付出，本书才能如约完成。

王弘钰

2022 年 8 月

目　录

第1章　绪论

1.1　研究背景

2021年10月，搜狗被腾讯正式收购，自此搜狗以腾讯的全资子公司继续存在。腾讯此次收购搜狗是为了实现其"进军"移动搜索市场的战略目标，而其所看重的正是搜狗的核心业务——搜狗搜索、搜狗输入法和搜狗浏览器。不同于搜狗搜索与搜狗输入法，作为国内三大浏览器巨头之一的搜狗浏览器并非"脱胎"于搜狗的正式项目，而是王小川自主开发并取得的创新成果。2006年时任搜狐副总裁的王小川看到浏览器市场的巨大潜力并提出开发搜狗浏览器的想法，但却遭到老板张朝阳的强烈反对，甚至还因而失去实权。然而，王小川没有就此放弃，而是选择坚持开发研究。出人意料的是，这个最开始被公司排除在计划之外的想法竟真的被王小川实现，而且其所开发的搜狗浏览器在2017年的市值甚至达到350亿美元。无独有偶，惠普公司的一款曾为其创造3 500万美元收入的新型监控器也是其工程师在未经上级同意的情况下私自根据客户需求产出的。一些传统假设认为，企业应当将创新活动控制在管理范围内以维护并促进组织利益（Augsdorfer，1994），而那些违背组织章程的偏离行为则被认为会给企业带来损害（Bennett and Robinson，2000；Lehman and Simpson，1992）。然而，上述事例中这些违背或隐瞒上级开展的创新活动不仅没有如其他偏离行为一般损害企业的利益，甚至还为企业创造了巨大营收。学术界关注到这类与传统认知相悖的创新行为并将其称为越轨创新行为，即个体避免或无视上级否决，坚信自己的创意会给企业创造价值，并通过非正式途径继续深耕的行为（Augsdorfer，2005；Mainemelis，2010；黄玮、项国鹏、杜运周、刘洋，2017）。

越轨创新行为是一种自下而上的、未得到管理层正式授权的隐蔽性创新行为（Augsdorfer，2005），尽管其行为违背了组织规章，但其目的是组织的利益（Augsdorfer，1996），因而越轨创新行为通常被认为具有行为非法性和目的合理性双重属性（黄玮等，2017）。也正是这种看似"叛逆"实为"忠诚"的复杂特质，使越轨创新行为如今受到学界的广泛关注与热烈讨论。同时，目前的理论与实践研究也表明，越轨创新行为具有重要的探讨价值：一方面，随着社会和组织对创新的日渐重视，员工创新主体意识与制度约束之间的矛盾得到进一步激化，组织中的越轨创新行为已然成为一种常态（Globocnik and Salomo，2015；黄玮等，2017）。已有调查结果也显示，有超过80%的组织曾出现过越轨创新行为（Augsdorfer，2012）。另一方面，尽管越轨创新行为对组织规章的违背挑战了组织的权威并可能引发管理的低效（Staw and Boettger，1990；Burgelman and Grove，2007），但正如前面所提到的搜狗浏览器等事例，越轨创新行为一旦成功，通常能够为组织创造巨大收益，甚至可能引领行业未来（Augsdorfer，2005）。因此，对越轨创新行为形成原因、作用效果以及权变因素的深入探讨十分具有现实意义。

目前已有不少研究围绕越轨创新行为展开，并相继产生一些研究成果。

（1）越轨创新行为的界定与测量。现有研究分别基于不同视角对越轨创新行为展开界定。其中，奥格斯多弗（Augsdorfer，2005）基于越轨创新行为（bootlegging）的隐蔽性、自主性特点将其界定为"个体主动、秘密开展的、对组织产生预期利益的创新行为"；梅因梅利斯（Mainemelis，2010）则基于抗令性特点认为，越轨创新行为（creative deviance）是"个体违背管理层下达的停止开发其新想法的命令，继续坚持开展其创新设想的行为"；也有学者融合越轨创新行为的抗令性和隐蔽性特点，认为其是"个体避免或无视上级否决，坚信自己的创意会给企业创造价值，并通过非正式途径继续深耕的行为"，并将其表述为"bootleg innovation"（赵斌、古睿、李瑶，2019；王弘钰、崔智淞、邹纯龙、于佳利、赵迪，2019）。关于越轨创新行为的测量，主要以克里斯库洛等（Criscuolo et al.，2014）以及林等（Lin et al.，2012）分别基于越轨创新行为隐蔽性和抗令性特点开发的量表为主。

（2）越轨创新行为的形成。现有研究分别探讨了个体、领导、组织因素对越轨创新行为的影响。个体因素中，员工自身的人格特质（Augsdorfer，1996、2012；杨剑钊、李晓娣，2019；李晓园、方迪慧、刘思聪，2020）、价值观（侯烜方、刘蕴琦、黄蓉、李文琦，2020）、创造力（杨刚、宋建敏、纪谱华，2019）等因素有助于促进越轨创新行为的发生；领导因素中，领导者的态度、风格以及行为都会对员工的越轨创新行为造成影响，例如真实型领导（吴士健、杜梦贞、张洁，2020）、变革型领导（王弘钰、邹纯龙，2019）、谦卑型领导（吴玉明、潘诚、周银珍，2020）等；组织因素中，组织对创新的激励、较低的规范要求（Globocnik and Salomo，2015）、个性化契约（金玉笑、王晨曦、周禹，2018）等均起到促进作用。

（3）越轨创新行为的作用效果。关于越轨创新行为的影响，目前学界主要持正、负两种观点。在负向观点中，越轨创新行为不仅会占用正式工作时间而引发个体创新绩效下降（Masoudnia and Szwejczewski，2012），还可能使组织研发过程脱离管理层的控制（Staw and Boettger，1990），并降低组织创新效率和有效性（Burgelman and Grove，2007）。而在正向观点中，越轨创新行为所带来的"延迟公开优势"和"探索性优势"有助于提升员工的创新绩效（Criscuolo et al.，2014），特别是当员工具有高创造力和高正式地位水平（黄玮等，2017）或者具备充足的个人资源（信息资源、心理资本）与工作资源（悖论式领导、同事支持）时（赵斌等，2019）。同时，越轨创新行为也能帮助团队成员试错学习、积累经验，增加团队创意想法存量和多样性，从而提高团队创新绩效（吴颖宣、程学生、杨睿、施建军，2018）。而成功的越轨创新为企业所带来的巨大收益则能够提升组织创新绩效（Mainemelis，2010）。

（4）越轨创新行为的研究方法。目前诸多研究中定量研究方法占主导地位，且大多采用横截面调研和时间差调研来分析与检验理论模型与研究假设。除此以外，也有研究采用较为前沿的定性比较分析方法（QCA）来探究组态视角下多层面因素对越轨创新行为的联动效应（孙颖，2021；崔智淞、王弘钰、刘伯龙，2021）。

通过对越轨创新行为领域目前已有研究的系统梳理与分析，我们发现当前有关越轨创新行为的研究还存在以下不足。

（1）缺乏从创新过程视角测量员工越轨创新行为。现有关于越轨创新行为的测量仅基于静态的视角、以管理者是否知晓为分界点，探究管理层知晓前或者知晓后某一种情境下的越轨创新行为。根据创新过程理论，个体创新活动包括创意产生与创意实施，即管理者知晓前和知晓后两个阶段。知晓前阶段是员工创意产生阶段，当员工产生一些不成熟但预计会有利于组织的创意时，往往会凭借其在组织内所拥有的资源，在未得到领导授权的情况下私自开展创新活动（沈伊默、周婉茹、魏丽华、张庆林，2017；王弘钰等，2019）；知晓后阶段是员工创意的实施阶段，当员工的创意没有得到领导支持时，员工可能不会遵从领导的命令，而选择继续行动（Lin, Mainemelis and Kark, 2016）。因此，越轨创新行为在管理者知晓前后都会发生（Mainemelis, 2010），甚至能够从知晓前发展到知晓后阶段，即越轨创新行为是一个动态且连续的创新过程。但目前关于越轨创新行为的测量仅基于静态视角分别探究了知晓前或知晓后的越轨创新行为，而忽视了越轨创新行为的动态连续过程。这使现有对越轨创新行为的测量是不准确、不完整的，这不利于学界对越轨创新行为的准确理解，也难以为企业的创新管理实践提供有效的管理指导。

（2）未能基于儒家文化情境取向识别越轨创新行为的内涵与维度。现有的越轨创新行为测量量表多是基于西方文化背景下所提出的越轨创新行为概念而编制的量表，这类量表难以很好地嵌入中国文化背景中，因而无法完全反映中国组织情境中员工的越轨创新行为特质。儒家文化作为我国最为典型的传统文化特征，对中国人的思维模式与行为方式具有深远影响（Hwang, 2000）。其中，十分具有代表性的"面子文化"观念对员工的工作场所行为具有重要影响，即员工为了避免因创新想法被拒绝而丢面子，会倾向于先向领导者隐瞒其创新想法或行为，以免在想法还不成熟时遭到否决（黄玮等，2017）；而儒家文化中的谏诤文化则强调依据客观条件来判断是否要"尽忠"，即在必要的时候可以无视权威犯颜直谏。这与员工坚信自身想法能为组织带来价值而违背上级否决采取的违命创新相契合。由此可见，相较于西方文化内涵，中国儒家文化中的"面子文化"和"谏诤文化"能够更为贴切地揭示出中国员工的越轨创新行为本质。但目前尚未有研究基于儒家文化情境取向识别越轨创新行为的内涵与维度并编制相应的测量量表。这使目前的越轨创新行为量表难以适用于中国组织情境，也不利于对中国员工越轨创新行为的深入理解。

（3）缺乏自我验证视角下资质过剩感对越轨创新行为的影响机制研究。目前关于个体视角下越轨创新行为的形成原因研究中，个体的主动性人格（李晓园等，2020）、高情感地位追求（Zhiqiang Liu, 2021）、创造力（杨刚等，2019）、风险偏好（Globocnik, 2019）等诸多均被认为能促使员工越轨创新行为的产生。其中，资质过剩感作为一种认知因素也被证明是影响越轨创新行为的重要前因变量（王朝晖，2019），且已有研究从悖论视角揭示了资质过剩感对越轨创新行为的作用机制。但是结合资质过剩感个体特质和自我验证理论来看，感知资质过剩的个体往往具备较高的自我定位和自信程度，这会进一步转化为个体较强的证明目标导向，并促使他们为了向外部寻求与自身概念一致的评价（Swann, Wenzlaff and Krull, 1992）、证明自身资质，而主动从事越轨创新行为。可见，证明目标导向是资质过剩感影响越轨创新行为的另一重要路径。但目前尚未有研究对该路径进行深入剖析，这不利于全面揭示资质过剩感与越轨创新行为之间的关系及作用机制，也不利于深入理解越轨创新行为的形成原因。

（4）缺乏差序式领导对越轨创新行为的影响及作用机制研究。目前领导视角下越轨创新行为的形成研究大多围绕领导风格展开，且大量领导风格（如变革型领导、非伦理领导、真实型领导等）均被证实能够促进越轨创新行为的发生，但仍然缺乏对更符合中国传统文化价值观的差序式领导的研究。差序式领导反映了中国社会中典型的"关系导向"和"权威导向"特征，这类领导倾向于将员工分为"圈内人"和"圈外人"（郑伯埙，1995）。其中，"圈内人"通常能够获得来自领导的更多的资源（陶厚永、章娟、李玲，2016），因此，当圈内员工产生一些不成熟但预计会有利于组织的想法时，往往会凭借其在组织内所拥有的资源，私下开展创新活动；而这种来自领导的差别对待也会激发圈外员工想要通过自身努力尽快融入"圈子"的动机，进而促使其愿意承担一定风险而采取越轨创新行为。可见，差序式领导所表现出的差别对待对越轨创新行为的发生具有重要影响。但目前尚未有研究对差序式领导与越轨创新行为之间的关系及作用机制展开深入研究，这不利于实现中国组织情境中员工越轨创新行为发生的全面、深入理解。

（5）缺乏悖论式领导对越轨创新行为的影响及作用机制研究。在目前诸多关于领导风格与越轨创新行为关系的研究中，大多探讨单一导向的领导风格与越轨创新行为之间的关系，而鲜有研究关注灵活、多变的悖论式领导对越轨创新行为发生的影响。员工在现实创新实践中经常面临着在"自主"与"制度规范"之间作权衡的两难困境，而员工是否能够良好地平衡这一两难困境会显著影响员工后续的创新行为倾向。悖论式领导能够综合运用"两者都"的悖论思维，跳出单一导向的束缚、灵活处理组织管理中的矛盾（Zhang et al.，2015）。这种悖论思维能够为员工起到角色模范的作用，促使员工也产生充分的悖论意识，从而使员工能够在创意与组织规范存在冲突的情况下选择越轨创新行为（王朝晖，2019）。可见，悖论式领导也是员工越轨创新行为的一个重要决定因素。但现有研究却忽视了这一重要前因变量，缺乏对悖论式领导与越轨创新行为之间关系及作用机制的探讨，这不利于实业家和学者们对越轨创新行为形成过程的深入理解。

（6）缺乏领导权变激励对越轨创新行为的影响及作用机制研究。在现实组织中，除了领导风格以外，领导行为同样是影响员工行为的重要决定因素，但现有研究鲜有从行为视角考察领导对员工越轨创新行为的影响。领导权变激励作为一种灵活、公平且效能优先的领导激励行为，能够显著调动个体开展角色外工作、通过额外付出获得更多奖励的动机（周春城，2019），对员工越轨创新行为具有重要的影响作用。具体而言，领导权变激励强调效能优先和柔性管理（Buengeler，Homan and Voelpel，2016；周春城，2019），能依据员工行为的本质和目的进行灵活的评价与管理，从而减轻员工借助越轨形式开展创新行为的心理负担；同时还能通过针对性的奖酬激励，鼓励员工主动从事建言、越轨创新行为等具有风险的建设行为（赵峰、刘丽香、连悦，2013；朱苏丽、龙立荣、贺伟等，2015）。因此，领导权变激励是促进员工开展越轨创新行为的重要影响因素，但现有研究却忽略了领导权变激励对员工越轨创新行为的影响及作用机制，这不仅不利于深入理解领导在越轨创新行为形成中的关键作用，还难以为企业激励、权变管理员工的越轨创新行为提供全面的启发借鉴。

（7）缺乏组织创新氛围对越轨创新行为的影响及作用机制研究。基于组织视角的研究证明了工作特性（刘博、赵金金，2018）、创新管理实践（Globocnik and Salomo，2015）、规范制度（金玉笑等，2018）等因素均会影响越轨创新行为的产生，但尚未有研究深入探讨组织创新氛围的影响。有研究指出，越轨创新行为的发生本质上是由于组织创新支持与资源有限性之间的矛盾（Mainemelis，2010）。而组织创新氛围表现为组织对员工创新的高度支持，这种支持能够激发出员工强烈的创新热情，这会进一步激化资源有限性所带来的矛盾，从而促使员工在组织资源有限的情况下，选择开展越轨创新行为来满足其创新想法。尽管已有研究提出组织创新氛围是影响员工创新行为的关键因素，但其仅在理论上推演出组织创新氛围与越轨创新行为之间存在正相关关系（Globocnik and Salomo，2015；阎亮、张治河，2017），而缺乏相关的实证检验，且对于组织创新氛围对越轨创新行为的作用路径及其边界条件的研究更是无人问津。这不利于打开越轨创新行为产生的"黑箱"，无法明晰组织创新氛围与越轨创新行为之间的传导机理，也不利于深入理解组织在员工越轨创新行为产生过程中的作用。

（8）缺乏个人—环境匹配视角下越轨创新行为转化为个体创新绩效的边界条件研究。随着对越轨创新行为作用效果研究逐渐深入，诸多研究认为，边界条件是解答"越轨创新行为促进还是抑制个体创新绩效"这一问题的重要途径之一（Criscuolo et al.，2014；赵斌等，2019）。尽管已有研究初步探究了创新自我效能、创造力等个体因素对越轨创新行为影响个体创新绩效的边界意义（王弘钰、万鹏宇，2020；黄玮等，2017），但目前对于相关边界条件的选择仍旧过于零散，且未基于系统的理论进行合理甄选，并在一定程度上忽视了情境因素的影响。个人—环境匹配理论提出个体特征（如个体特征行为）与环境（包括组织情境、领导情境等）在不同匹配程度下会对个体产生不同作用效果（Holland，1959），为确定越轨创新行为影响的边界条件提供了有力的理论支撑。但目前尚未有研究基于个人—环境匹配理论对个体因素和环境因素进行整合，深入挖掘越轨创新行为作用效果的边界条件。这导致越轨创新行为对个体创新绩效的积极影响无法通过强有力的调节变量彻底解答，难以为组织实践提供切实有效的指导。

（9）缺乏对越轨创新事件多层次动态影响过程的系统性研究。目前关于越轨创新行为影响的研究大多基于静态视角展开研究，且过于强调越轨创新行为成功的外部情境（赵斌等，2019；Lin et al.，2016；Criscuolo et al.，2014），而忽视了越轨创新行为影响效果的空间延展性和时间持续性。创意过程理论提出创意过程是一个涉及多阶段，跨域个体、团队和组织多个层次的过程（Perry-Smith and Mannucci，2017）。即起源于组织中的某一层级的越轨创新事件，随着创意过程的推进，其影响后果可能催生、传递或延伸到其他层次（陈建安、李双亮、陈武，2021）。同时，事件系统理论也指出从事件本质属性（强度、时间以及空间）出发，剖析其对团队和组织产生多层次动态影响，有助于完整地呈现越轨创新影响过程的多层次动态演化。因此，有必要结合事件系统理论和创意过程理论，分析越轨创新事件发展过程中的多层次动态演化，拓展越轨创新影响后果讨论的广度和深度。但目前尚未有研究基于两个理论深入探究越轨创新事件的动态影响过程，这无法完整地展示越轨创新在发展的过程中呈现出多层次动态演进特征，也不利于全面、深入地了解越轨创新可能带来的影响。

（10）缺乏纵向调研和案例研究方法的使用。现有研究中定量研究方法占据主导地位，且主要以横截面调研和时间差调研为主，而缺乏纵向调研方法的使用，例如经验取样法等。横截面调研方法是一种在同一时间将所有样本数据全部收集的调研方法，该方法具有操作简单、成本低廉的特点，但同时点数据仅能展示变量间的相关关系而难以检验因果关系；尽管也有研究考虑到变量间影响的延时效应而采用时间差调研的方法，但仍旧无法实现对因果关系的良好检验。而纵向调研则能够区分变量间影响效应中的即时效应和延时效应，但现有研究鲜有采用纵向调研方法，这难以真实地反映变量之间的因果关系，从而严重影响结论的准确性。同时，随着对越轨创新行为的理论探讨逐渐深入，可以发现，目前单一的基于企业样本数据的定量研究方法已限制了对越轨创新行为的进一步研究。特别是在团队和组织层面的影响研究中，定量方法难以揭示越轨创新行为的影响从个体向团队和组织过渡的动态过程。而定性研究方法则可以突破样本数据的限制实现对越轨创新行为的深层次分析。但目前仅有少量研究采用了定性研究方法，且主要通过半结构化访谈的形式展开，而缺少更具严谨性和科学性的案例研究方法的使用。案例研究方法能够实现对具体典型案例的"解剖"式分析，揭示其发展脉络和演进过程（Eisenhardt，1989），进而实现对越轨创新行为动态影响过程的全面且深入的分析。但现有研究缺乏对案例研究方法的使用，这不利于实现对越轨创新行为作用效果的全面、深入分析与探讨。

基于以上不足，本书力求从创新过程视角出发，修订越轨创新行为的测量量表；基于自我验证理论、差序格局理论、综合激励模型和社会认知理论，探究个体资质过剩感、差序式领导、悖论式领导、领导权变激励以及组织创新氛围对越轨创新行为的影响机制；基于个人—环境匹配模型探讨越轨创新行为对个体创新绩效的影响和边界条件，并基于事件系统理论对越轨创新事件的多层次动态影响过程进行深入分析；引入目前越轨创新行为领域中尚未有研究使用的经验取样法和案例研究方法来深入分析越轨创新行为的形成机制以及其影响的多层次动态演化过程。

1.2 研究目的

（1）基于创新过程理论与儒家文化情境取向修订越轨创新行为的测量量表。现有越轨创新行为测量量表多基于静态和断点的视角，分别对管理层知晓前和知晓后两个情境下的越轨创新行为进行测量（Criscuolo et al., 2014; Lin et al., 2012）。但依据创新过程理论，越轨创新行为是一个动态且连续的创新过程，其行为在管理者知晓前后都会发生（Mainemelis, 2010），甚至能够从知晓前发展到知晓后阶段。这导致目前的量表测量结果不能覆盖员工越轨创新行为过程的全貌，更是会对研究结果造成一定的偏差。此外，现有越轨创新行为量表多以西方文化背景下的越轨创新行为概念为基础进行编制，尽管现有国内研究已经证明上述两种量表的信度较好，但是考虑到无论是测量内容的思维逻辑差异，还是题项翻译中存在的偏差，都会使现有量表在中国组织情境内的测量效果令人存疑。鉴于此，本书拟从创新过程视角出发，基于儒家文化的情境取向，运用定性与定量相结合的研究方法，从当前创新管理实践中提炼出员工越轨创新行为的结构维度，并通过文献调研、半结构访谈、内容分析法、问卷调查及实证检验等方法修订越轨创新行为的测量量表。

（2）从自我验证视角构建资质过剩感对越轨创新行为的作用机制。尽管已有研究从悖论视角揭示了资质过剩感对越轨创新行为的作用机制（王朝晖，2019），而从自我验证视角来看，资质过剩感所带来的较高的自信和角色定位也会促使员工敢于采用非常规方式践行创新想法，以验证自身的资质判断。但目前尚未有研究从自我验证视角展开研究。因此，十分有必要深入分析自我验证视角下资质过剩感影响越轨创新行为的心理机制。鉴于此，本书拟基于自我验证理论构建资质过剩感对越轨创新行为的作用路径，并识别出该路径下的边界条件。同时，采用多阶段追踪调查的方式收集问卷数据，分析和检验理论模型及其研究假设。

（3）从差序式领导视角揭示越轨创新行为的形成机制。差序式领导会对员工进行主观亲疏远近的判断，并对他们实行圈内人与圈外人差别对待的管理，这会对圈内外员工的认知和行为产生显著影响。其中，圈内人会因为受到优待而敢于采取冒险行为，而圈外人则会为了证明自我、受到重视而选择一些高风险性的行为。因此，在差序式领导的差别对待下，无论是圈内人还是圈内人都具有一定的越轨创新行为倾向。故而十分有必要对差序式领导影响越轨创新行为的内在机理展开系统性分析与探讨。鉴于此，本书拟基于差序格局理论和社会比较理论，从差序式领导下的圈内人和圈外人视角出发，探究差序式领导对员工越轨创新行为的影响机制，并基于冲突理论识别出其作用路径的重要边界条件。

（4）从悖论式领导视角揭示越轨创新行为的形成机制。越轨创新行为具有行为非法和目的合法的双重属性，是实施主体的一种隐蔽性行为，这种行为的本质恰好体现了员工在组织创新实践中面临的如何权衡"自主"与"制度规范"的两难困境。与传统的单一导向的领导方式不同，悖论式领导这种复合型的领导方式可以跳出单一导向的束缚、灵活处理组织管理中的矛盾，因而显得更加有效（Zhang et al.，2015）。显然，悖论式领导所具备的灵活的思维方式有助于促进越轨创新行为的发生，但尚未有研究对两者之间关系展开深入探讨。鉴于此，本书拟基于社会认知理论，探究悖论式领导对越轨创新行为的影响机制，并识别出悖论式领导对越轨创新行为影响的边界条件。

（5）从领导权变激励视角揭示越轨创新行为的形成机制。领导权变激励是一种灵活、公平且效能优先的领导激励行为，能够激发员工的角色外行为（杨剑钊、李晓娣，2019）；同时，领导权变激励的柔性管理模式也有助于减轻越轨创新者在开展越轨创新行为时的心理负担。因此，领导权变激励是促进员工开展越轨创新行为的重要前因变量，但目前尚未有学者对其开展深入研究。鉴于此，本书拟在综合激励模型的基础上，借助经验取样法，在个体内层面探讨领导权变激励对越轨创新行为影响的即时效应和延时效应，并基于个体间层面识别出领导权变激励影响越轨创新行为的边界条件。

（6）从组织创新氛围视角揭示越轨创新行为的形成机制。越轨创新行为的发生本质上是源于组织创新支持与创新资源有限性之间的矛盾（Mainemelis，2010），因此，组织对创新的支持程度很大程度上会影响员工越轨创新行为的发生。有研究在逻辑上推理出组织创新氛围与越轨创新行为之间可能存在正相关（Globocnik and Salomo，2015），但缺乏相关的实证检验。因此，深入分析和探讨组织创新氛围对越轨创新行为的影响及作用机制是十分有必要的。本书拟基于社会认知理论，揭示组织创新氛围影响越轨创新行为的中介机制，并识别出两者关系间重要边界条件，构建组织创新氛围作用越轨创新行为的机制。

（7）从个体创新绩效视角揭示越轨创新行为的影响效果及边界条件。个人—环境匹配理论指出个体特征（如个体特征行为）与环境（包括组织情境、领导情境等）在不同匹配程度下会对个体产生不同作用效果（Holland，1959）。因此，在探究越轨创新行为转化为个体创新绩效的边界条件时，十分有必要将个体特征与环境因素进行整合。但现有研究对于边界条件的选择大多零散，且较少关注情境因素的影响。鉴于此，本书拟通过引入组织情境和领导情境来尝试回答"越轨创新行为何时促进个体创新绩效"的问题，以进一步深化认识越轨创新行为促进个体创新绩效正向转化的边界条件。

（8）从事件视角揭示越轨创新事件的多层次动态影响过程。结合创新过程理论和事件系统理论来看，越轨创新事件在组织中的影响并非静态的，而应该是一个多层次的动态影响过程，同时，从事件本质属性（强度、时间以及空间）出发，剖析其对团队和组织产生多层次动态影响，有助于完整地呈现越轨创新影响过程的多层次动态演化。但现有研究大多仅从静态视角探究越轨创新行为的作用效果。鉴于此，本书拟结合事件系统理论和创意过程理论，采用案例研究方法，深入分析越轨创新事件发展过程中的多层次动态演化，以拓展越轨创新影响后果讨论的广度和深度。

1.3　研究意义

1.3.1　理论意义

（1）深化了对越轨创新行为概念、内涵的理解。现有研究大多将越轨创新行为区分为管理层知晓前和知晓后两类，并在此基础上分别开发了两类越轨创新行为测量量表（Criscuolo et al.，2014；Lin et al.，2012）。本书基于创新过程理论发现，目前这种基于静态、断点的研究视角并未实现对越轨创新行为全面、深入的理解，这也导致了目前越轨创新行为测量研究的片面性。鉴于此，本书结合创新过程理论与儒家文化情境取向识别出"暗度陈仓"和"君命不受"两个维度，并在此基础上重新修订了适用于中国文化情境的越轨创新行为量表。这不仅深化了学者们对越轨创新行为概念、内涵的理解，弥补了目前越轨创新行为概念识别和测量研究的不足，还修订了中国儒家文化情境下的越轨创新行为的测量量表，有助于推进对中国组织情境中越轨创新行为的深入分析与研究。

（2）补充了越轨创新行为的形成机制研究。本书从个体因素出发，基于自我验证理论识别并验证了资质过剩感作用于越轨创新行为的特殊路径及条件因素；从领导因素出发，基于差序格局理论揭示了差序式领导作用于越轨创新行为的中介机制及条件因素、基于社会认知理论揭示了悖论式领导对越轨创新行为的作用机制研究、基于综合激励模型识别出领导权变激励对越轨创新行为的动态中介机制及边界条件；从组织因素出发，基于社会认知理论识别并验证了组织创新氛围作用于越轨创新行为的中介机制及条件因素。本书不仅识别出差序式领导影响越轨创新的作用机制，还打开了差序式领导、悖论式领导、领导权变激励以及组织创新氛围与越轨创新行为之间关系的"黑箱"，这在很大程度上补充了越轨创新行为的形成机制研究，还有利于深化学者们以及企业管理者们对越轨创新行为的认识和理解。

（3）增加了越轨创新行为积极作用效果研究。经过文献梳理发现，目前关于越轨创新行为积极作用效果的研究略显薄弱，且多基于静态视角探究越轨创新行为在单一个体层面上的积极作用效果，而缺乏多层次、动态视角下的积极作用效果研究。本书首先在个人—环境匹配理论的基础上，验证了越轨创新行为对个体创新绩效的正向影响并揭示了其正向转化过程的情境因素；其次运用案例研究方法、基于事件系统理论，追踪越轨创新事件的多层次影响过程，揭示并展示了越轨创新行为影响的多层次动态演化机制。本书不仅拓展了越轨创新行为向个体创新绩效正向转化的情境因素，还在一定程度上揭示了越轨创新行为影响的动态发展过程以及多层次作用效果，这增加了越轨创新行为积极作用效果的动态性、多层次研究，深化了学者们对越轨创新行为作用效果的认识和理解，为后续研究提供了可供拓展的新思路。

（4）拓展了诸多理论的应用范围。本书基于自我验证理论搭建了资质过剩感向越轨创新行为转化的理论框架，关注到个体自身的证明目标导向在其中的中介作用；基于差序格局理论，从差序式领导下的圈内人和圈外人视角出发，识别出以心理特权作为中介变量的差序式领导对越轨创新行为的影响机制；基于社会认知理论，从悖论式领导视角揭示了角色宽度自我效能感在越轨创新行为形成中的中介作用；基于综合激励模型，将领导权变激励作为一种外部激励，将员工工作旺盛感作为激励后的一种知觉体验，将越轨创新行为作为一种反应，识别出员工工作旺盛感在领导权变激励和越轨创新行为关系间具有重要的传导作用；利用社会认知理论中的环境视角，揭示了组织创新氛围通过创新自我效能感影响越轨创新行为的作用路径；基于个人—环境匹配理论，识别出越轨创新行为转换为个体创新绩效的组织情境（组织创新氛围）和领导情境（领导权变激励、领导容错性）；基于事件系统理论，从事件视角揭示了越轨创新事件在个体、团队和组织层面的多层次动态影响过程。鉴于此，本书通过对越轨创新行为的深度理解与分析，从越轨创新行为的动态形成视角，丰富并拓展了自我验证理论、差序格局理论、社会认知理论、综合激励模型、个人—环境匹配理论、事件系统理论等诸多理论的应用范围。

1.3.2　现实意义

（1）为企业（组织）提供了更为科学、实用的越轨创新行为测量工具。本书基于克里斯库洛等（2014）和林等（2012）所编著的量表将现有越轨创新行为测量量表修订为二维量表，即基于儒家文化情境取向识别出"暗度陈仓""君命不受"两个维度并修订出共计七个题项的二维量表。其中，"暗度陈仓"体现了管理者知晓前的私下层面的越轨创新行为活动，诠释了儒家智慧的生存哲学，表明在组织中员工选择延迟公开自己的创新主张，私下开展认为对组织有价值的创新设想，通过收集证据和初步成果来证明这一创新设想的价值；而"君命不受"体现了管理者知晓后的违命层面的越轨创新行为活动，展现了儒家思想影响下君臣父子与上下级关系文化，为人"臣"在践行某种义务时，不能愚忠，而要考虑各种客观条件，来选择尽忠的最理想手段。这弥补了目前缺乏基于创新过程理论和儒家传统文化情境的越轨创新行为测量的不足，实现了对越轨创新行为的动态、全面的测量，使测量量表更具有科学性、实用性，能为企业（组织）提供更为有效的测量工具。

（2）为企业（组织）合理应对员工越轨创新行为、实现科学高效的创新管理实践提供了理论依据。员工越轨创新行为发生的根本原因在于员工创新主动性与组织章程和资源有限性之间的矛盾（Mainemelis，2010）。除此以外，在实际组织中也有许多其他个体、领导、组织因素会促使员工开展越轨创新行为。本书研究发现，个体资质过剩感、差序式领导、悖论式领导、领导权变激励以及组织创新氛围均是促进员工越轨创新行为发生的重要前因变量，并基于自我验证理论、差序格局理论、综合激励模型和社会认知理论深入分析了各前因变量对越轨创新行为的作用机制。基于研究结果，在企业（组织）中，领导者要培养自身的整合思维和矛盾思维，意识到创新过程的复杂性，灵活运用悖论思维应对员工越轨创新的现象；组织和领导者要注重培养员工的角色宽度、自我效能感，从而充分调动员工的创新潜力；企业可以通过制度引导或专项培训的方式，鼓励管理者深入了解创新活动并融入其中，使管理者具备并提升悖论式领导的素质和能力；加强领导权变激励建设，通过领导激励与灵活管理推动员工发展；关注员工工作旺盛感与自我提升价值观，增强员工软实力；权变灵活地激励和管理员工越轨创新行为，保护员工的创新积极性；关注组织创新激励与创新资源之间的平衡，以将员工创新纳入管理范围内；注重员工与组织的匹配，以推动员工创新自我效能感的形成；采取公平公正的管理模式、建立合理的上下级关系，以提高组织创新效率；密切关注员工的心理状态，以避免因过度的心理特权而产生越轨行为；包容与鼓励员工发表不同意见，以缓解领导与员工之间的认知冲突、推进正式化的创新活动。

（3）为企业（组织）激发员工越轨创新行为的积极作用提供理论依据。从越轨创新行为的特点和本质来看，尽管员工越轨创新行为违背了组织的章程，但其行为目的是组织的利益。以往研究也发现，员工越轨创新行为在个体和组织创新绩效方面有着显著的正向作用。且随着企业（组织）创新需求的显著增加，员工越轨创新行为已逐渐成为常态。因而为了提升企业（组织）的创新效率，管理者应更多思考如何将员工越轨创新行为的影响转化为积极的作用效果，而并非将其全盘否定。为此，本书结合个人—环境匹配理论以及事件系统理论，揭示了越轨创新行为分别在个体、团队和组织层面的积极作用效果，并在研究结果的基础上为管理者提供了相关管理建议：企业（组织）要注重强化组织创新氛围、加强领导权变激励和领导容错性建设，以推动越轨创新行为向个体创新绩效转化；管理实践者要正视越轨创新的积极作用，合理倡导这种自下而上的创新方式；要充分发挥创意倡导者的主观能动性，争取越轨创新创意合法性，推动越轨创新向组织创新绩效转化。

1.4　研究创新点

本书从员工越轨创新行为的内涵与结构入手，修订了越轨创新行为测量量表；揭示了资质过剩感、差序式领导、悖论式领导、领导权变激励以及组织创新氛围对越轨创新行为的影响机制；揭示了越轨创新行为促进个体创新绩效的边界条件，以及越轨创新行为在个体、团队和组织层面的多层次动态影响机制；同时，还将经验取样法和案例研究方法应用到越轨创新行为领域之中。具体有以下九个创新点。

（1）修订了越轨创新行为的测量量表。基于对员工越轨创新行为的文献梳理，不难发现，目前尚未统一的越轨创新行为概念界定使其测量量表存在两种不同版本，而在具体研究中学者们通常只能择其一用于测量，这导致测量结果不能覆盖员工越轨创新行为的全貌，从而对研究结果造成一定偏差。同时，现有测量量表也多是基于西方文化背景下的越轨创新行为概念进行编制，尽管目前国内研究已经证明上述两种量表的信度较好，但考虑到无论是测量内容的思维逻辑差异，还是题项翻译中存在的偏差，都会使现有量表在中国组织境内的测量效果令人存疑。鉴于此，本书结合创新过程理论与儒家文化情境取向，选择半结构访谈的方式，通过对访谈结果进行内容分析，不仅验证了所提出的"暗度陈仓"和"君命不受"两个维度，还在这两个维度下修订员工越轨创新行为的本土化测量题项；同时，应用修订的员工越轨创新行为初始量表进行调研，根据调研的数据对量表进行信度和效度检验，以确保该量表的可信度与有效性；最终，根据检验结果，本书得到包含两个维度七题项的越轨创新行为测量量表。本书经过一系列文献梳理、访谈、内容分析、题项编制与量表信度和效度验证等过程，成功修订了适应中国组织儒家文化情境的、具有创新全过程特征的双维度越轨创新行为测量量表。该量表的修订能够为后续研究中国情境下员工越轨创新行为提供更加具有说服力的测量工具，也能为大家更好地理解越轨创新行为过程与具体内容予以全面说明。

（2）揭示了资质过剩感对越轨创新行为的作用机制。有研究指出，个体资质过剩感是影响其越轨创新行为产生的重要前因变量（王朝晖，2019；周霞、王雯童，2021），但现有研究大多关注剥削和冲突体验等负面认知情绪在资质过剩感与个体行为间的作用机制（Erdogan, Tomas and Valls, 2018），而忽视了个体成就动机、心理需求等积极认知的作用。为此，本书将证明目标导向引入资质过剩感与越轨创新行为，以期从积极认知的视角打开资质过剩感影响越轨创新行为的"黑箱"。证明目标导向体现了个体关注并希望比他人出色、获得更多赞同和欣赏的成就动机倾向（李传佳、赵亚普、李立，2018）。自我验证理论指出，个体具有了解真实自我、验证自我判断的倾向，驱动个体寻求与自身概念相一致的外部评价，进而从事那些符合自身判断的行为，以期带来契合自身判断的线索、信息和评价，强化自身的角色扮演（Swann et al., 1992）。因而，感知资质过剩感的个体出于自我证明的需求，也会主动寻求与自身概念一致的外部评价（Swann et al., 1992），进而激发出越轨创新行为。但目前尚未有研究关注到证明目标导向等成就动机在资质过剩感与员工越轨创新行为中的作用机理。本书基于自我验证理论，首次基于积极认知视角，揭示了资质过剩感对越轨创新行为影响的中介机制，弥补了以往研究的不足。

（3）揭示了差序式领导对越轨创新行为的影响及作用机制。目前已有大量研究围绕越轨创新行为形成机制展开，诸多因素被证实是影响越轨创新行为产生的重要前因变量，例如人格特质、创造力、上下级关系质量、调节聚焦行为、非伦理领导等（Augsdorfer, 2012；杨刚等，2019；王弘钰、邹纯龙，2019；赵乐、乐嘉昂、王雷，2019；刘晓琴，2017）。然而这些研究鲜有关注对中国本土影响因素的探讨，特别是缺乏对华人文化情境差序格局的思考。"差序格局"是中国社会关系和结构的基本特征，对中国员工的行为具有重要影响，且只有从差序格局的角度出发才能厘清中国社会及企业的互动关系，以及个体在其中的心理状态和行为表现。但目前尚未有研究深入探讨差序格局情境下越轨创新行为的形成机制。为此，本书基于差序格局理论，在"关系导向"和"权威导向"的差序环境中揭示了差序式领导与越轨创新行为之间的关系，并结合社会比较理论和冲突理论探究了两者之间的作用机制，打开了差序式领导与越轨创新行为之间关系的"黑箱"。

（4）揭示了悖论式领导对越轨创新行为的影响及作用机制。越轨创新行为具有目的合理性和行为非法性的双重属性，体现了员工在组织创新实践中所面临的权衡"创新自主"与"制度规范"的两难困境。这种两难困境同样也出现在管理者的创新管理活动中，即面对市场竞争日益激烈所带来的创新需求，管理者一方面鼓励员工大量创新；另一面设定相关的制度规范将员工创新活动限制在组织的资源和战略要求范围内（Mainemelis，2010）。而悖论式领导善于跳出单一导向的束缚、灵活处理组织管理中的矛盾（孙柯意、张博坚，2019），因而基于社会认知理论，悖论式领导在处理其创新管理过程的两难困境时会对员工起到角色模范的作用，促使员工同样灵活地看待问题，进而意识到其实施越轨创新行为的可能性。但现有越轨创新行为形成研究中缺乏以悖论式领导为前因变量，探究其对越轨创新行为影响的研究。本书基于社会认知理论，揭示了悖论式领导对越轨创新行为的影响以及两者之间的作用机制，这打开了悖论式领导与越轨创新行为之间关系的"黑箱"，并弥补了现有越轨创新行为形成研究的不足。

（5）揭示了领导权变激励对越轨创新行为的影响及作用机制。现有研究对越轨创新行为的形成展开了一系列探索，但却忽视了领导权变激励对越轨创新行为的影响。越轨创新行为作为一种非正式途径的创新行为，其偏离性的特点通常会为越轨创新者带来较大的心理负担。而领导权变激励强调效能优先和柔性管理（Buengeler et al.，2016；周春城，2019），并能依据员工行为的本质和目的进行灵活的评价与管理，这会降低越轨创新者的心理负担；同时，其针对性的奖酬激励还能促使员工主动开展建言、越轨创新等高风险建设性行为（赵峰等，2013；朱苏丽等，2015）。可见，领导权变激励是促进员工越轨创新行为的重要前因变量，但现有研究尚未对两者之间的关系展开深入分析。为此，本书基于综合激励模型，借助经验取样法，在个体内层面揭示了领导权变激励与越轨创新行为之间的关系，并探讨了两者之间影响的即时效应和延时效应，同时，还揭示了领导权变激励对越轨创新行为的作用机制，即工作旺盛感在两者之间的中介作用以及自我提升价值观在两者关系中的调节作用。这不仅打开了领导权变激励与越轨创新行为之间关系的"黑箱"，还为综合激励模型的情境因素作出补充，从价值观视角丰富了激励理论的研究。

（6）揭示了组织创新氛围对越轨创新行为的影响及作用机制。目前已有不少研究对个体、领导视角下越轨创新行为的影响因素展开探讨，但基于组织视角的形成研究相对较少（王弘钰、邹纯龙、崔智淞，2018）。从越轨创新行为内涵与特点来看，越轨创新行为的产生本质上源于员工创新主动性与组织规范之间的矛盾，而高水平的组织创新支持会激化这种矛盾（Mainemelis，2010），可见，组织对创新的推崇与支持在越轨创新行为的产生中扮演着重要的角色。有研究从理论上推演出组织创新氛围与越轨创新行为之间存在正向关系（Globocnik and Salomo，2015），但均缺乏相关实证研究的检验。鉴于此，本书基于社会认知理论，对组织创新氛围与越轨创新行为之间的关系展开深入研究，并揭示了两者之间的作用路径和边界条件，明晰了组织创新氛围与越轨创新行为之间的传导机理。这不仅证明并完善了格罗博尼克等（Globocnik et al.，2015）的推论，还丰富了越轨创新行为在组织视角下的研究。

（7）识别了越轨创新行为向个体创新绩效积极转化的边界条件。关于越轨创新行为的作用效果，学者们呈现出正、负两种观点。有研究基于"探索性优势"和"延迟公开优势"视角认为，越轨创新行为能够促进个体创新绩效（Criscuolo et al.，2014；Mainemelis，2010）；而也有研究基于时间调配和规范执行的角度指出越轨创新行为对个体创新绩效的负向作用（Masoudnia and Szwejczewski，2012；Criscuolo et al.，2014）。随着研究的逐渐深入，有研究指出，这种相悖的观点主要是因为越轨创新行为的积极作用效果具有一定的情境依赖性（Criscuolo et al.，2014）。然而，目前关于越轨创新行为向个体创新绩效正向转化的情境研究大多零散且缺乏针对性，因而难以彻底解答越轨创新行为对个体创新绩效的差异化影响。而本书基于个人—环境匹配理论，揭示了组织创新氛围（组织情境）、领导权变激励和领导容错性（领导情境）在越轨创新行为向个体创新绩效正向转化过程中的边界作用。这不仅系统性地揭示了越轨创新行为作用效果的情境因素，还丰富了越轨创新行为与个体创新绩效的边界研究。

（8）揭示了越轨创新事件的多层次动态影响过程。现有研究大多基于静态视角探究单一层面下越轨创新行为的作用效果，而忽视了其作用效果的空间延展性和时间持续性。创意过程理论指出，员工自下而上的创意过程是一个涉及多阶段，跨越个体、团队和组织多个层面的动态过程（Perry-Smith et al.，2017），因而越轨创新行为的影响是涉及多个层面的复杂动态过程，而并非片面的单一层面研究便能完全揭示其作用效果。但现有研究大多以静态视角探究越轨创新行为对个体或团队创新绩效的影响（赵斌等，2019；吴颖宣等，2018），而忽视了越轨创新行为随着创意过程的推进在不同层面的动态影响机制。本书引入事件系统理论，围绕越轨创新者自下而上推进创意想法的不同阶段，深入剖析了越轨创新行为在各个阶段的发展特征和影响过程，并揭示了其在个体、团队和组织多个层面上的作用效果。这不仅弥补了现有研究的不足，还进一步丰富和完善了越轨创新行为作用效果研究。

（9）引入了经验取样法和案例研究方法。纵观现有越轨创新行为领域研究，目前所使用的研究方法主要以定量研究方法为主，且大多采用横截面调研和时间差调研方法。尽管横截面调研更为便捷和廉价，而时间差调研也考虑到变量间影响的延时效应，但两类方法均无法实现对变量间因果关系的良好检验。同时，即便也有少量研究采用了定性研究方法，但也大多为半结构化访谈，且仅被用于帮助研究者初步了解组织中的越轨创新行为现象，而无法实现对越轨创新行为的深入分析与探讨。鉴于此，本书将经验取样法引入越轨创新行为领域研究之中，即在多个时间段对变量进行重复测量，以显著区分变量间影响的即时效应和延时效应，进而实现变量间因果关系的良好识别与检验。同时，本书还采用了比半结构化访谈更为合理和科学的案例研究方法，选取搜狗浏览器创始人王小川先生开发浏览器的事例作为研究案例，并分析王小川先生在搜狗浏览器的研发过程中所表现出的越轨创新事件以及事件后续影响，从而实现对越轨创新事件多层次影响过程的"解剖"式分析。本书将经验取样法和案例研究方法引入越轨创新行为研究领域中，不仅拓展并丰富了现有越轨创新行为研究中研究方法的使用，还有利于实现对越轨创新行为形成机制和作用效果的深层次分析。

1.5　研究方法与技术路线

1.5.1　研究方法

本书围绕越轨创新行为的测量、越轨创新行为的形成机制、越轨创新行为的作用效果三个核心内容展开研究，综合运用深度访谈、问卷调查、案例研究等方法共同检验与证明本书中的量表修订、理论模型和研究假设。

（1）深度访谈。本书通过半结构化访谈的方式进行深度访谈。主要目的是获得描述越轨创新行为的具体行为事例；挖掘越轨创新行为形成的可能原因；分析越轨创新行为可能带来的行为后果等。为之后关于越轨创新行为维度构建和初始题项的形成提供理论依据。

（2）问卷调查。本书通过问卷调查方法获取研究数据以验证各理论模型与研究假设。在具体的调查设计中，本书采用了横截面调查设计，验证各变量之间的关系模型；考虑到变量之间影响的延时效应，本书还采用两时点调查设计，分时点收集变量数据，以验证各变量之间的关系模型与研究假设；考虑到传统问卷法（横截面或多时点）回溯性作答带来的回忆失真、偏差等问题，本书采用经验取样法"实时"并"实地"地捕捉并记录变量的动态变化与细微关系。

（3）案例研究。本书采用案例研究方法对越轨创新行为的具体典型案例进行"解剖"式分析，揭示其事件的发展脉络和演进过程，以形成对越轨创新行为全面且深入的分析，补充现有越轨创新行为领域中研究方法单一的不足。

（4）实证分析方法与分析工具。在实证分析与软件检验方面，本书主要使用 SPSS、AMOS 等软件，通过探索性因子分析（EFA）和验证性因子分析（CFA）对越轨创新行为量表的信效度进行检验，以完成对越轨创新行为量表的修订；同时，使用 SPSS、AMOS、Mplus 等软件，结合回归分析等方法，以验证关于越轨创新行为形成与作用效果的理论模型及假设。

1.5.2 技术路线

本书重点关注越轨创新行为测量量表的修订，分别从个体视角、领导视角和组织视角研究越轨创新行为的形成机制，基于多层次动态视角深入分析越轨创新行为的作用效果。本书的技术路线如图 1 – 1 所示。

1.6 本书结构

本书主要探讨了创新过程视角以及儒家文化情境取向下越轨创新行为的维度与测量，越轨创新行为分别在个体、领导和组织视角下的形成机制以及多层次动态视角下越轨创新行为的作用效果，并依据研究结果提出相应的对策建议与未来展望。本书共有 7 章，各章具体内容如下。

第 1 章绪论。本章在对越轨创新行为研究背景和研究重要性阐述的基础上，总结了目前越轨创新行为领域的研究成果，并指出研究不足和本书的研究内容；明确了研究目的；阐述了理论意义、现实意义和本书的创新点；同时，也介绍了本书的研究方法、技术路线与文章结构。

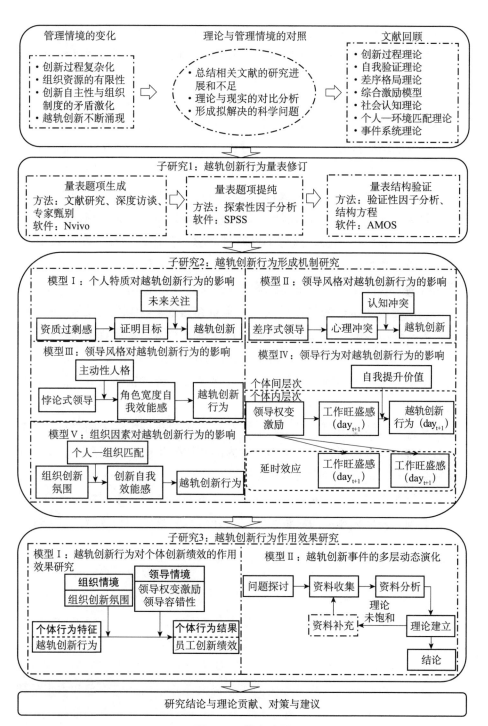

图 1-1 技术路线

第2章文献回顾与评述。本章系统梳理了目前已有的越轨创新行为概念、维度、测量、相关研究以及研究方法，并从已有研究的成果、特点和不足等方面进行了评述，为后续关于越轨创新行为的量表修订、越轨创新行为的形成机制研究、越轨创新行为的作用效果研究提供理论依据。

第3章越轨创新行为的量表修订。本章在指出目前已有越轨创新行为测量量表存在缺陷的基础上，引入创新过程理论、基于儒家文化情境取向提炼越轨创新行为的概念内涵、构建结构维度、修订越轨创新行为测量量表。

第4章越轨创新行为的形成机制。本书在已有机制研究不足的基础上，通过自我验证理论、差序格局理论、综合激励模型和社会认知理论，分别基于个体、领导和组织视角，探讨了资质过剩感、差序式领导、悖论式领导、领导权变激励和组织创新氛围对越轨创新行为的影响机制。同时，采用经验取样法收集问卷数据，分析和检验理论模型及其研究假设。

第5章越轨创新行为的作用效果。本章在目前影响研究不足的基础上，通过个人—环境匹配理论探讨了越轨创新行为向个体创新绩效正向转化的情境因素，并基于事件系统理论探讨越轨创新事件影响过程的多层次动态演化。同时，本章还采用了案例研究方法，深入观察与分析越轨创新事件的跨层级影响。

第6章研究结论与理论贡献。本章在对越轨创新行为量表的修订、越轨创新行为的形成机制研究、越轨创新行为的作用效果研究的基础上，对本书的研究结论和理论贡献进行提炼和总结。

第7章对策建议与研究展望。本章结合本书的研究结果与结论，对现实企业的管理实践提供相应的对策与建议，并对未来越轨创新领域的进一步研究提出展望。

第 2 章　文献回顾与评述

2.1　越轨创新行为的概念与测量

2.1.1　越轨创新行为的概念

越轨创新行为最初由奈特（Knight，1967）在其关于组织内部创新的研究中提出。奈特发现，组织中存在一种非正式的创新途径，即一些员工为了能够在组织中顺利推行其创新设想，会选择先隐瞒其领导者私下开展相关创新活动，并等到时机成熟时再向领导者公开。然而，奈特（1967）仅描述了越轨创新行为现象，而并未对其作出清晰界定。越轨创新行为的清晰界定最早是由奥格斯多弗（2005）提出，其沿用了奈特（1967）对越轨创新行为的表达"bootlegging"，并将越轨创新行为界定为个体主动、秘密开展的、预期会对组织产生利益的创新行为。随后，众多学者也相继作出了各自的界定与表述，但目前尚未达成完全共识。

在奥格斯多弗（2005）的表述中，越轨创新行为被认为是一种自下而上的、未被管理层正式授权的非正式创新行为，其行为既不在组织的计划之内，也不受到任何正式资源的支持（Augsdorfer，2005）；但其行为目的是组织的利益，即员工通过越轨创新行为的方式来证明及展示其创新想法的价值性和可行性，以得到管理层的决策支持（Augsdorfer，1994）。克里斯库洛等（2014）沿用了奥格斯多弗（2005）对越轨创新行为的表述"bootlegging"，并进一步补充和完善了相关界定，认为越轨创新行为是个体自主发起的、未获得组织正式支持且通常不为管理层所知晓的私下创新活动。该界定强调，越轨创新行为所从事的项目是没有得到组织支持的非正式项目，其特点为没有被管理层知晓或者没有与管理层发生直接冲突。同时，克里斯库洛等（2014）还结合奥格斯多弗（2005）的界定，将越轨创新行为总结出四个基本特点：（1）这种行为是个体主动开展的；（2）这种行为通常不为管理者知晓；（3）这种行为未得到管理层的正式授权和支持；（4）这种行为的目的是组织的利益，并预期能够提高组织绩效。

与奥格斯多弗（2005）和克里斯库洛等（2014）所强调的隐蔽性特点不同，梅因梅利斯（2010）认为，越轨创新行为既可能是隐蔽性的也可能是公开性的，且更强调"抗令性"特点。梅因梅利斯（2010）将越轨创新行为表述为"creative deviance"，并将其界定为个体违背管理层下达的停止开发其新想法的命令，继续坚持开展其创新设想的行为。该行为的一个重要前提在于个体已经产生了一个新的想法并认为其想法非常值得深入开展，但却受到领导者的否决并被要求停止开发。因此，学界也多将这类越轨创新行为称为"抗令创新行为"或"违命创新行为"。

由此可见，早期研究中关于越轨创新行为的界定主要呈现两种不同的形式，即私下创新式越轨创新行为（bootlegging）和抗令式越轨创新行为（creative deviance）。关于两者之间的关系，林等（2016）认为，私下创新式越轨创新行为（bootlegging）比抗令式越轨创新行为（creative deviance）的内涵更为广泛，后者可以被看作前者的极端形式。这为后续学者们对越轨创新行为的理解和认识提供了启示。随着学界对越轨创新行为的研究逐渐深入，现如今有不少学者认可并参照了林等（2016）的观点，将两类越轨创新行为的概念整合，认为越轨创新行为（bootleg innovation）是指员工避免或无视上级否决，坚信其想法能够给组织和自身带来收益，而选择私下仍不断寻求支持，努力发展和实现自己创新想法的创新行为（赵斌等，2019；王弘钰等，2019）。同时，越轨创新行为的特点也在以往研究的基础上被归纳为：（1）隐蔽性。由于越轨创新行为并未受到管理层的正式授权，越轨创新者为了避免组织可能给予的惩罚和干预而选择保持其创新活动的隐蔽性。（2）自下而上且非项目式。越轨创新行为是员工自发开展的角色外行为，且在组织的正式项目之外。（3）具有行为非法性和目的合法性双重属性。越轨创新行为违背了组织的规章制度，但其目的是提升组织的利益（黄玮等，2017）。

此外，也有一些学者指出越轨创新行为并非特指某一种行为，而是对某一类行为的总称，并认为越轨创新行为是当员工创新受到组织制度、权威或管理的阻碍时，员工表现出与组织规范、领导期望不相符的创新行为，具体表现为试图通过越轨行为辅助创新以达到持续创新或创新成功的目的（江依，2018；王伟、王灿，2020；邓艳芳，2019）。但该内涵解释仅来自对以往越轨创新行为界定和表述的梳理总结而缺少实证的检验。

尽管目前学术界对越轨创新行为的界定和内涵并未达到完全统一，但目前受到广泛认可的仍旧是奥格斯多弗（2005）和梅因梅利斯（2010）分别对越轨创新行为作出的界定（bootlegging and creative deviance）。两类界定分别对越轨创新行为的行为特点和行为目的进行了详细的阐述，各自突出了越轨创新行为隐蔽性和抗令性的特点，适用于大部分研究内容。表 2-1 对现有越轨创新行为界定进行了汇总。

表 2-1　　　　　　　　　　　　越轨创新行为的界定

学者	界定
奥格斯多弗（2005）	个体主动、秘密开展的、对组织产生预期利益的创新行为
梅因梅利斯（2010）	个体违背管理层下达的停止开发其新想法的命令，继续坚持开展其创新设想的行为
克里斯库洛等（2014）	越轨创新行为的四个基本要素：（1）行为主体的主动性；（2）通常不为管理者知晓；（3）未得到组织正式支持；（4）预期提高组织绩效
黄玮、项国鹏、杜运周、刘洋（2017）	越轨创新行为的特点：（1）隐蔽性；（2）自下而上且非项目式；（3）具有行为非法性和目的合法性二重属性
江依（2018）	越轨创新行为并非特指某一种行为，而是对某一类行为的总称，即当员工创新受到组织制度、权威或管理的阻碍时，员工出现与组织要求不符的个人行为。具体表现为试图通过越轨行为辅助创新以达到持续创新或创新成功的目的
王弘钰、崔智淞、邹纯龙、于佳利、赵迪（2019）	个体避免或无视上级否决，坚信自己的创意会给企业创造价值，并通过非正式途径继续深耕的行为
邓艳芳（2019）	当组织权威、领导管理成为创新障碍时，员工表现出与组织规范、领导期望不相符的创新行为
赵斌、古睿、李瑶（2019）	员工的创新想法已经（或预计）被组织否定，但其坚信这一想法能够给组织和自身带来收益，因此私下仍不断寻求支持，努力发展和实现自己创新想法的创新行为

学者	界定
王伟和王灿 （2020）	当组织中的领导管理、制度或权威与员工的创新活动出现不一致情况时，员工坚持用非正式的途径继续执行创新活动

资料来源：笔者根据相关文献资料整理。

2.1.2　越轨创新行为的维度与测量

由于越轨创新行为界定目前尚未达成完全共识（王弘钰等，2019），现有对越轨创新行为的测量研究也十分有限。当前的测量研究主要以克里斯库洛等（2014）和林等（2012）分别开发的两类量表为主，这两类量表均为越轨创新行为的一维量表，但分别基于不同的侧重点开发。其中，克里斯库洛等（2014）开发的量表主要关注私下创新式的越轨创新行为，认为越轨创新行为是个体自主发起的、未获得组织正式支持且通常不为管理层所知晓的私下创新活动（Criscuolo et al.，2014）。由此可见，克里斯库洛等（2014）认为，越轨创新行为所从事的项目时没有得到组织支持的非正式项目，其特点在于没有被管理层知晓或者没有与管理层发生直接冲突，因而其所开发的量表更强调越轨创新的自发性和隐蔽性。该量表一共包含 4 个题项，具体题项如"我能基于工作计划灵活地安排工作任务，从而挖掘新的、潜在的、有价值的商业机会"。该量表受到国内外学者的广泛认可和应用，具有较好的信度。

另一类量表是林等（2012）所开发的量表。与克里斯库洛等（2014）开发的量表不同，林等（2012）所开发的量表关注抗令式的越轨创新行为，即当下属提出的创意遭到主管否决后，该下属违背主管命令，继续完善或执行该创意（Lin et al.，2016）。林等（2016）认为，虽然越轨创新行为所从事的项目是没有得到组织支持的非正式项目，但其曾被管理层所否决，因而该行为具有较大的风险，所承担的责任更为艰巨，会给员工带来更大的压力，员工同时也需要更大的胆量、信心和完成项目的能力。该量表包含"创新"和"越轨（抗令）"两个元素，共计 9 个题项，具体题项如"虽然我的上级已经明确要求我停止研发某些项目，但我仍在从事这些项目"，其测量信度受到学术界广泛认可。两类量表具体题项如表 2-2 所示。

表 2 - 2　　　　　　　　　越轨创新行为的测量量表

学者（年代）	维度	题项数量	具体题项
林等（2012）	1	9	我一直在改进一些新想法，尽管它们没有得到我的主管的批准
			在工作中，我经常思考如何使我已经被否决的想法更完善
			尽管我的主管要求我停止开发我的一些新想法，但我仍然继续开展它们
			除了开展得到上级批准的想法外，我还通过收集信息并再次尝试来努力改善我被否决的想法
			我会花一部分工作时间来发展被上级否决的想法
			到目前为止，我仍然没有放弃我被否决的一些想法
			我曾在工作时间内改善我被否决的想法
			尽管有些想法被主管阻止了，但我还是对这些想法进行了改进
			我用自己的一些工作时间或资源，继续研究被否决的想法
克里斯库洛等（2014）	1	4	我能基于工作计划灵活地安排工作任务，从而挖掘新的、潜在的、有价值的商业机会
			除了组织分配的任务外，我的工作计划让我没有更多的时间去做其他的工作
			我正在开展一些子项目，这让我能够接触一些新的领域
			我主动花时间去开展一些非官方的项目来丰富未来的官方项目

资料来源：根据相关文献资料整理。

尽管越来越多的学者开始关注越轨创新行为，但由于现有研究关于越轨创新行为的界定尚未达成完全共识，所以目前对越轨创新行为量表的开发依旧十分有限。同时，目前大多数研究也都直接沿用了克里斯库洛等（2014）和林等（2012）所开发的量表，这两类量表经过国内外诸多学者的应用和检验，被认为具有较高的信度和效度。

2.2　越轨创新行为的形成

随着学界对越轨创新行为研究的逐渐发展，越来越多的研究发现：个体、领导、组织等诸多因素均能够对个体越轨创新行为的发生造成显著影响。其中，在个体因素中，个体的性格特质、人格特质、价值观、认知等因素被证实能够影响越轨创新行为的发生；在领导因素中，领导风格和领导行为均能够在一定程度上激发越轨创新行为；在组织因素中，组织的创新管理实践、常规规范制度、工作特性等因素均会对越轨创新行为的产生造成影响。

2.2.1 个体因素对越轨创新行为的影响

奥格斯多弗（1996）最早对越轨创新者的性格特质展开深入分析，并归纳出越轨创新者的一系列性格特征，例如高积极性、高内在动机、善于质疑等（Augsdorfer，1996、2012）。随后，诸多学者也陆续从人格特质、价值观、认知等视角出发分析个体因素与越轨创新行为之间的关系。

在人格特质方面，现有研究主要关注主动性人格在越轨创新行为形成中的作用。主动性人格的个体通常表现出较高的工作欲望以及主动性，且能够坚持不懈地克服阻力以实现目标，因而高前摄型人格的个体极易产生既定规程以外的创新行为（杨剑钊、李晓娣，2019）。此外，也有研究指出，主动性人格具有较高的个人成就导向，因而为了满足其自我实现的需要（赵斌、韩盼盼，2016），这类员工会倾向于选择通过越轨创新行为的方式绕开组织制度的约束以获得更高的创新自主性（李晓园等，2020）。在个体价值观方面，新生代员工偏好创新、追求工作价值、渴望良好关系的工作价值观取向会促使个体为了满足其基本心理需求、证明自身能力与创新设想价值而采取越轨创新行为（侯烜方等，2020）。同时，具有高情感地位追求取向的个体往往将获得更高的地位视为其重要的目标，并试图通过积极参与创新过程来获得地位（Fisk，Amy and Glick，2007）。倘若其创新想法遭到否决，那么高情感地位追求的个体会倾向于选用不合规的方式来追求自己的目标，例如越轨创新行为（Zhiqiang Liu，2021）。在个体认知方面，具有高创造性角色认同的个体会表现出更高的创新自我效能感以及个人权力感知，这会赋予员工的越轨创新行为更多的内在动机（曹大友、刘夏青，2020）。而高未充分就业感的个体会认为自身知识、技能超出了当前岗位要求（Maynard，Joseph and Maynard，2006），从而积极尝试富有挑战的工作任务，甚至在其创新想法遭受拒绝后也会选择通过越轨创新行为的方式开展其创新实践（陈超、刘新梅、段成钢，2020）。此外，资质过剩感也会促进员工越轨创新行为的发生（王朝晖，2019；周霞、王雯童，2021）。一方面，资质过剩感能够通过激发员工冲突体验和悖论思维的方式促使其开展越轨创新行为（王朝晖，2019）；另一方面，资质过剩员工所感受到的自身能力与工作要求之间的差异会为其带来较高的创新自我效能感，进而激发出越轨创新行为（周霞、王雯童，2021）。

除此以外，还有许多其他的个体因素也已被证实能够显著影响员工越轨创新行为。其中，高创造力的个体通常具备较强的发散性思维和批判性思维（Runco，2004）以及较高的自我效能感和成就动机，这些特质都在很大程度上增加了员工产生越轨创新行为的可能（杨刚等，2019）。而高风险偏好的个体则会倾向于更关注行为的积极方面，低估甚至忽视行为的风险性和消极影响，因而相较于风险规避的个体，高风险偏好的个体会更可能被越轨创新行为的积极面所吸引而更愿意开展越轨创新行为（Globocnik，2019）。工作嵌入作为一种充裕的工具性资源，能够为员工提供必要的资源供给和工作支持（Ampofo，Coftzer and Poisat，2018），这在一定程度上缓解了知识型员工创新资源不足的困境并激活了其主动性内在动机（Odoardi，2015）。因而，具有高工作嵌入的员工会倾向于在创新活动中持续投入资源，采取越轨的方式来继续创新活动，并期待其创新成果能够为组织带来利益（周燕、钱慧池，2021）。除此以外，员工在工作场所中的地位也会影响其越轨创新行为的发生，这种影响主要体现在三个方面（马璐、谢鹏，2021）。首先，高工作场所地位的员工通常更加自信，并认为自己有足够的能力去改变现状，从而敢于作出越轨创新行为；其次，高工作场所地位所带来的充足的信息资源和人际资源会促使高地位的员工敢于承担越轨创新行为中面临的各项风险；最后，高工作场所地位也会伴随着较高的期望压力，这也会驱使员工实施越轨创新行为以应对这些期望（马璐、谢鹏，2021）。

2.2.2　领导因素对越轨创新行为的影响

越轨创新作为一种员工对领导控制的主动脱离行为，客观上挑战了领导的权威感（陈伍洋、叶茂林、陈宇帅、彭坚，2017）。而领导作为组织运行过程中的重要角色，不仅能够规定下属的角色内行为，还能够影响其角色外行为（张永军、张鹏程、赵君，2017；杨亚中、叶茂林、陈宇帅，2014）。因而从领导层面来看，领导者的态度、领导风格以及行为等都可能会对员工越轨创新行为造成影响。林等（2016）最早在其研究中系统研究了管理者对员工越轨创新行为的态度和行为与越轨创新行为之间的关系。研究发现，不同管理者对越轨创新行为的不同反应——宽恕、奖励、惩罚、无视、操纵，会影响越轨创新行为的结果以及后续该行为的发生频率，例如，管理者对员工越轨创新行为的奖励能够进一步激发未来组织内部的越轨创新行为，而惩罚则会抑制员工未来的越轨创新行为（Lin et al.，2016）。随后，也有不少研究探讨了领导风格、领导行为、上下级关系等对员工越轨创新行为的影响。

目前已有大量研究深入分析了领导风格的影响。其中，非伦理领导作为一种消极的职场压力源，其所带来的对员工职场安全和职业机会等实际或潜在价值资源的威胁会引发员工的情绪耗竭，进而降低其越轨创新意愿（Van，2016；刘晓琴，2017）。而变革型领导倾向于通过愿景激励和示范效应等方式来激发员工的工作投入和创新行为，且更关注创新结果的实现而非服从命令，这会促使员工更敢于冒险开展越轨创新行为；同时，变革型领导对员工创新思维和创意想法也会促使任务冲突的出现，而高水平的任务冲突也会激发员工的越轨创新行为（王弘钰、邹纯龙，2019）。家长式领导包含德行领导、权威领导以及仁慈领导三个维度，其中，德行领导和权威领导对规范遵守的强调以及对违规行为的抵制会抑制员工的越轨创新行为；而仁慈领导所表现出的对员工工作和生活的关怀与支持，会促使员工敢于冒险开展越轨创新行为以回报领导（王朝雪，2019）。真实型领导所表现出来的内部自我和谐与外在行为的统一会对员工起到角色示范作用，这会内化成员工自身的价值取向，并驱使员工在其创新行为受到组织规则和资源的束缚时，通过越轨创新来坚持内心真实想法（吴士健等，2020）。共享型领导对领导权力、信息、知识等资源以及责任的共享，会提升组织成员的心理授权水平和组织归属感，激发其创新主动性，从而引发越轨创新行为（王弘钰等，2020）。谦卑型领导通常对员工的失败以及违规行为采取宽容的态度（Tenzer and Yang，2018），鼓励员工积极表达观点、参与决策（杨陈、杨付、景熠，2018），并且还会时常赞扬员工的优异表现，这不仅能够增强员工的创新自信和工作自主性，还会强化员工的冒险倾向，使其敢于挑战现有规则、违背组织规范以追求创新想法的实现（吴明玉、潘诚、周银珍，2020）。包容型领导所表现出的宽容、开放、支持等人本主义倾向，不仅能够建立员工的心理安全感，使其不必担心因违反组织规范而受到惩罚，从而敢于打破规则实施越轨创新（吴士健、杜梦贞、周忠宝，2020；叶存军、何斌、孙旭、柳波，2020）；还能促使员工产生"回报"心理，进而敢于为了组织从事挑战性工作，实施更多越轨创新行为（Liden，Wayne and Sparrower，2000；吴士健等，2020）。兼具授权型领导和命令型领导两类风格的双元领导同样能够激发员工越轨创新行为（郭萌，2020），其中，授权型领导对员工工作自主和决策参与的鼓励会促使员工私下开展一些不成熟却有利于组织发展的创新设想（王弘钰等，2019；Schilpzand，Houston and Cho，2018），以期回报组织并获得较高的绩效评价；而命令型领导对工作规范、领导权威与服从的强调，则会使员工在发现组织存在的问题时不敢向上建言，而是选择自己私下实施创新方案以期解决问题（郭萌，2020）。创业型领导通常鼓励创新、乐于为员工提供创新机会、并敢于承担风险，这都会在一定程度上提高员工的工作自主性和创新积极性，从而激发其越轨创新行为（郭衍宏、高英、田泽慧，2021）。道德领导坚持公平、诚实、开放和尊重的原则（Xiaoqin Liu et al.，2021），鼓励员工在工作中付出额外的努力（Kalshoven，Den Hartog and De Hoogh，2013）且更强调结果的重要性（Dust et al.，2018；Walumbwa，Hartnell and Misati，2017），因此，员工在其领导者的影响下会选择主动寻求高风险、高回报的越轨创新行为。

除此以外，领导工作行为也普遍受到学者们的关注。其中，具有促进型聚焦行为的领导倾向于采取促进型目标实现策略，在目标实现过程中更关注创新结果而非对规则、规范的遵守（Higgins，1997），因而在领导促进型聚焦行为的影响下，员工也会效仿其领导者而选择搁置规则和程序来开展越轨创新行为（赵乐等，2019）；而具有领导防御型聚焦行为的管理者为了避免来自上级的批评，会倾向于规避"不必要"的创新活动所带来的风险（尚玉钒、李磊，2015），因而受到领导者对创新风险的保守态度的影响，员工也会倾向于规避高风险性的越轨创新行为（赵乐等，2019）。此外，领导亲社会行为迎合了计划进行或正在进行越轨创新的员工对管理者的角色期待，使员工感受到更多的包容性、自主性以及支持性，从而促使员工敢于开展越轨创新行为（康鑫、尹净、冯志军，2020）。而领导亲和型幽默能够为员工创造轻松自由的工作环境并建构高质量的上下级关系，这不仅能够提升员工创造力、激发更多的创新行为，还能促使员工基于自我展示和回报动机而实施越轨创新（潘持春、王震，2020）。

关于上下级关系视角，有研究基于中国情境下差序式的上下级关系探究了其与越轨创新行为之间的关系，并指出高质量的上下级关系能够促进员工越轨创新行为的发生（王弘钰、邹纯龙，2019）。在中国"权威导向"和"关系导向"的文化情境中，组织中的上下级关系更多地呈现一种差序性的特质，即上级会依照关系远近程度将员工划分为圈内人和圈外人并相应地采取不同的互动方式与内容（于桂兰、付博，2015；高良谋、王磊，2013）。被划分在圈内人的员工往往拥有高质量的上下级关系，这会使其获得来自上级更多的资源支持以及情感信任（王弘钰、邹纯龙，2019）。一方面，充足的资源支持不仅能够激发出更多的角色外行为，还能在员工产生有利于组织发展的想法时，帮助员工隐瞒组织、私下开展越轨创新行为；另一方面，来自上级的情感信任会使员工能够承担越轨创新行为可能引发的不利结果，从而促使员工敢于开展越轨创新行为（王弘钰、邹纯龙，2019）。

2.2.3　组织因素对越轨创新行为的影响

员工越轨创新行为的产生受到组织内部资源存量和组织制度规范的影响（Augsdorfer，2005；Mainemelis，2010）。梅因梅利斯（2010）最早在其研究中基于莫顿（Merton）的紧张理论指出，组织用于创新的资源、对创新的激励等构成了员工越轨创新行为产生的背景条件。具体而言，组织资源的有限性使组织通常仅会选择那些被认为最有"价值"和"实用性"的创新方案，并引发大量创新想法的淘汰；组织对创新的激励会激化组织资源有限性引发的矛盾，由此引发的结构性紧张会促使员工转向非正式途径（越轨创新行为）以实现其创新想法（Mainemelis，2010）。而组织对规范的重视程度、创新自主性、避免过早评估的管理政策等被认为是影响资源结构性紧张与越轨创新行为之间关系的边界条件（Mainemelis，2010）。继梅因梅利斯（2010）之后，其他学者也分别基于组织的创新管理实践、常规规范制度、工作特性等视角进一步深入探讨了越轨创新行为的组织影响因素。

在组织的创新管理实践方面，格罗博尼克和扎洛默（Glonocnik and Salomo，2015）探讨了与员工创新直接相关的两个正式管理实践（前端形式化、对创新的奖励与制裁制度）与越轨创新行为的关系。其中，前段形式化描述了组织探索、开发和筛选创新设想的正式流程机制（Burgelman and Sayles，1986）。这种正式机制的产生源于组织创新资源的限制（Staw，1990），其目的是确保员工的创新行为能够有效提升组织绩效（Goodale，Kuratko，Hornsby and Covin，2011）。但是这种管理和筛选机制的存在常常也伴随着大量创新想法的否决，这会引发员工的结构性紧张，促使员工转向越轨创新行为的方式开展其创新想法（Mainemelis，2010）。格罗博尼克和扎洛默（2015）还指出，组织对成功创新成果的奖励能够增加员工创新的内在动机、促进员工越轨创新行为的发生。此外，组织对创新失败的制裁也会促使员工选择通过非正式的途径私下对其想法进行改进和测试，以在其想法更为成熟的时候向组织证明其想法的价值性和可行性（Globocnik and Salomo，2015）。

在组织的常规规范制度方面，个性化契约作为一种新兴人力资源管理实践被认为与员工越轨创新行为之间存在显著关系（金玉笑等，2018）。一方面，个性化契约所具有的员工和组织利益共创的"双赢性"特点和定制化工作安排的"个性化"特点，会激发员工的组织承诺和责任感知（Ng and Feldman，2010；Hornung，Rousseau and Glaser，2008），从而促使员工通过越轨创新行为这类高风险高回报的角色外行为回报组织；另一方面，个性化契约的"灵活性"有利于激发员工的创新思维与创造力，这为其越轨创新行为的展开创造了条件（金玉笑等，2018）。同样地，组织的发展型绩效考核方式表现出组织对员工未来发展和绩效表现的高度关注，这会促使员工敢于冒险开展越轨创新行为以回报组织的关怀与重视；而评估型绩效考核方式是一种强制性、控制性的考核方式，会在组织中形成一种强评比、弱发展的制度性竞争氛围（王华强，2017）以及纯粹以结果为导向的利益交换关系，这使员工对组织缺乏信任且不愿意为了组织的利益而冒险采取越轨创新行为（门贺、赵慧军、段旭，2021）。具有游戏动态性的组织倾向于将员工工作兴趣与工作内容相关联，并鼓励员工以冒险、实验等方式践行工作内容，这会促使员工通过越轨创新行为的方式来实现自身兴趣的价值性，进而将自身兴趣与工作内容相关联（李树文、姚柱、张显春，2019）。此外，组织的常规惯例复制、柔性管理复制也均被证实对越轨创新行为存在正向影响（魏龙、党兴华，2020）。

在工作特性方面，高工作自主性的工作能够通过提升员工工作归属感和满意度、降低员工压力，使员工明确自身工作责任和义务，进而促使员工为了提高绩效而敢于冒险开展越轨创新行为（刘博、赵金金，2018）。而远程工作岗位的设置所带来的宽松的组织监管办公环境，同样也能够提升员工工作自主性。远程工作岗位中的高度自主性不仅能够使员工自由安排工作过程和资源，还能避免组织氛围和人际压力带来的影响，从而使员工更容易打破工作常规，运用新思路、新方法，这都为员工越轨创新行为的发生创造了条件（肖志明，2020）。

越轨创新行为的过程模型如图 2 – 1 所示。

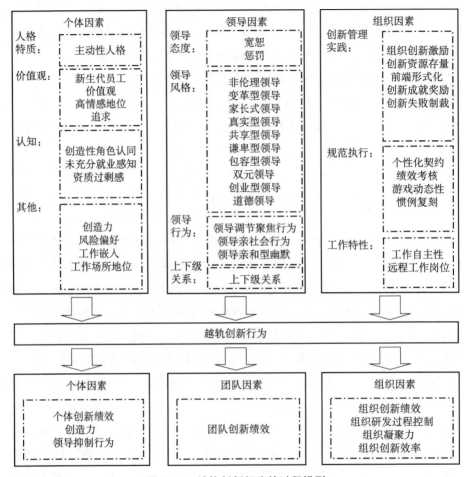

图 2 – 1　越轨创新行为的过程模型

2.3　越轨创新行为的作用效果

由于越轨创新行为具有行为非法性与目的合理性双重特点，学界对越轨创新行为的作用效果存在诸多争议。已有研究表明，越轨创新行为对个体、团队和组织均具有一定影响，但这种影响既可能是正向的也可能是负向的。关于这种相悖的结论，有研究认为，越轨创新行为的作用效果具有一定的情境依赖性，但从总体来看，越轨创新行为是有利于组织的。

2.3.1 越轨创新行为对个体因素的影响

越轨创新行为对个体因素的影响研究大多围绕个体创新绩效展开。学界关于越轨创新行为能否提升个体创新绩效存在分歧，部分观点认为，越轨创新行为能够通过"探索性优势"和"延迟公开优势"提升个体创新绩效。具体而言，首先，越轨创新行为摆脱了组织正式管理系统的"束缚"，使私下创新者不必受限于组织的战略和需求，而有更多的自由去探索一些新的甚至可能超出组织战略的领域。这种探索性优势会转化为卓越的个人能力，使越轨创新者在正式工作中表现出更多的新颖性和创新性思维，从而转化为高创新绩效表现（Criscuolo et al.，2013）。其次，越轨创新行为的隐蔽性使创新主体具有延迟公开其创新想法的优势，即越轨创新行为使创新主体能够避免因过早向组织暴露"不成熟"的创新想法而遭到否决，同时也为创新主体提供了充足的时间进行不断的试验和尝试以向领导者证明其创新想法的可行性和价值性，进而提高其创新想法被组织接纳的可能性（Mainemelis，2010）。

与之相反，有观点认为，越轨创新行为会降低个体创新绩效。从时间调配的角度，越轨创新行为的实施会占用正式工作的时间，倘若员工无法在越轨创新行为与正式工作之间实现平衡，其正式工作完成质量就会下降，从而降低其创新绩效（Masoudnia and Szwejczewski，2012）。从规范执行的角度，在更重视规范执行的环境中，组织对越轨创新行为这种违背组织章程的行为具有较低的容忍度。一方面，越轨创新者难以在组织中获得领导或同事的帮助与支持，因而降低了越轨创新行为的成功率；另一方面，即便创新成功，组织对规范的重视也使创新者难以找到合适的时机公开其想法并受到认可。因此，越轨创新行为很难转化为个体的创新绩效（Criscuolo et al.，2014）。

可见，越轨创新对个体创新绩效究竟有何种影响存在争议。然而，克里斯库洛等（2014）指出，越轨创新行为能否转化为创新绩效很大程度上取决于其行为所处情境。新近研究也大多认可并参考克里斯库洛等（2014）的观点，并分别探讨了组织因素、领导因素、个体因素等在越轨创新行为转化为创新绩效过程中的边界作用。在组织因素中，有研究认为，高组织创新绩效和组织越轨创新水平均有助于越轨创新行为向个体创新绩效的转化（Criscuolo et al.，2014）。其中，高组织创新绩效意味着组织较高的灵活性和低规范要求，这类组织更可能为越轨创新行为提供非正式资源，来帮助越轨创新者提升其项目质量并获得成功；而高组织越轨创新水平则使私下创新者能够获得以往越轨创新同事的经验和指导，以帮助其项目顺利被组织接纳（Criscuolo et al.，2014）。在领导因素中，研究发现，领导对越轨创新行为采取原谅的态度能够建立高质量的领导—成员关系以及工作韧性，从而使员工敢于冒险追求新想法，而奖励的态度则会提高员工创造性表现的内在动机并促进有形资源的增加（如时间、空间和资金），这都会促进越轨创新行为向创新绩效的转化，而惩罚与操纵态度则容易导致越轨创新行为的失败（Lin et al.，2016）。在个体因素中，个体在组织中的地位和创造力被证实在越轨创新行为与个体创新绩效之间存在边界作用（黄玮等，2017）。研究发现，较高的组织地位水平（正式或非正式地位）使个体拥有更多的渠道和方式获得资源与帮助，缓解员工开展越轨创新行为无法获得组织正式资源的困境，进而提高成功率；而较高的创造力则使个体更能有效地躲避组织的外部监管并高效地推进越轨创新行为进程，从而获得成功；同时，当且仅当个体兼具较高的创造力与较高的地位时，越轨创新行为能够产生更高的创新绩效（黄玮等，2017）。

尽管已有研究对越轨创新行为向创新绩效转化的情境因素展开了研究，但这些情境因素尚处于碎片化状态，且主要以单一视角为主（赵斌等，2019）。基于这一问题，有研究系统梳理了以往关于情境因素的研究，并基于工作要求—资源模型指出越轨创新行为向个体创新绩效的转化并非由单一因素影响，而是受到员工特质与组织环境的共同作用（赵斌等，2019）。其中，充足的信息资本和心理资本能够促使员工有效整合组织内外部信息、选择对组织有价值的创新项目，并具备较高的毅力将越轨创新坚持到底；而作为组织资源的悖论式领导和同事支持则为员工越轨创新行为提供了充足的社会支持，为越轨创新行为向绩效的转化提供了良好的发展空间；同时，研究也发现，在个体资源与工作资源（信息资源×悖论式领导、心理资本×同事支持）的互补组合情境下，越轨创新行为更能转化为创新绩效（赵斌等，2019）。可见，越轨创新行为向个体创新绩效的转化过程应是多层面因素共同驱动的结果。除此以外，也有研究对越轨创新行为转化为个体创新绩效的作用机制进行了探讨，认为越轨创新行为能够通过提升个体工作投入的方式促进对个体创新绩效的提升（赵斌等，2020）。

除此以外，越轨创新行为对其他个体因素也具有一定的影响。例如，在领导发展性反馈和忽略性行为以及员工创新自我效能感的影响下，越轨创新行为作为一种具有探索性优势的非正式的创新途径能够促进个人创造力的提升（李鲜苗等，2019）。然而，越轨创新行为除了"创新"特点以外，还具备"越轨（抗令）"的色彩（Mainemelis，2010）。对上级而言，下属的越轨创新行为不仅是对旧程序、旧秩序的质疑和挑战，还易被视为是对上级自身领导能力的挑衅（Burris，2012）。因而，当下属违背上级否决坚持开展创新想法时，上级主管容易产生强烈的地位威胁感，从而促使其对越轨创新者采取一些抑制行为来实现消除威胁的目的，这将不利于越轨创新者在组织中的进一步发展（陈伍洋等，2017）。

2.3.2　越轨创新行为对团队因素的影响

目前越轨创新行为对团队因素的影响研究主要关注团队创新绩效。有学者提出，个体坚持完善创意想法的过程，一方面能够有效增加团队创意想法存量和多样性，而创新想法的数量与创新性产品产生呈正相关（Simonton，1999；Guzman and Espejo，2019；吴颖宣等，2018）；另一方面员工越轨创新行为的试错学习过程对其所在团队其他成员的观察学习、教训总结以及经验积累有所助益，能够避免他们在今后的创新活动走弯路，进而提高团队创新绩效（吴颖宣等，2018）。同时，团队成员的建言行为以及工作自主性被指出能够正向促进越轨创新行为向团队创新绩效的转化过程。具体而言，团队成员能够通过建言行为表达自己的意见以实现与领导者之间的有效沟通，从而促使领导者重新思考和评估已被拒绝的创新想法，使抗令创新获得领导者的认可与帮助并提升成功率，进而促进越轨创新行为向团队创新绩效的转化；而较高的工作自主性则促使员工能够合理地分配通过建言所获得的资源，从而更好地促进越轨创新行为的开展，进而提升团队创新绩效（吴颖宣等，2018）。

2.3.3　越轨创新行为对组织因素的影响

越轨创新行为对组织因素的影响研究大多从创新绩效与规范执行出发。在创新绩效方面，奥格斯多弗（2005）通过对 57 家企业的调研发现，由于路径依赖的存在，越轨创新项目大多是渐进式的且主要关注对产品和流程的技术改进。这类创新大多以企业已有的业务知识轨迹为基础并与企业战略相契合，因此，这些越轨创新项目大多能够满足企业业务需求，即便创新失败也能带来企业所需的技术知识的积累，这有助于企业未来创新活动的推进。因此，越轨创新行为从总体上来看有助于企业创新绩效（Augsdorfer，2005）。而梅因梅利斯（2010）则认为，越轨创新行为与颠覆式创新之间存在逻辑关系。梅因梅利斯（2010）指出，越轨创新行为（特别是抗令创新行为）的本质更加激进，具有较高的风险性、不确定性、非传统性以及开拓性，这使得越轨创新行为一旦成功往往能够带来颠覆式的创新成果，甚至引领行业未来。然而这种颠覆式创新也通常难以获得相关经验的指导和资源的支持，且容易与组织战略相偏离，因而这类越轨创新行为往往成功率较低且难以得到领导者的认可。对于这一点，有研究指出，较高的员工自主性能够促进越轨创新行为的产生和顺利开展，从而增加团队创意数量、提高创新成功率并为组织积累丰富的创新经验，这会使组织的创新能力得到提升，进而促进组织未来创新活动（宋源、时丹丹，2020）。

在规范执行方面，即便越轨创新行为的目的是实现组织的利益，但其行为本质上还是对组织规范和上级命令的违背。这不仅挑战了组织的权威，还会降低员工对组织规范执行底线的预期，从而使组织创新研发过程脱离管理层控制（Staw and Boettger，1990）。此外，在成熟期企业中，由于组织内部的管理流程和规章制度趋于完善，管理者对待任何偏离组织规范行为都具有较低的容忍度，因而越轨创新行为容易遭受领导或同事的抵触，进而降低组织的凝聚力（王弘钰等，2019）。同时，如果组织拥有科学的创新管理流程，过量的越轨创新行为不仅不能提升组织创新绩效还会降低组织创新的效率和有效性（Burgelman and Grove，2007）。

2.4　越轨创新行为的研究方法

综观越轨创新行为领域已有研究，学者们根据研究问题的性质及其对研究结果的预期不同选用不同的研究方法展开研究。但从总体来看，定量研究方法始终占据主导地位，而只有较少研究采用定性研究方法。

2.4.1　定量研究方法

在定量研究方法中，问卷调查法由于其"快速、有效、廉价"的特点而受到广泛应用（陈晓萍、沈伟，2018），同时现有研究所采用的问卷调查法主要分为横截面调研和时间差调研两类方法。

（1）横截面调研。在现有越轨创新行为领域研究所使用的研究方法中，被较多采用的是横截面调研方法（cross-sectional study），即通过一次性发放问卷收回的所有变量的数据对模型进行验证。例如，周艳和钱慧池（2021）在其探究工作嵌入对知识型员工越轨创新行为的影响的研究中，采用横截面调研方法一次性发放并收回 350 份问卷，得到有效问卷 324 份，并基于这 324 份有效问卷的样本数据对其研究假设和理论模型进行验证。可见，横截面调研方法具有操作便捷、成本低廉，能够在短时间内收回所需要的全部数据等优点。但许多研究在使用横截面调研方法时，通常让被试一人回答所有变量的题项，这容易造成同源方法误差（commom method variance）和自我报告导致的社会程序性问题。为了解决这一问题，有研究选用多数据来源的横截面调研设计，例如，黄玮等（2017）在探究越轨创新行为和员工绩效之间的关系时，让员工个人完成对全部变量的评价的同时，让其上级共同评价员工绩效，从而使员工绩效获得来自员工个人及其上级两类来源的数据，进而避免因单一测量方式导致的偏差。

（2）时间差调研。随着研究的逐渐深入，学者们发现自变量、中介变量、因变量之间的影响存在一定的时间延迟（罗胜强、姜嬿，2014），而横截面调研则忽略了这种时间延迟。因此，横截面调研通常被认为难以很好地解释变量之间的因果关系。为了解决这一问题，也有研究通过时间差调研（time-lag study）的方式收集数据，即在不同的时间点分别对变量进行数据收集。在有中介变量的模型中，真正的中介关系具有时间延迟性，因此，严谨的调研方式是分三个时间点分别对自变量、中介变量和因变量的数据进行收集（罗胜强、姜嬿，2014）。例如，马璐和谢鹏（2021）在其研究中考虑到员工由于其较高的工作场所地位产生能力面子压力，以及受能力面子压力的影响而采取越轨创新的过程存在时间延迟，所以在实际数据收集过程中分三次问卷调查分别收集三个变量的数据，前后时间间隔 1 个月。尽管这种三时点的问卷调查方法所收集的数据能够较好地反映变量之间的因果关系，但在实际操作过程中为了保证数据的真实性、减少样本的流失率，需要投入较高的时间和资源成本。因此，在时间和资源有限的情况下，也有不少研究选用两时点问卷调查方法。同时，考虑到两时点调研相较于三时点调研的局限性，以及同源方法偏差和自我报告导致的社会程序性问题，不少研究将多数据来源设计和两时点调研方法相结合（陈伍洋等，2017；李鲜苗等，2019；赵斌等，2019；吴士健等，2020）。例如，陈伍洋等（2017）在探究下属越轨创新行为对主管阻抑的影响的过程中便是采用的上下级配对与两时点调研相结合的方法。其中，时间点1主要收集主管和下属的人口学信息，下属评价的越轨创新、主管阻抑，主管评价的权威主义取向、地位威胁感；在时间点2邀请完成时间点1调查的下属评价主管阻抑，主管评价地位威胁感。

2.4.2　定性研究方法

定性研究方法对深入探索既有理论不能解释的新现象、发展理论来解释事物之间的因果关系具有重要作用。现有研究所采用的定性研究方法最主要以半结构化访谈和定性比较分析方法为主。

（1）半结构化访谈。在早期对越轨创新的研究中，由于研究者们对越轨创新行为的理解尚浮于表面且没有科学的量表对其进行测量，半结构化访谈则成为主要的研究方式。研究者们能够从访谈结果中提炼出越轨创新行为的核心特点，从而深化对越轨创新行为的理解。越轨创新行为的早期研究者奥格斯多弗（2005）便是通过对57家公司进行半结构化访谈所收集到数据，实现了对越轨创新行为的本质和特性的归纳和总结，为后续研究者们对越轨创新行为的理解奠定了基础。同时，半结构化访谈也十分有利于对敏感数据的收集（Lee，1993）。马苏德尼亚和斯韦杰夫斯基（Masoudnia and Szwejcze-wski，2012）考虑到越轨创新行为隐蔽性和偏离性的特点，认为员工可能会害怕在研究调查过程中暴露其越轨创新行为后会受到管理层的处罚而不愿意公开其经历。因此，他们在研究中也选用半结构化访谈的方式收集越轨创新行为数据。

除此以外，随着研究的逐渐深入，也有研究将半结构化访谈和问卷调查方法相结合（Criscuolo et al.，2014；Lin et al.，2016），即先通过访谈的方式对研究对象、研究对象的行为、所处环境等信息进行详细的了解，再在此基础上设计并开展更为完善的问卷调查。例如，克里斯库洛等（2014）正在探究越轨创新行为与个体创新绩效之间的关系时，先通过对某一组织中25名高级管理者和10名研发人员进行半结构化访谈以初步了解被试群体所在组织的工作条件以及越轨创新行为发生情况；再通过问卷调查的方式对该组织中

600 名高级科学家和工程师进行调研，以获得样本数据验证其研究假设。这种研究方法兼顾了半结构化访谈和问卷调查法的优点，但也容易因为定量研究者对定性技术的不熟悉而误用某些定性研究策略，从而导致研究误差（Lee，2014）。

（2）定性比较分析方法。目前在定性研究方法中，一种十分前沿的研究方法是定性比较分析方法（QCA），该方法旨在探究多重因素对被解释结果的组态路径。随着对越轨创新行为形成因素研究的逐步深入，有学者指出，越轨创新行为的形成并非单一因素的净效应，而是多层面因素共同作用的结果（Criscuolo et al.，2014；王弘钰等，2019；孙颖，2021）。尽管已有大量研究探讨了越轨创新性行为的形成因素，但这些因素大多呈碎片化且缺乏基于理论系统性、整体性的探讨。基于此，有研究通过定性比较分析方法探讨组态视角下多层面因素对越轨创新行为的联动效应。例如，孙颖（2021）基于创新事件管理，运用 QCA 方法整合行为层面与情感层面因素探讨了越轨创新行为的复杂形成机制；崔智淞等（2021）则根据 AMO 理论通过 QCA 从人—境交互角度考察违反命令创新行为受能力、动机和机会综合影响的复杂机制。这种定性比较分析方法整合了定量方法和定性方法的优势，能够有效解决现象的复杂因果关系（Charles，2018），也为未来整体性视角下越轨创新行为形成因素研究提供了便利。

2.5　越轨创新行为的研究评述

2.5.1　关于越轨创新行为的概念

越轨创新行为最早由奈特（1967）提出，但其仅概括性地描述了组织中的越轨创新行为，而并未做出清晰界定。直至 2005 年，关于越轨创新行为的清晰界定才由奥格斯多弗（2005）提出。奥格斯多弗（2005）基于越轨创新行为（bootlegging）的主动性和隐蔽性特点对越轨创新行为作出界定。而梅因梅利斯（2010）以越轨创新行为的抗令性特点为切入点作出界定，并将其表述为"creative deviance"。然而，林等（2016）则指出，奥格斯多弗（2005）所界定的私下创新式的越轨创新行为的内涵比梅因梅利斯（2010）所界定的抗令式越轨创新行为更为广泛，且后者可以被看作前者的极端模式。

鉴于此，后续也有众多学者将两类越轨创新行为的概念整合，并做出相应的界定与表述（黄玮等，2017；赵斌等，2020；王弘钰等，2019）。

尽管学界关于越轨创新行为的概念界定尚未达成完全统一，但目前受到学界广泛认可和使用的仍旧是奥格斯多弗（2005）和梅因梅利斯（2010）分别对越轨创新行为作出的界定（bootlegging and creative deviance）。这两类界定分别关注了越轨创新行为的隐蔽性和抗令性特点，并囊括了管理层知晓前和知晓后的两个阶段，适用于目前的大部分研究。因此，本书也十分认可并采用了两位学者对越轨创新行为概念的界定与表述。

2.5.2　关于越轨创新行为的维度与测量

尽管已有不少研究对越轨创新行为的概念、内涵展开深入探讨，但针对越轨创新行为维度与测量的研究成果甚少。目前主要以克里斯库洛等（2014）和林等（2012）分别编制的单维量表为主，其中，克里斯库洛等（2014）所编制的量表强调越轨创新行为的隐蔽性特点，而林等（2012）的量表则关注其抗令性特点。这两类量表不仅受到了学界的广泛认可，还被应用于越轨创新行为领域的大部分研究中。

但目前已有测量量表仍存在一些不足。（1）缺乏动态视角下的越轨创新行为测量。创新过程理论指出个体创新活动是包含创意产生与创意实施的连续过程（Perry-Smith et al.，2017）。因此，从理论上来看，越轨创新行为是一个动态且连续的创新过程，其行为在管理者知晓前后都会发生（Mainemel-is，2010），甚至能够从知晓前发展到知晓后阶段。但现有研究中，无论是对越轨创新行为概念和内涵的识别，还是对其测量量表的编制，均基于静态和断点的视角将越轨创新行为分为管理者知晓前和管理者知晓后两种类型。这是片面的、不完整的，不利于学界对越轨创新行为的准确理解，也难以为员工越轨创新行为的管理实践提供切实有效的指导。（2）未能基于儒家文化情境取向识别越轨创新行为的内涵与维度。目前受到广泛认可和应用的越轨创新行为结构也主要是基于西方文化背景总结得出，尽管理论上可行，但难以嵌入中国文化背景，也无法实现对中国组织中越轨创新行为的深入剖析（王弘钰等，2019）。因而，十分有必要基于创新过程理论和中国传统文化背景识别越轨创新行为的概念和维度，并修订出适用于中国组织情境的越轨创新行为测量量表。

2.5.3　关于越轨创新行为的形成

现有分别基于个体视角、领导视角和组织视角深入探究了越轨创新行为的形成原因。其中，在个体视角下，个体的性格特征（Augsdorfer，2012）、主动性人格（杨剑钊、李晓娣，2019；赵斌、韩盼盼，2016）、风险偏好（Globocnik，2019）、工作场所地位（周燕、钱慧池，2021）等均能够对越轨创新行为的产生造成影响；在领导视角下，变革型领导（王弘钰、邹纯龙，2019）、真实型领导（吴士健等，2020）等诸多领导风格均被证实能够促进越轨创新行为的发生，而促进型调节聚焦行为（赵乐等，2019）、亲社会行为（康鑫等，2020）等领导行为也被指出有助于激发越轨创新行为；在组织视角下，组织中的工作特性（刘博、赵金金，2018）、创新管理实践（Globocnik and Salomo，2015）、规范制度（金玉笑等，2018）等因素均会影响越轨创新行为的产生。

可见现有关于越轨创新行为形成的研究已逐渐趋向成熟，但通过对已有研究的梳理与分析可以发现，无论是在个体、领导还是组织视角下，仍然有一些能够影响越轨创新行为发生的重要前因变量尚未得到深入研究与分析。（1）缺乏自我验证视角下资质过剩感对越轨创新行为的作用机制研究。现有研究仅从悖论视角揭示了资质过剩感影响越轨创新行为的作用路径，但忽略了对其他可能路径的分析与探讨。而根据自我验证理论可以发现，资质过剩感能够通过激发员工的自我证明动机来促使其通过越轨创新行为的方式证明自身资质判断。但目前尚未有研究从自我验证视角挖掘资质过剩感对越轨创新行为的影响路径，这不利于对资质过剩感与越轨创新行为之间关系的深入理解。（2）缺乏差序式领导对越轨创新行为的影响及作用机制研究。作为中国社会"关系导向"体现的差序式领导对圈内外员工的差别对待会对员工的认知和行为产生显著影响。特别地，这种差别对待会促使圈内员工因为受到优待而敢于开展越轨创新行为，并使圈外员工为了获得优待与重视来冒险开展越轨创新行为以证明自己。但现有研究尚未关于差序式领导与越轨创新行为之间的关系，这不利于全面、深入地理解中国组织情境中员工越轨创新行为的形成原因。（3）缺乏悖论式领导对越轨创新行为的影响和作用机制研究。目前学界所关注的影响员工越轨创新行为的领导风格大多为单一导向的领导风格，这类领导在问题处理和思维方式上大多单一，而鲜有研究关注悖论式领导这种复合型领导风格。与其他领导不同，悖论式领导可以跳出单一导向的束缚，灵活处理组织管理中的矛盾。而这种灵活的思维模式和问题处理模式有助于组织内越轨创新行为的发生，但现有研究尚未对两者之间的关系展开深入研究，这不利于全面、深入地理解领导与越轨创新行为之间的关系。(4) 缺乏领导权变激励对越轨创新行为的影响和作用机制研究。目前关于领导与越轨创新行为关系的研究中，领导风格视角下的研究占据主要地位，而鲜有研究关注领导行为在越轨创新行为形成中的作用。领导权变激励作为一种灵活、公平且效能优先的领导激励行为，其柔性管理模式能够缓解越轨创新者的事前心理负担和事后成本，从而显著促进越轨创新行为的发生。但目前并未有研究深入分析领导权变激励对越轨创新行为的影响和权变激励，这不利于更全面地理解领导对越轨创新行为的影响。(5) 缺乏组织创新氛围对越轨创新行为的影响和作用机制研究。组织氛围作为组织成员的重要外部环境会向个体传递关于组织期望其组织成员作出的行为的信息，从而对组织成员的形成产生影响。但目前尚未有研究探究组织氛围在越轨创新行为形成中的影响。虽然，格罗博尼克和扎洛默（2015）在理论上推演出组织创新氛围是越轨创新行为的重要前因变量，但仍缺乏实证检验。因此，十分有必要从实证角度对组织创新氛围与越轨创新行为之间的关系进行检验。

2.5.4　关于越轨创新行为的作用效果

已有研究分别探讨了越轨创新行为对个体、团队、组织等因素的影响。在个体因素中，越轨创新行为被指出能够带来个体创新绩效、创造力等的显著提升（Criscuolo et al.，2014；Mainemelis，2010；李鲜苗等，2019；陈伍洋等，2017），但也有研究认为，越轨创新行为会抑制个体创新绩效（Masoudnia and Szwejczewski，2012；Criscuolo et al.，2014）。针对这一相悖结论，个体的心理资本、信息资本、悖论式领导、同事支持等因素被证实是越轨创新行为积极作用效果的重要边界条件（赵斌等，2019）。在团队因素中，越轨创新行为被指出有助于团队创新绩效的提升（吴颖宣等，2018）。在组织因素中，现有研究表明，越轨创新行为在提升组织创新绩效的同时（吴颖宣等，2018；Augsdorfer，2005；Mainemelis，2010；宋源、时丹丹，2020），也可能对组织研发过程控制、组织凝聚力、组织创新效率造成负面影响（Staw and Boettger，1990；王弘钰等，2019；Burgelman and Grove，2007）。

相较于越轨创新行为形成研究已趋向成熟，目前关于越轨创新行为作用效果的研究仍有待进一步补充与完善。（1）缺乏个人—环境匹配视角下越轨创新行为转化为个体创新绩效的边界条件研究。目前关于越轨创新行为作用效果的边界条件研究大多零散。而个人—环境匹配理论指出，个体特征（如个体特征行为）与环境（包括组织情境、领导情境等）在不同匹配程度下会对个体产生不同作用效果（Holland，1959）。可见，越轨创新行为对个体的影响结果并非由个体因素或环境因素其中之一导致的单方面结果，而应是由个体因素和环境因素共同交互影响而成。因此，十分有必要基于系统理论以整合的视角全面地探讨越轨创新行为作用效果的边界条件，但已有研究大多零散地从单一视角展开，而缺乏整合视角下的探讨，这不利于实现对越轨创新行为影响的全面了解。（2）缺乏对越轨创新事件多层次动态影响过程的系统性研究。现有研究多基于静态视角探究越轨创新行为在单一层面下的积极影响，而未能基于多层次动态视角揭示其积极作用。创意过程理论提出创意过程是一个涉及多阶段，跨域个体、团队和组织多个层次的过程（Perry - Smith et al.，2017）。因此，起源于组织中的某一层级的越轨创新事件，随着创意过程的推进，其影响后果可能催生、传递或延伸到其他层次（陈建安等，2021）。因此，十分有必要从动态视角出发深入剖析越轨创新事件在组织中的动态影响过程，但目前尚未有研究对其展开深入探讨，这不仅不利于研究者全面、深入地揭示越轨创新行为的积极作用效果，也不利于管理者正确理解和处理组织中的越轨创新行为。

2.5.5　关于越轨创新行为研究的研究方法

目前越轨创新行为领域所使用的诸多研究方法中，定量研究方法占据主导地位，且主要以横截面调研和时间差调研为主，同时，也有少量研究采用定性研究方法，并主要采用半结构化访谈和定性比较分析方法。

尽管现有越轨创新行为领域研究使用了一些研究方法，但仍存在部分不足：（1）缺乏纵向调研方法的使用。现有研究所采用的问卷调查方法主要以横截面调研和时间差调研为主。尽管横截面调研更为便捷且成本低廉，同时时间差调研也考虑到变量之间影响的延时效应，但在这两类方法均无法区分变量间影响效应中的即时效应和延时效应，也无法从时间尺度上揭示和理解变量间的关系，因而难以很好地揭示变量间的因果关系。而采取多时点重复测量的研究设计的纵向调研方法则可以很好地揭示变量间影响的即时效应和延时效应，且能够更为科学地展示变量间的因果关系（罗胜强、姜嫔，2019）。因而十分有必要将纵向调研方法引入到越轨创新行为研究领域中。（2）缺乏案例研究方法的使用。现有研究所使用的定性研究方法主要以半结构化访谈为主，该方法仅能帮助研究者初步了解现实问题情况，而无法实现对现实问题的深入剖析。但案例研究方法能够实现对具体典型案例的"解剖"式分析，揭示其发展脉络和演进过程（Eisenhardt，1989），进而实现对越轨创新行为动态影响过程全面且深入的分析。因而十分有必要将案例研究方法引入到越轨创新行为研究中。（3）缺乏混合研究方法的使用。现有研究大多采用定量研究方法对越轨创新行为进行研究，而缺乏定性研究方法的使用，更缺乏定量和定性相结合的方法使用，导致目前研究方法的使用过于单一。考虑到现实问题的复杂性，单一研究方法难以实现对现象的客观、透彻的理解与分析，因而十分有必要采用多种、混合方法以实现对现实问题的准确把握与研究。

2.6　本章小结

本章对越轨创新行为的概念、内涵、测量以及相关研究进行了国内外文献的系统梳理与总结，并从现有研究成果、特点和不足等方面进行了评述。

本章系统梳理了已有关于越轨创新行为的概念界定、内涵阐述以及测量量表，并指出现有越轨创新行为领域中最受到广泛认可和使用的概念界定和测量量表；分别基于个体、领导和组织视角，系统性地梳理了目前已被证实的影响越轨创新行为产生的因素及其作用机制；还就越轨创新行为分别对个体、团队和组织的作用效果进行了系统梳理；从横截面调研、时间差调研等方面梳理了目前越轨创新行为领域研究中所使用的研究方法，并对这些研究方法的特点进行了详细介绍。

同时，本章还在已有研究的基础上，指出了现有研究中存在的部分不足。（1）缺乏动态视角下的越轨创新行为测量；（2）未能基于儒家文化情境取向识别越轨创新行为的内涵与维度；（3）缺乏自我验证视角下资质过剩感对越轨创新行为的作用机制研究；（4）缺乏差序式领导对越轨创新行为的影响及作用机制研究；（5）缺乏悖论式领导对越轨创新行为的影响和作用机制研究；（6）缺乏领导权变激励对越轨创新行为的影响和作用机制研究；（7）缺乏组织创新氛围对越轨创新行为的影响和作用机制研究；（8）缺乏个人—环境匹配视角下越轨创新行为转化为个体创新绩效的情境因素研究；（9）缺乏对越轨创新事件多层次动态影响过程的系统性研究；（10）缺乏对纵向调研方法、案例研究方法以及混合研究方法的使用。

本书将在后续章节中，基于以上不足展开系统性的相关研究。

第 3 章　越轨创新行为的量表修订[*]

3.1　问题提出

越轨创新行为是指员工避免或无视上级的否决，坚信自己的创意会给企业创造价值，并通过非正式途径继续深耕的创新行为。此概念的提出引起了国内外学界广泛关注，学者们在定义并测量越轨创新行为时存在以下两种视角：基于管理层未知晓视角，该量表强调越轨创新行为活动为个体自主发起、未获得组织正式支持、通常不为高层管理者所知晓，但是预期会有利于提升组织绩效，重点关注员工创新活动的自发性和隐蔽性，这一视角对应着克里斯库洛团队开发的单维度量表（Criscuolo et al.，2014）；基于管理层知晓视角，该类量表包含"创新"和"越轨（抗令）"两个元素，即当下属提出的创意遭到主管否决后，该下属违背主管命令，继续完善或执行该创意，这一视角对应着林团队开发的单维度量表（Lin et al.，2012）。然而，目前对越轨创新行为的测量还存在一些不足。

（1）缺乏动态视角下的越轨创新行为测量。现有研究都是从静态和断点的角度看待越轨创新，研究多以管理者是否知晓为分界点，只探究知晓前或者知晓后的某一种情境下的越轨创新行为。克里斯库洛团队开发的越轨创新量表测量的是正式工作之外私下探索创意的情况，这种情况下越轨创新活动没有被管理者知晓。林团队开发的越轨创新量表测量的是继续深耕被管理者否决的创意的情况，这时越轨创新的创意已向管理者公开过，被管理者知晓。但值得注意的是，创新是一种行为也是一种过程，包括创意产生和创意实施两个阶段。在创意产生阶段员工可以未经上级批准开展创意性的想法，但随着创新过程推进到创意实施阶段，就需要向组织公开创意寻

---

  * 本章写作参考邹纯龙（2020）博士论文第 3 章内容。

求组织资源的支持。这是创新必然要经历的过程，也就是说，越轨创新活动早晚要从管理者知晓前的阶段过渡到管理者知晓后的阶段。但现有的两个测量量表还无法测量这种创新过程的动态性，无法以动态的视角来理解越轨创新。

（2）未能基于儒家文化情境取向识别越轨创新行为的内涵与维度。以往关于越轨创新行为结构的研究大多出自西方，基于西方文化背景，尽管理论上可行，但是难以嵌入中国文化背景。儒家文化是中国典型的文化特征，对中国员工的行为影响很大。在这些伦理关系中，个体的各种社会角色和相应的义务等都有明确的规定。一方面，儒家文化在强调个体在完成各种社会角色时，以和谐共处为目的，并遵循面子原则；另一方面，君臣、父子、夫妇等社会角色时，谏诤也是主要的社会职责。许烺光等学者直接指出，华人群体往往偏向于情境中心，主要表现为在某一社会互动情境中人们需要视其与互动对象的关系，表现出"最为合宜"的行为，所以当与领导存在分歧时员工会视不同情境来选择维护面子还是犯颜直谏。这意味着受儒家文化的影响，中国员工会根据不同情境来表现不同形式的越轨创新行为。但目前尚未有研究从儒家文化出发来厘清受儒家文化影响的中国员工越轨创新行为的内涵与结构，这不利于对中国员工越轨创新行为的深入理解。

为弥补以上研究不足，本章将基于创新过程理论，从创新过程的动态变化视角为越轨创新的测量提供新的视角；并基于儒家文化的情境取向，运用定性与定量相结合的研究方法，从当前创新管理实践中提炼出越轨创新行为的概念内涵，构建结构维度，修订测量越轨创新行为的量表。

3.2　量表的理论构建

3.2.1　基于创新过程理论的越轨创新行为内涵识别

3.2.1.1　创新过程理念

创新过程是 20 世纪学者们研究的重要课题之一。创新过程理论认为，创新是一个复杂的过程，包括从创意产生到创意实施等多个阶段（Ford，1996），并受到资源、人力等多方面影响（Harvey，2014）。沙利（Shalley，1991）认为，创新过程就是把创造力视作目标实现进程中运用新方法或新思路解决挑战性难题的过程。该过程涵盖产生创意（idea generation）、创意推进（idea promotion）和创意实现（idea realization）三个阶段。Zhou and George（2001）进一步对此该理论进行完善，认为创新过程包括了创意产生和创意实施两个阶段。创意产生是创新的理念基础和最初阶段（Litchfield，Gilson and Gilson，2015；Reuver，VanEngen and Vinkenburg，Wilson-Evered，2008），包括了问题识别、资料收集、提出方案等环节（Montag，Maertz and Baer，2012）。创意实施包括了方案评估和实施等环节，是创新的第二阶段也是至关重要的一个阶段（Skerlavaj，Cerne and Dysvik，2014）。

创意产生主要是个体内部的认识活动（Baer，2012；Rank，Pace and Frese，2004），离不开个体的创造性思维（张庆普、张伟，2014）。霍伟伟和罗瑾琏等（2018）曾借用社会资源理论来描述创意产生阶段个体的内部活动特点，个体为了控制某些关键性资源往往会采取领地行为，知识与创意等作为无形关键性资源，一旦被他人所知则很难确认归属，这就致使人们更倾向于保护无形资源的所有权（Brown，Lawrence and Robinson，2005）。同时，员工的创新想法具有一定独特性，很多员工需要凭借自己的创意维持在组织中的核心竞争力（霍伟伟、罗瑾琏、李鲜苗等，2018）。所以员工的创意往往不愿对外公开，待时机成熟后再向组织公开，在此阶段员工的创意往往不被同事及管理者所知晓（王弘钰、崔智淞、邹纯龙等，2019）。创意产生是指产生新颖且有价值的想法，创意实施是指把创意转换成产品或者服务。与创意产生相比，创意实施是工作场所中人际关系的互动过程，需要更多相关资源的支持（Richter et al.，2012；Howell and Higgins，1990；Rank，Pace and Frese，2004），员工可以通过创意倡导打动管理者，获取经济、人力等资源，为创意实施创造有利条件（Howell and Boies，2004）。创意实施过程是一个包含人际风险的社会交换过程（Baer，2012），只有少数的创意会被采纳（Mueller et al.，2018），很多决策者往往无法作出正确判断（Berg，2016）。在此阶段员工的创意往往会被同事及管理者所知晓（王弘钰等，2019），但不一定会被组织所采纳。

3.2.1.2 越轨创新行为的内涵识别

前面提到，目前学术界对越轨创新的描述和测量存在两种视角，这导致现有两种视角的越轨创新研究无法整合在一起。因此，发掘一个可以将两种视角下的越轨创新统筹在一起的理论视角是十分必要且有价值的。对此，梅因梅利斯（2010）的观点很有借鉴和参考价值。他在文章中提到，员工隐蔽探索的创意迟早可能会被管理者知晓并阻止，进而可能引发管理者知晓后的越轨创新。这意味着员工的越轨创新过程可能发生从管理者知晓前阶段到管理者知晓后阶段的转变。这样的视角为两种越轨创新建立了合理的连接，能将两者有机地整合起来。由此推断，创新过程视角可以为整合两种越轨创新行为的研究提供理论基础。

基于创新过程理论，员工的创新活动包括管理者知晓前和知晓后两个阶段。在管理者知晓前阶段，员工创意刚刚产生，尚未收集到足够的证据可以使管理者认可自己的创新设想时，个体有可能会采取越轨创新行为，直到收集到足够的证据来证明这一创新设想的价值后再向组织公开，从而增加这一创新设想被组织接纳的可能性（黄玮等，2017）。在管理者知晓后阶段，员工向领导公开创意，即使没有得到领导支持，也可能不会放弃这一创意，而选择抗令执行（Lin et al.，2016）。这意味着，员工的越轨创新行为在管理层知晓前后都会发生，分别对应两种视角下的越轨创新，所以越轨创新行为包含管理者知晓前和知晓后两种视角下的内涵。考虑到奥格斯多弗（2005）、梅因梅利斯（2010）两位学者界定的越轨创新行为内涵分别对应着管理者知晓前和知晓后，因此，本书采用奥格斯多弗（2005）、梅因梅利斯（2010）两位学者提出的越轨创新行为定义来展开量表修订工作。

3.2.2　基于儒家文化情境取向的越轨创新行为维度命名

3.2.2.1　儒家文化情境取向

儒家文化是我国最为典型的传统文化特征，主要是以"君臣""父子""夫妻""兄弟""朋友"五伦作为社会的基本规范和秩序，其中，"君仁臣忠""父慈子孝""夫义妇听""兄友弟恭""长尊幼卑"为个体所处角色的基本义务与责任。许烺光直接指出，华人偏向于情境中心，主要表现为在某一社会互动情境中人们需要视其与互动对象的关系，表现出"最为合宜"的行为。在本书中结合越轨创新的行为特征，试图分析在个体创意与组织规则产生冲突时，选择淡化冲突，或是选择对抗冲突，两种行为背后的情境特征与文化属性因素。

一方面，淡化冲突体现了中国人遵循的"面子"原则，更愿意将和谐共处作为行为规范。在中国社会更寻求以和为贵，所以大多数情况下中国人为人处世既不会完全进行理性决定，也不会十分依赖感性选择，而是寻求两者协调使事件中的主体都能处于舒适的状态得到平衡的结果。这是因为中国文化更讲求社会声誉，有学者将其解释为"面子"文化。即人们作出某种决定并选择何种行为是为了符合其他人的期待，从而使自己感到荣耀。面子是个体社会声誉的主要表现（Hwang，1987），面子往往与个体的地位、经济、学历等方面息息相关。从社会学的角度界定面子，是个体为了迎合某一社会圈认同的形象，经过印象整饰后表现出来的认同性的心理和行为。如果个体在获得他人对其表现出尊重与关心时，就会感觉获得一定的社会声誉，即面子，尤其在发生冲突时，一方只要给予另一方足够的面子，获得方往往不会在乎自己的利益得失。因此，在组织情境中，当个体资源与组织资源产生冲突时，员工会在情理法之间探索出维护好各方面子的均衡点，从而倾向于通过越轨创新行为处理资源冲突可能带来的直接冲突，尽管违背了组织规则，但既可以按照自己的意愿继续创新行为又没有与领导产生冲突，从而谨慎地维护着表面和谐。

另一方面，除了淡化冲突还存在对抗冲突的行为选择。虽然中国人遵循面子原则，把和谐共处作为行为规范，但是"谏诤"也是作为"君臣""父子"等角色的重要职责，影响着华人在工作中的行为选择。作为"臣子"和"儿子"需要向君王与父亲进谏，主要表现为"君使臣、臣事君之道"，从而维护"国家纪纲"，作为"臣子"和"儿子"要做到直谏——"直辞正谏，论道佐时"。这种思维方式会影响个体在处理日常工作的具体事件时如何面对上下级存在的冲突，并使其具有以"直谏"和"忠君"为准则来选择最佳行动方案的思考模式。因此，当员工在进行风险评估后相信自己有足够的资源去应对某种结果时，会选择直接对抗冲突，以继续自己为提高企业效率而提出新观点和新创意。由此可见，个人在选择维护面子还是犯颜直谏都要视不同情境而定。越轨创新行为分为管理者知晓前与知晓后两个阶段，每一个阶段对于员工来说都是不同的情境，受儒家文化情境取向的影响员工会有不同的表现。

3.2.2.2　越轨创新行为的维度识别

越轨创新行为的发生源自员工创新活动的自主性和管理层对创新活动的控制性之间的冲突，本质上反映了位居劣势的员工与位居高位的管理层互动。所以，员工的越轨创新行为在管理者知晓前和知晓后会表现出不同的内涵。

本书基于管理者知晓前和知晓后越轨创新实施者与管理层互动方式的不同，识别出"暗度陈仓"与"君命不受"两个维度。

维度一："暗度陈仓"。在管理者知晓前的阶段，创意处于初级阶段，尚未完善，这时将不成熟的创意提交给领导，可能会遭到领导的否决甚至是批评。著名作家林语堂指出，面子是"中国人社会心理最微妙之点"。中国人面子上的压力，往往来自他人的评价（董磊明、郭俊霞，2017）。所以在儒家文化和谐共处原则的影响下，员工的工作场所行为会受到维护自身面子这一理念的影响。如果遭到上级批评，下属往往会感觉自己没有面子，也会产生一些消极情绪（董磊明、郭俊霞，2017）。于是，为避免失面子，员工会选择延迟公开提出创新主张（黄玮等，2017），即会私下偷偷完善创意，待有足够的证据证明创意的价值性时，再向领导公开，这样既可以保护自己的创意不被剽窃、增加创新方案被组织采纳的可能性，又不会因丢失面子而产生内心的挫败感。因此，基于管理者知晓前创新活动的隐蔽性等特征，根据儒家文化的情境取向与维护面子的原则，把此维度命名为"暗度陈仓"（出自《史记》，原指从正面迷惑敌人，从侧面突然袭击，也比喻暗中进行活动）。

维度二："君命不受"。在管理者知晓后的阶段，即使创意被领导否决，但员工深信创意会给组织带来绩效的提升，那么他会转而通过非正式的途径即违背管理层指令继续开展创新活动。《孝经·谏争篇》主张："当不义，则子不可以不争于父，臣不可以不争于君，故当不义则争之。"儒家谏诤文化强调，"臣"在践行此种义务时，需要考虑各种客观条件，来判断他是否要"尽忠"。在这种情况下，当员工与领导发生认知冲突时，受儒家文化影响的员工往往会选择犯颜直谏。在现代企业中，组织内部资源是有限的，无法通过正式途径满足所有的创新要求。当员工坚信自身创意会为组织带来益处时，即使没有得到领导的支持，他也会继续执行创意。因此，基于管理者知晓后的公开性与冲突性等特征，根据儒家文化谏诤的原则，把此维度命名为"君命不受"。

综合上述分析，本书从创新过程理论出发，得出该行为具有管理者知晓前和知晓后的内涵特征，并基于儒家文化的情境取向，提出越轨创新包括两个维度："暗度陈仓"和"君命不受"。其中，"暗度陈仓"体现了员工在没有得到决策者的许可下，私下完善有利于组织的创新方案；"君命不受"体现了决策者在否决创新方案后，员工认为该方案有价值，选择违反决策者命令继续从事该方案。接下来，本书将结合"暗度陈仓"和"君命不受"两个维度进行具体的量表修订。

3.3　研究设计

参考丘吉尔（Churchill，1979）提出的量表修订和验证程序，立足中国组织情境，通过半结构式的访谈，获得越轨创新行为的事例；在此基础之上，借鉴法斯（Farth，2004）等学者的方法，对越轨创新行为事例进行筛选和归类；然后采用内容分析法，提取中国情境下越轨创新行为的初始量表题项。

3.3.1　量表修订思路

根据已有研究，量表开发与修订主要包括三种途径：（1）基于文献及相关理论，对构念的内涵与维度进行界定与构建，基于现有关于该构念量表的题项进行整理，提出相应测量题项的研究，并进行实证检验。该方法适应于文献较多，概念研究较为充分，该途径所修订的量表题项主要依靠对现有量表题项的整理。（2）通过开放式、半结构式访谈获得研究材料，通过扎根理论对获取资料进行内容与编码分析，提炼出测量题项并进行实证检验的研究。该方法适用于处在理论探索阶段且文献资料不充足。（3）基于文献及相关理论，对构念的内涵与维度进行界定与构建，并同时通过半结构式访谈等方式对获得事例，通过内容分析法等方法提取题项，并对量表进行实证检验。（1）、（2）途径所修订的量表题项主要根据访谈等方式所获得事例，并通过扎根理论或者内容分析法进行提取。

本书将采用第三种研究思路，具体思路如下：（1）基于创新过程理论与儒家文化情境取向提炼越轨创新行为的内涵和维度。（2）提炼出越轨创新行为的内涵和维度后，选取企业员工及管理者进行半结构式访谈，访谈内容主要围绕他们、同事及下属的越轨创新行为事例及对该行为理解和看法。（3）邀请相关专家对访谈内容进行编码与分析，生成越轨创新行为量表的初始题项。（4）通过大规模问卷调查对量表的信度和效度进行检验，从而修订出信效度俱佳的越轨创新行为量表。

3.3.2　访谈目的与对象

在 3.2 节，基于创新过程理论界定了越轨创新行为的内涵，通过儒家文化识别并命名了越轨创新行为的维度，在理论上完成了对该行为的分析，但仍需通过现实案例进一步补充。半结构化访谈在获取资料时往往具有一定的优势，通过一个粗线条的提纲进行，并根据访谈对象随时调整访谈内容，本书通过半结构访谈等方法获取越轨创新行为的现实案例。

本书通过半结构访谈目的是获得描述越轨创新行为的具体行为事例，由于本书关注组织内部的员工越轨创新行为，因此，主要选取企业内技术研发部、销售和生产制造部等部门，这些部门员工的工作任务具有一定的灵活性，自主选择的可能性较高，容易产生越轨创新行为，故选取上述部门的员工及管理者进行访谈。

本书在辽宁、吉林、黑龙江和北京等地选取了 10 家单位。从事的行业领域包括互联网、生物技术、机械制造以及新材料。其中，6 名是项目经理，4 名是生产人员，7 名销售人员以及 25 名研发人员。受访者受教育程度较高，在本科以上，绝大多数为硕士及以上学历，年龄较为年轻，大部分在 27 ~ 40 岁，男性较多，其中有 28 名男性、14 名女性。具体如表 3 -1 所示。

表 3 -1		样本信息		
受访者	年龄	所在行业	回馈事件	职位
样本 1	27	互联网	1	研发人员
样本 2	28	互联网	2	研发人员
样本 3	27	互联网	2	研发人员
样本 4	29	互联网	1	研发人员
样本 5	26	互联网	2	研发人员
样本 6	27	互联网	2	研发人员
样本 7	35	互联网	2	项目经理
样本 8	28	互联网	2	研发人员
样本 9	33	互联网	1	研发人员
样本 10	26	互联网	2	研发人员
样本 11	38	互联网	2	项目经理
样本 12	27	互联网	1	研发人员
样本 13	31	互联网	1	研发人员

受访者	年龄	所在行业	回馈事件	职位
样本 14	33	互联网	2	研发人员
样本 15	32	互联网	2	研发人员
样本 16	40	互联网	2	项目经理
样本 17	29	互联网	1	研发人员
样本 18	27	互联网	2	研发人员
样本 19	26	互联网	1	研发人员
样本 20	33	互联网	3	项目经理
样本 21	41	生物技术	1	研发人员
样本 22	33	生物技术	2	研发人员
样本 23	34	生物技术	1	研发人员
样本 24	46	生物技术	3	项目经理
样本 25	29	生物技术	3	销售人员
样本 26	34	生物技术	1	销售人员
样本 27	33	生物技术	3	销售人员
样本 28	30	机械制造	2	销售人员
样本 29	39	生物技术	2	销售人员
样本 30	42	生物技术	1	销售人员
样本 31	38	生物技术	2	销售人员
样本 32	38	生物技术	1	生产人员
样本 33	42	生物技术	2	生产人员
样本 34	45	生物技术	3	生产人员
样本 35	37	新材料	2	销售人员
样本 36	35	新材料	1	销售人员
样本 37	42	新材料	3	销售人员
样本 38	39	新材料	2	销售人员
样本 39	32	新材料	1	研发人员
样本 40	34	新材料	1	研发人员
样本 41	49	新材料	3	项目经理
样本 42	30	新材料	1	生产人员

3.3.3 访谈设计与程序

本书通过半结构访谈目的是获得描述越轨创新行为的具体行为事例。在正式访谈之前，需要向受访者表明此次访谈目的，并明确向受访者介绍越轨创新行为定义，如果受访者无法理解，将通过惠普公司、中村修二的发光二极管等案例向受访者进行说明，以期受访者能够全面理解越轨创新行为。

提出访谈的核心问题：（1）您、同事及下属有没有做过越轨创新行为，如有请举例说明。（2）您有没有听说过越轨创新行为的其他事例，如有请举例说明。然后视访谈时间等因素，考虑是否提出两个补充问题：（1）您认为越轨创新行为产生的原因是什么。（2）您认为越轨创新行为会产生什么结果，访谈提纲见附录1。

访谈提纲设计好后，并约定地点进行访谈，访谈时要在轻松友好的氛围下进行交谈，不要被访谈提纲所束缚，要调动受访者的积极性，并及时记录。在访谈过程中期望被访者尽可能地提供具体事例，不限制事例数量，并对每次访谈内容及时整理，形成文本，便于日后进行分析。我们获得了84条关于越轨创新行为的具体描述。其中，"暗度陈仓"（管理者知晓前越轨创新行为）有54条（大约每个调查对象1.3条），例如样本30为机械制造公司的销售人员，他的公司一直在销售鼓风机，销量也不是很好，后来他发现租鼓风机比较有市场，怕得不到领导的同意，为了提高公司业绩，在没有请示领导的情况下，私下把销售鼓风机变成租鼓风机；"君命不受"（管理者知晓后的越轨创新行为）有30条（大约每个调查对象0.7条），例如样本6作为一名互联网公司的研发人员这样回答："有一次在开发视频App时，我和我的主管领导在软件功能上存在不同的观点，他认为我的方案过于复杂，但我认为会给公司带来较高的流量，虽然没有得到经理的同意，我还是继续研发该项目等。"

删除个别表述不清的事例，我们得到了有关管理者知晓前越轨创新行为52条，管理者知晓后的越轨创新行为30条。通过网上案例收集与文献查找等方式，进一步收集事例，加上前期访谈事例共收集98条，根据洪雁（2012）的建议建立行为事例库，其中，"暗度陈仓"（管理者知晓前的越轨创新行为）事例有60条，"君命不受"（管理者知晓后的越轨创新行为）有38条。

3.3.4 内容分析

现有关于量表题项生成主要有两种方法：扎根理论与内容分析法，而扎根理论主要适合没有理论预设的探索性研究，内容分析法适合存在理论预设的描述性研究（颜士梅，2008；王辉、忻蓉、徐淑英，2006）。由于本书在 3.2 节中对越轨创新行为的维度进行了理论构建，因此，本书采用内容分析法对量表题项进行提取，本书将请管理类的专家学者及人力资源经理通过四轮编码对采集的 98 条行为事例进行分析。

（1）第一轮编码。内容分析法的核心步骤为"制定分析体系"，即确定归类标准，类别之间要完全互斥，是整个编码过程中的核心步骤，为了制定科学与严谨的归类标准，需要专家反复进行修订。本书已经在 3.2 节，从现有文献的基础上从创新过程理论与儒家文化的情境取向出发，提供对"管理者知晓前越轨创新行为"和"管理者知晓后越轨创新行为"的定义，请 3 位人力资源管理专业的博士研究生（其中 2 位博士研究生参与访谈）分别列出管理者知晓前（如样本 21、样本 30、样本 36）和管理者知晓后（如样本 6、样本 7、样本 37）3 个典型事例，并按照类别定义，独立地对 98 条行为事例进行分类，为了分类的科学性，若出现超出管理者知晓前和管理者知晓后的事例，可以提出新类别。

第一轮编码结束后我们得到了 2 个类别，并没有得到第 3 个类别，初步验证了 3.2 节对越轨创新行为的维度构建，其中，"暗度陈仓"（管理者知晓前越轨创新行为）有 59 条，"君命不受"（管理者知晓后越轨创新行为）有 39 条。

（2）第二轮编码。制定科学与严谨的越轨创新行为归类标准，需要专家反复进行修订，为了验证第一轮编码中对越轨创新行为的归类标准，即"暗度陈仓"（管理者知晓前）与"君命不受"（管理者知晓后），第二轮编码对此归类进一步进行验证。从第一轮编码的事例库中随机挑选出 20 条事例，再次归类，发现仍归为管理者知晓前和管理者知晓后两个类别。3 位人力资源管理专业的博士研究生根据该类别对剩余 78 事例重新归类，在此过程中，若出现超出管理者知晓前和管理者知晓后的事例，可以提出新的类别，各类别为互斥关系，3 位博士研究生意见需达成一致。3 人评判一致（即 3 位博士研究生认为某条行为事例可归为同一或相近类别）的行为事例有 40 条，2 人评判一致（即 3 位博士研究生有 2 位博士研究生将某条行为事例可归为同一或相近类别）的有 38 条（因为有些采访者并没有明确说领导是否知晓，所以在划分的时候会存在一定的分歧）。

本书组织 3 位博士研究生以及 1 位人力资源管理专业教授对没有达成 3

人评判一致的事例进行讨论，最终 3 人达成一致的共有 96 条，并删除了评判一致性较低的行为事例 2 条（并没有出现新的类别，只是在划分在管理知晓前后存在争议，没有达到 3 人一致，故予以删除），其中，管理者知晓前的越轨创新行为占 1 条，管理者知晓后的越轨创新行为占 1 条。经过整理，又发现存在重复事例 2 条，最终得到 94 条事例，其中，"暗度陈仓"（管理者知晓前的越轨创新行为）有 58 条，"君命不受"（管理者知晓后的越轨创新行为）有 36 条，进一步验证了第一轮编码的类别划分。

（3）第三轮编码。为了检验第一轮编码与第二轮编码类别的科学性与严谨性需要进行反向归类，笔者另外请了 3 位人力资源管理专业的博士研究生及硕士研究生进行操作，以上 3 位人力资源管理专业的博士研究生及硕士研究生没有参加前两轮编码。先告诉 3 位人力资源管理专业的博士研究生及硕士研究生各个类别定义，对 94 条事例进行归类。结果显示，3 人一致（3 位博士研究生及硕士研究生认为某条行为事例可归为同一或相近类别）有 38 条，2 人一致（即 2 位博士研究生及硕士研究生认为某条行为事例可归为同一或相近类别）的有 36 条，单人同意（即 3 位博士研究生及硕士研究生至少有一人认为可以归为某一类别）的有 20 条，没有出现新的类别与无法划分的事例，其中，"暗度陈仓"（管理者知晓前越轨创新行为）有 55 条，"君命不受"（管理者知晓后越轨创新行为）有 39 条，反向归类同样验证了前两轮编码的类别划分科学性。

根据洪雁（2012）的建议，对这 94 条行为事例进行了精简：对内容相近和相似事例进行合并，如选择一条代表性事例，这个过程中管理者知晓前越轨创新行为减少了 10 条，根据此原则，进一步对剩余 84 条事例进行合并，最终剩余 38 条事例，其中，"暗度陈仓"（管理者知晓前越轨创新行为）有 20 条，"君命不受"（管理者知晓后越轨创新行为）有 18 条。三轮编码过程具体如表 3 - 2 所示。

表 3 - 2　　　　　　　　　　　前三轮编码过程

具体步骤	"暗度陈仓"（管理者知晓前）	"君命不受"（管理者知晓后）	合计
文献条目	52	30	82
访谈条目	8	8	16
第一轮编码			
初步归类	59	39	98

续表

具体步骤	"暗度陈仓"（管理者知晓前）	"君命不受"（管理者知晓后）	合计
第二轮编码			
删减条目	1	3	4
剩余条目	58	36	94
第三轮编码			
删减条目	38	18	56
剩余条目	20	18	38

（4）第四轮编码。为了进一步精简越轨创新行为事例，得出初始量表题项，本书邀请了 2 名人力资源管理专业教授以及 1 名人力资源经理进行精简，参加评价的 2 名教授主要从事人力资源管理、组织行为学和越轨行为的研究，参加评价的人力资源经理具有丰富的经验，在企业从事 HR 管理工作，为业内资深人士，因此，上述 3 位专家及经理完全可以胜任精简工作。通过李克特 5 点量表对剩余 38 条越轨创新行为事例进行评价，本书删减了得分较低（即平均得分小于 4）的事例，剩余 12 条事例，并与 2 名人力资源管理专业教授和 HR 经理对剩余 12 条事例进一步精简，共得到"暗度陈仓"（管理者知晓前越轨创新行为）有 4 条，"君命不受"（管理者知晓后越轨创新行为）有 4 条，具体题项如表 3 - 3 所示。

表 3 - 3 　　　　　　　　　　　　　初始量表题项

维度	题项
"暗度陈仓"（管理者知晓前）	我善于思考，不会只局限于思考正在从事的项目
	我会主动改良和丰富某些新的想法
	我在完成工作的过程中，愿意去挖掘新的商业机会
	我会主动开展非官方项目来补充官方项目
"君命不受"（管理者知晓后）	我不会放弃一些被组织否决但有价值的方案
	我愿意利用自己的工作时间，去完善一些没有被组织采纳的方案
	我愿意利用自己的工作资源，去完成一些没有被组织采纳的方案
	我不会完全遵从上级的命令，坚持自己的创新方案

3.4　数据处理与分析

在初始测量量表的基础上，本节在于进一步精炼这些条目，以发展员工越轨创新行为的测量工具。并通过企业全日制雇员作为样本收集数据，依次开展量表项目分析、社会赞许性检验和探索性因子分析等，进而修订出信效度俱佳、符合心理测量要求的越轨创新行为量表。

3.4.1　研究样本

样本来自沈阳、长春、哈尔滨和北京等城市的企业，主要选取企业内的技术研发部和生产制造部等部门，这些部门员工的工作任务具有一定的灵活性，涉及自主选择的可能性更高，因而本书选取上述部门的员工及管理者进行取样。问卷的最终回收时间是 2019 年 7 月 23 日，发放 300 份问卷，得到有效问卷 223 份，回收率为 74.33%，具体如表 3 - 4 所示。

表 3 - 4　　　　　　　　　　人口统计学变量

变量	类别	百分比（%）	变量	类别	百分比（%）
性别	男	55.8	工龄	5 年以下	41.4
	女	44.2		5 ~ 10 年	35.6
教育程度	大专以下	6.3		11 ~ 15 年	14.1
	大专	5.4		16 ~ 20 年	7.4
	本科	45.3		20 年以上	1.5
	硕士	35.1	职位	普通员工	90.7
	博士	7.9		基层管理者	4.1
年龄	20 岁以下	1.1		中层管理者	5.2
	20 ~ 30 岁	69.2		高层管理者	0
	31 ~ 40 岁	17.5			
	40 岁以上	12.2			

3.4.2　项目分析

项目分析为了检验量表是否可以区分不同水平的被试者。具体步骤如下：（1）对每个题项的得分进行排序；（2）分成高低两组，得分前 27% 为高分组，后 27% 为低分组；（3）并对高分组和低分组分别进行独立样本 T 检验。如果没有达到 0.05 的显著水平，则代表该题项无法区分不同水平的被试，予以删除，结果显示，越轨创新行为的 8 个题项均可以区分不同水平的被试，故不需要删除。

3.4.3　社会赞许性分析

根据叶明华和杨国枢（1998）的方法，本书对越轨创新行为进行社会赞许性分析，表3-5表明，越轨创新行为的每个题项与社会赞许性变量相关系数低于0.2，所以不存在赞许性问题。

表3-5　　　　　　　　　　　　社会赞许性检验结果

变量	题项	与社会赞许性变量的相关系数
越轨创新行为	1	−0.021
	2	−0.016
	3	−0.009
	4	−0.087
	5	−0.071
	6	−0.014
	7	−0.028
	8	−0.019

3.4.4　量表净化

3.4.4.1　量表题项净化

信度是为了检验变量量表是否具有稳定性（陈晓萍、徐淑英、樊景立，2012），本书将通过信度检验来进化越轨创新行为量表题项，进而提高量表的稳定性。丘吉尔（1979）认为可以通过 CITC 和 Cronbach's α 值可以作为检验标准，如果 CITC 值小于0.5和删除该题项后 Cronbach's α 值增加，该题项就可以删除。经过信度检验发现，题项8"我不会完全遵从上级的命令，坚持自己的创新方案"需要删除题项，具体如表3-6所示。

表3-6　　　　　　　　　　　　量表题项净化结果

变量	题项	CITC 系数	项目已删除的 Cronbach's α	Cronbach's α
越轨创新行为	1	0.511	0.710	0.748
	2	0.462	0.719	
	3	0.490	0.714	
	4	0.470	0.717	
	5	0.510	0.708	
	6	0.413	0.729	
	7	0.460	0.719	
	8	0.247	0.757	

3.4.4.2　量表维度净化

为了构建越轨创新行为的结构维度，需要对删除后的越轨创新行为量表题项进行探索性因子分析，如果通过 KMO 和 Bartlett 检验，就可以进行探索性因子分析，结果表明，KMO 值为 0.774，并且通过了 Bartlett's 球形检验，检验通过。通过探索性因子分析对越轨创新行为量表维度进行构建，主要看因子载荷值，如果因子载荷值小于 0.4，或者两个因子载荷值大于 0.4，且总模型特征值大于 1 和累积方差大于 40%，则需要被删除。

结果表明，两个因子分别为"暗度陈仓"（管理者知晓前越轨创新行为）和"君命不受"（管理者知晓后越轨创新行为），共得到 7 个条目，具体如表 3 - 7 所示，说明越轨创新行为量表维度较为合理。

表 3 - 7　　　　　　　　　　　　探索性因子分析

题项	"暗度陈仓"	"君命不受"
我善于思考，不会只局限于思考正在从事的项目	0.864	
我会主动改良和丰富某些新的想法	0.844	
我在完成工作的过程中，愿意去挖掘新的商业机会	0.834	
我会主动开展非官方项目来补充官方项目	0.739	
我不会放弃一些被组织否决但有价值的方案		0.853
我愿意利用自己的工作时间，去完善一些没有被组织采纳的方案		0.826
我愿意利用自己的工作资源，去完成一些没有被组织采纳的方案		0.806
特征值	2.72	2.095
累积方差贡献率（%）	38.863	68.796

3.4.5　量表信度检验

信度是为了检验变量量表是否具有稳定性（陈晓萍、徐淑英、樊景立，2012），经过信度检验发现，越轨创新行为的"暗度陈仓""君命不受"及整体量表信度系数均大于 0.7，说明具有较高的信度，如表 3 - 8 所示。

表 3 - 8　　　　　　　　　　　　信度分析

项目	"暗度陈仓"	"君命不受"	总量表
信度	0.840	0.779	0.757
题项数	4	3	7

3.4.6 验证性因子分析

"暗度陈仓""君命不受"之间的区分效度进行验证性因素分析,结果表明,二因子模型明显优于单因子模型($\chi^2/\mathrm{df} = 1.454$,RMSEA $= 0.045$,CFI $= 0.989$,TLI $= 0.982$),因而区分效度较好,如表 3 - 9 所示。

表 3 - 9 验证性因子分析

测量模型	χ^2	df	χ^2/df	RMSEA	CFI	TLI
二因素模型	18.902	13	1.454	0.045	0.989	0.982
单因素模型	179.387	14	12.81	0.230	0.696	0.544

注:二因素模型为"暗度陈仓""君命不受";单因素模型为"暗度陈仓 + 君命不受"。

3.4.7 效度检验

3.4.7.1 构念效度

构念效度是指量表能够测量出概念的程度,用收敛效度和判别效度进行评判。7 个题项的标准因子载荷值均大于 0.6,"暗度陈仓"和"君命不受"的组合信度(CR)为 0.8457 和 0.7812,大于 0.7,平均抽取变异(AVE)为 0.5798 和 0.5445,大于 0.5,具有较好的收敛效度。同时,"暗度陈仓"和"君命不受"之间的相关系数为 0.212,小于各因子 AVE 的算术平方根值("暗度陈仓" = 0.8457,"君命不受" = 0.7812),具有较好的判别效度。因此,修订的越轨创新行为量表具有较好的构念效度,如表 3 - 10 所示。

表 3 - 10 收敛效度检验

因子	CR	AVE
"暗度陈仓"	0.8457	0.5798
"君命不受"	0.7812	0.5445

3.4.7.2 效标关联效度

效标关联效度是指越轨创新行为与其效标量表之间的相关关系。王弘钰和于佳利(2019)认为,创新自我效能与越轨创新行为正相关,王朝晖(2019)认为,资质过剩感与越轨创新行为正相关。本书采用蒂尔尼和法默(Tierney and Farmer,2002)开发的创新自我效能量表,该量表由 3 题项组成,Cronbach's α 为 0.885,资质过剩感采用梅纳德(Maynard,2013)开发的量表，该量表由 9 题项组成，Cronbach's α 为 0.837。越轨创新行为与效标变量（创新自我效能和资质过剩感）的相关系数如表 3 – 11 所示，表明越轨创新行为量表具有较好的效标关联效度。

表 3 – 11 效标关联效度检验

项目	"暗度陈仓"	"君命不受"
创新自我效能	0.32 **	0.36 **
资质过剩感	0.35 **	0.38 **

注：** 表示 p < 0.01。

3.4.8 研究结果与讨论

首先，3.3 节中通过半结构访谈、内容分析法等方法，通过四轮编码得出越轨创新行为的初始题项，并通过沈阳、长春、哈尔滨和北京等城市的企业进行问卷发放，得到有效问卷 223 份，先通过项目分析，检验越轨创新行为的量表是否可以区分不同水平的被试者，然后通过社会赞许性检验，结果表明，越轨创新行为的初始题项既可以区别不同水平的被试，也不存在社会赞许性问题。

其次，通过 CITC 和 Cronbach's α 值对越轨创新行为量表题项进行净化，题项 8 "我不会完全遵从上级的命令，坚持自己的创新方案"需要删除题项，删除后信度有所提高，并对删除后的越轨创新行为量表题项进行探索性因子分析，结果表明，两个因子分别为"暗度陈仓"（管理者知晓前越轨创新行为），"君命不受"（管理者知晓后越轨创新行为），共得到 7 个条目，说明越轨创新行为量表维度较为合理。

最后，通过对净化后越轨创新行为量表的信度、区分效度、构念效度、效标关联效度等方面进行检验，越轨创新行为量表的各个维度及整体的量表的信度均超过 0.7，通过对"暗度陈仓""君命不受"进行验证性因子分析，结果表明区分效度较好，在计算 CR、AVE 等值均超过临近值，表明构念效度较好，并通过创新自我效能与资质过剩感对越轨创新行为量表的效标关联效度进行检验，表明效标关联效度较好。由此可见，净化后越轨创新行为量表的信度、效度、结构等方面较为合理，符合心理测量要求的越轨创新行为的量表。

3.5 本章小结

对于越轨创新行为的测量学术界存在两种视角：基于管理层未知晓视角

和基于管理层知晓视角，分别对应克里斯库洛团队和林团队开发的量表（Criscuolo et al.，2014；Lin et al.，2012）。然而，目前对越轨创新行为的测量还存在两点不足：缺乏动态视角下的越轨创新行为测量以及未能基于儒家文化情境取向识别越轨创新行为的内涵与维度。为弥补以上研究不足，本章从创新过程理论出发，梳理出该行为同时具有管理者知晓前和知晓后的内涵特征，并基于儒家文化的情境取向，将越轨创新行为的两个维度命名为"暗度陈仓"和"君命不受"。在此基础上，参考丘吉尔（1979）提出的量表修订和验证程序，修订了越轨创新行为本土量表。

具体来说，研究人员联系到辽宁、吉林、黑龙江和北京等地的 10 家单位，这些单位分布在互联网、生物技术、机械制造以及新材料行业，以这些单位中的 42 名员工及管理者作为半结构访谈对象，获得反映越轨创新行为的事例；在此基础之上，通过内容分析法对半结构访谈得到的事例进行分析，经过四轮编码得到中国情境下越轨创新行为初始题项。进一步将越轨创新行为量表初始题项编制成封闭式问卷，通过对沈阳、长春、哈尔滨和北京等城市的企业，主要选取企业内的技术研发部和生产制造部等部门的员工及管理者进行取样，进行量表项目分析、社会赞许性检验、探索性因子分析、验证性因子分析、信度分析、效标关联分析等，删除冗余题项"我不会完全遵从上级的命令，坚持自己的创新方案"，进而修订出信效度良好，符合心理测量要求的越轨创新行为的 7 题项量表，具体题项如表 3 - 12 所示。

表 3 - 12　　　　　　　　　　　　量表题项

维度	题项
"暗度陈仓"	我善于思考，不会只局限于思考正在从事的项目
	我会主动改良和丰富某些新的想法
	我在完成工作的过程中，愿意去挖掘新的商业机会
	我会主动开展非官方项目来补充官方项目
"君命不受"	我不会放弃一些被组织否决但有价值的方案
	我愿意利用自己的工作时间，去完善一些没有被组织采纳的方案
	我愿意利用自己的工作资源，去完成一些没有被组织采纳的方案

第4章　越轨创新行为的形成机制

4.1　问题提出

员工越轨创新行为因具备目的合法、行为偏离的双重属性而备受学术界的关注。研究发现，这种看似"叛逆"实为"忠诚"的创新行为在组织中存在较为普遍，尤其在政府和企业都鼓励创新的大背景下，员工的越轨创新行为会越发地涌现（黄玮等，2017）。对此，学术界格外关注"员工为何会进行越轨创新""何种组织情境会激发员工越轨创新"等问题，也产生了一些研究成果。现有的这些成果主要基于三种视角（个体视角、领导视角、组织视角）展开对越轨创新行为形成机制的探讨：基于个体视角的研究发现人格特质（如主动性人格）、价值观（如新生代员工价值观）和认知因素（如未充分就业感知）都能促使员工越轨创新行为的产生（杨剑钊、李晓娣，2019；候烜方等，2020；陈超等，2020）；基于领导视角的研究发现非伦理领导行为（刘晓琴，2017）、变革型领导（王弘钰、邹纯龙，2019）等领导风格或领导行为会影响越轨创新行为的产生；基于组织视角的研究证明了工作特性（刘博、赵金金，2018）、创新管理实践（Globocnik and Salomo，2015）、规范制度（金玉笑等，2018）等因素均会影响越轨创新行为的产生。

虽然现有研究已经对越轨创新行为的形成机制进行了深入的探讨，也产生了一些有价值的研究成果，但是仍存在以下不足，具体如下。

（1）缺乏自我验证视角下资质过剩感对越轨创新行为的影响机制研究。资质过剩感作为一种认知因素被证明能促进越轨创新行为的发生（王朝晖，2019）。已有研究从悖论视角探究了资质过剩感与越轨创新行为之间的作用机制，但是感知资质过剩的个体也会为了向外部寻求与自身概念一致的评价（Swann et al.，1992）、证明自身资质，而主动从事越轨创新行为。然而，现有研究缺乏基于这一视角对两者之间作用机制的深入剖析，这不利于对资质过剩感与越轨创新行为之间关系的全面且深入的理解。

（2）缺乏差序式领导对越轨创新行为的影响及作用机制研究。在"关系导向"和"权威导向"的中国社会里，差序式领导会将员工分为"圈内人"和"圈外人"，并倾向给予"圈内人"更多的组织资源，所以一方面，当圈内员工产生一些不成熟但预计会有利于组织的想法时，往往会凭借其在组织内所拥有的资源，私下开展创新活动；另一方面，领导的差别对待会激发圈外员工想要通过自身努力尽快融入"圈子"的动机，进而会促使其愿意承担一定风险而采取越轨创新行为。但是尚未有研究关注差序式领导与越轨创新行为之间的关系及作用机制，这不利于结合中国情境下的领导风格来探讨中国员工越轨创新行为的作用机制。

（3）缺乏悖论式领导对越轨创新行为的影响及作用机制研究。在组织创新实践中，员工经常面临着在"自主"与"制度规范"之间作权衡的两难困境，事实上越轨创新行为正是员工创意与组织规范存在冲突情况下的产物。而悖论式领导能够综合运用"两者都"的悖论思维，跳出单一导向的束缚、灵活处理组织管理中的矛盾（Zhang et al.，2015），是员工越轨创新行为的一个重要决定因素。但现有研究却忽视了这一重要前因变量，缺乏对悖论式领导与越轨创新行为之间关系及作用机制的探讨，这不利于实业家和学者们从悖论思维式管理方式的角度来理解越轨创新行为的形成过程。

（4）缺乏领导权变激励对越轨创新行为的影响及作用机制研究。领导权变激励是一种灵活、公平且效能优先的领导激励行为，会显著调动个体开展角色外工作、通过额外付出获得更多奖励的动机（周春城，2019），对员工越轨创新行为具有重要的影响作用。因为领导权变激励强调效能优先和柔性管理（Buengeler，2016；周春城，2019），能依据员工行为的本质和目的进行灵活的评价与管理，减轻了员工借助越轨形式开展创新行为的心理负担；同时还能通过针对性的奖酬激励，鼓励员工主动从事建言、越轨创新行为等具有风险的建设行为（赵峰等，2013；朱苏丽等，2015）。然而，现有研究却忽略了领导权变激励对员工越轨创新行为的影响及作用机制，难以为企业激励、权变管理员工的越轨创新行为提供全面的启发借鉴，所以有必要对领导权变激励与越轨创新行为的关系展开探讨。

（5）缺乏组织创新氛围对越轨创新行为的影响及作用机制研究。虽然有研究提出过组织创新氛围是影响员工创新行为的关键因素，但仅在理论上推演出组织创新氛围与越轨创新行为之间存在正相关关系（Globocnik and Salomo，2015；阎亮、张治河，2017），缺乏相关的实证检验，对于组织创新氛围对越轨创新行为的作用路径及其边界条件的研究更是无人问津。这不利于打开越轨创新行为产生的"黑箱"，无法明晰组织创新氛围与越轨创新行为之间的传导机理。

（6）缺乏经验取样法的应用。现有越轨创新行为的形成机制研究中，以横截面调研和时间差调研为主，缺乏纵向调研方法的使用，例如经验取样法，致使难以检验变量之间的因果关系，进而影响结论的准确性。经验取样法可以区分变量间影响效应中的即时效应和延时效应，从时间尺度上揭示和理解变量间的关系，进而能够探明个体所经历的动态过程（Fisher and To，2012）。同时，该方法还可以减少回溯报告的偏差和误差，提高测量过程中的准确性。因此，有必要采用经验取样法对越轨行为的形成机制进行探讨，深入分析员工行为的动态变化过程及其动态影响，从而提高研究结论的准确性。

综上所述，为弥补以上不足，本章将分别从个体视角、领导视角、组织视角构建并验证员工越轨创新行为的形成机制，从而厘清越轨创新行为形成的关键决定因素并揭示相关作用路径，进而推动越轨创新行为理论的构建。同时，尝试采用经验取样法进行越轨创新行为的动态性研究，以此探究越轨创新行为的动态形成过程。具体地，在个体视角下，拟从自我验证的视角构建资质过剩感对越轨创新行为的作用路径。在领导视角下，基于差序格局理论、社会比较理论和冲突理论来构建差序式领导与越轨创新行为间的作用路径；基于社会认知理论来构建悖论式领导与越轨创新行为之间的作用机制；基于综合激励模型构建领导权变激励与越轨创新行为之间的作用机制。在组织视角下，基于社会认知理论构建组织创新氛围与越轨创新行为之间的作用机制。

4.2　资质过剩感对越轨创新行为的影响机制 *

在教育普及、毕业生数量持续增长和劳动力市场需求疲软的今天，"高

---

　* 本节主要内容发表于《商业经济与管理》2020 年第 2 期。

才低就"成为就业领域的普遍现象，报告显示，超过80%的中国员工体验到资质过剩（Mckee-Ryan and Harvey，2011），感知资质过剩已经成为一个普遍现象，由此引发了就业不充分、人力资本浪费等诸多问题（Lin，Law and Zhou，2017）。资质过剩感是个体关于知识、技能和经验等储备高于工作岗位需求的判断和体验（Maynard and Joseph，2006）。资质过剩感会导致个体的反生产行为（Kim，Park and Sohn et al.，2019）、不道德行为（褚福磊、王蕊，2019）、上网闲散（Cheng，Zhou and Guo et al.，2018）、工作倦怠（Lobene and Meade，2013）等工作行为。事实上，感知到资质过剩个体在角色内工作任务挑战不足的情况下，可能会陷入消极怠工的状态，但也可能促使其将过剩的资质转化为能彰显自身优越资质和能力的行为，例如创新行为。

近年来，学术界给予资质过剩感较多关注，也产生了一些研究成果，但仍存在以下不足。

（1）忽视了资质过剩感向越轨创新行为的积极转化。越轨创新行为是个体创新想法遭遇反对、无法践行时，在缺乏领导授权、违反正式制度的情况下借助个体资源并以越轨的方式践行自己创新想法的行为（Purohit，2018）。在角色内工作单调、挑战不足的情况下，感知资质过剩的个体首先会尝试通过调整和改变现状，即借助冗余资质拓宽个体角色宽度效能的优势（陈洪安、黄一帆、臧文佩，2018），越过工作角色从事足以证明自身超常资质、符合自身兴趣的越轨创新行为。然而，尚未有研究关注资质过剩感对角色外的直接创新转化（王朝晖，2019），致使资质过剩感处置不当并诱发一系列消极后果。因此，研究拟构建资质过剩感对越轨创新行为的转化路径，通过冗余资质的角色外创新转化解决资质过剩感引发的适应不良问题。

（2）忽视了证明目标导向在资质过剩感与越轨创新行为之间的中介机制。为弥补这一缺陷，研究引入证明目标导向作为资质过剩感影响越轨创新行为的中介变量，以期从积极认知的视角打开资质过剩感影响越轨创新行为的"黑箱"。证明目标导向是个体关注并希望比他人出色、获得更多赞同和欣赏的成就动机倾向（李传佳等，2018）。感知资质过剩的个体会主动寻求与自身概念一致的外部评价（Swann et al.，1992），希望证明自身超常资质，以获取晋升机会、赞许奖励等延迟回报，补偿冗余资质的取得成本（李珲、丁刚，2019）。因此，资质过剩感会促进个体产生较强的证明目标导向。进一步地，在证明目标导向的驱动下，个体倾向建构主观规范与特权意识，敢于突破惯例，主动从事可以证明自身冗余资质、带来预期利好的越轨创新行为（王弘钰等，2018；Yu and Ye，2019）。目前尚未有研究关注到证明目标导向等成就动机在资质过剩感与员工行为中的作用机理，使资质过剩个体的积极行为缺乏有力解释。因此，有必要通过证明目标导向揭示资质过剩感个体从事越轨创新行为的心理、动机机制。

（3）忽视了未来关注对资质过剩感引发越轨创新行为过程中的边界作用。未来关注是个体对未来的预测和关注程度（Szpunar and Mcdermott，2008；郭亿馨、苏勇、吉祥熙，2018），与爱岗、高效等积极工作特征密切相关（Aspinwall and Leaf，2002）。未来关注会引导员工在潜意识或目标明确的情况下将自身发展与组织的长期利益对接（Shipp，Edwards and Lambert，2009），引导员工在证明自我、实现自我的目标导向下，更多地开展诸如越轨创新行为等组织公民行为或建设性越轨行为，帮助组织及其成员更好地成长与发展（Strobel et al.，2013）。进一步地，对于资质过剩感个体，高未来关注会激发冗余资质优势，在证明目标导向的驱动下，主动洞察和前瞻未来的创新趋势，先知先觉，从而开展越轨创新行为这一挑战性的创新活动（Yadav et al.，2007；杨刚等，2019）。目前尚未有研究探讨个体未来关注对于创新行为的权变意义，引入未来关注不仅弥补了该项研究的空白，对于明晰资质过剩感、证明目标导向和越轨创新行为的关系意义重大。

综上讨论，本书探究了资质过剩感作用越轨创新行为的心理作用机制，同时引入未来关注作为调节变量，揭示证明目标导向与越轨创新行为影响关系的作用边界。研究通过建构一个有调节的中介模型，检验了个体未来关注对证明目标导向在资质过剩与越轨创新行为关系中所起中介效应的调节作用。

4.2.1　理论基础与理论模型构建

4.2.1.1　自我验证理论

自我验证理论由斯旺在 20 世纪 80 年代提出，该理论的核心假设是：人们为了获得对外界的控制感和预测感，会不断地寻求或引发与其自我概念相一致的反馈，从而保持并强化他们原有的自我概念。斯旺认为，人们自我验证的根本原因是，人们有增强对现实的预测和控制的动机。自我验证理论认为，个体在自我概念形成过程中会不断接收和整合外界信息，并对这些信息进行解释和修正，对自我概念产生影响（Swann，1997）。自我验证增强人们的预测感和控制感表现在两个方面：第一，认知方面，自我验证有助于形成稳定的自我概念，而稳定的自我概念就像船上的舵，在变幻莫测的生活海洋中支撑着我们航行的信心，从而使我们更好地把握世界。第二，实用方面，自我验证使他人对我们的看法跟我们对自己的看法一致，我们自认为的身份得到普遍的承认，则我们的社会交往也变得可预测，社会交往也会更加顺利。斯旺基于以往大量的实证证据指出，人们主要通过两大途径验证自我，即营造验证自我的社会环境和对现实信息的主观歪曲。营造验证自我的社会环境包括三个方面，即选择交往伙伴和环境、有意显示身份线索、采取能引发自我验证反馈的交往策略。对现实信息的主观歪曲也包括三个方面：选择性注意、选择性编码和提取以及选择性解释。

4.2.1.2　理论模型构建

资质过剩感指个体感知到自己所具的技能、经验比工作所要求的资质更高（陈颖媛、邹智敏、潘俊豪，2017）。根据自我验证理论，感知到资质过剩的个体认为自身具备较高水平的工作能力，这样的自我概念促使其更可能利用自身的冗余能力资本，高效完成角色内的本职工作，从而创造更多的工作自主性，为越轨创新行为提供实施空间（王弘钰等，2019）；也会促使其寻求工作外机会、拓展工作范围的倾向，在完成角色内工作后，尚拥有充沛的资源精力设计、创新自己角色外的工作内容，实现角色外的越轨创新行为目标（Zhang，Law and Lin，2016）。因此，有必要深入探讨资质过剩感与越轨创新行为间的关系。

感知资质过剩的个体往往具备较高的自我定位和自信程度，期望从他人那里获得肯定性的诊断信息，从事挑战性的积极行为，以期获得外界的正向评价。自我验证理论指出，个体具有了解真实自我、验证自我判断的倾向，驱动个体寻求与自身概念相一致的外部评价，进而从事那些符合自身判断的行为，以期带来契合自身判断的线索、信息和评价，强化自身的角色扮演（Swann et al.，1992）。因此，资质过剩的个体往往具备更强的证明目标导向，即关注并希望比别人更加出色、获得赞同和欣赏的动机倾向。同时，资质过剩个体为了自我验证积极的自我图示，愿意挑战复杂性工作任务（Lee et al.，2019），期望通过非常规方式（如越轨创新行为）证明自身的能力和价值，从而维持自我概念。因此，有必要探讨证明目标导向在资质过剩感与越轨创新行为之间的中介作用。

　　同时，在感知到资质过剩个体试图通过借助非常规方式证明自身价值的过程中，个体对未来的预测和关注程度（即未来关注）会影响证明目标导向与越轨创新行为之间的关系。因为对未来关注程度高的员工来说，在证明目标导向的驱动下，会更倾向于开展越轨创新行为这一具备前瞻性且预期收益的创新活动，以期在未来通过越轨创新行为绩效对角色内创新不足进行补偿，证明自身的能力与冗余资质。因此，有必要将未来关注引入资质过剩感、证明目标导向和越轨创新行为的理论模型中，以期探讨这一作用路径的边界条件。

　　综上所述，本书的理论模型如图 4 - 1 所示。

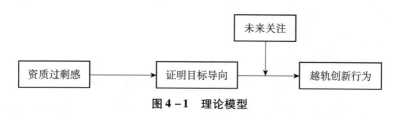

图 4 - 1　理论模型

4.2.2　研究假设

4.2.2.1　资质过剩感与越轨创新行为

　　感知资质过剩个体具有寻求工作外机会、拓展工作范围的倾向，在完成角色内工作后，尚拥有充沛的资源精力设计、创新自己角色外的工作内容，实现角色外的越轨创新行为目标（Zhang et al.，2016）。过剩资质的角色外溢会拓宽和提升个体的角色效能、引导个体自发寻求改变和角色重塑，帮助个体跳出工作情境，以更广阔、高远的视角审视环境（陈洪安，2018），发掘其他成员在当前认知框架内无法捕捉、难以理解的创新思维（赵卫红、崔勋，曹霞，2016），为个体的角色外越轨创新行为创造了认知效能优势。而且，资质过剩感个体往往存在着较高的自信和优越感，角色定位高，个体自发寻求改变现状（Zhang et al.，2016），敢于采用非常规形式践行创新想法，为了验证自身的资质判断，会通过工作重塑和职业探索从事符合自身兴趣、预期区分自身资质水平的越轨创新行为，以取得角色外创新绩效，为个体和组织创新带来巨大的创新收益（杨剑钊、李晓娣，2019）。综上所述，本书认为，感知资质过剩个体具备了从事越轨创新行为的资源基础、认知优势和心理建构，为组织提供了正式创新外的新路径，增加了组织的创新活跃性和成功率。基于此，本书提出以下假设。

H1：资质过剩感正向影响员工越轨创新行为。

4.2.2.2 证明目标导向的中介作用

自我验证理论指出，个体具有了解真实自我、验证自我判断的倾向，驱动个体寻求与自身概念相一致的外部评价，进而从事那些符合自身判断的行为，以期带来契合自身判断的线索、信息和评价，强化自身的角色扮演（Swann et al.，1992）。感知资质过剩的个体往往具备较高的自我定位和自信程度，期望从他人那里获得肯定性的诊断信息，即对自身资质、才能的赏识，在日常工作开展中会借助冗余资质优势，从事挑战性的积极行为，以期获得外界的正向评价（Zhang et al.，2016）。

证明目标导向是个体关注并希望比别人更加出色、获得赞同和欣赏的动机倾向，是个体成就动机和心理需求的重要部分（李传佳等，2018）。证明目标导向的高低主要源于个体对自身能力、状态以及发展趋势的评价认知（Vandewalle，1997）。资质过剩感的个体对自己的资质往往具备较高的评价和认知（Zhang et al.，2016），根据自我验证理论，这些个体会试图在工作中证明自己的价值和能力，主动寻求同事和上级的认可以及肯定性反馈，由此印证关于自身资质和能力的判断（Vandewalle，1997）。此外，从心理补偿机制上看，资质过剩感个体资质与岗位的不匹配使个体认为自己获取冗余资质的努力（如实践、经验教训和教育投入等）变为沉没成本，承受了更多的损失（程豹、周星、郭功星，2019），进而产生较强的证明目标导向，希望通过实现更多成就、目标来证明自己资质的价值和过剩资质的优势，以实现个体身心状态、能力收获的平衡。因此，资质过剩个体对证明目标导向有正向促进作用。

同时，证明目标导向会对个体的行为发展方向产生较大影响（Deshon and Gillespie，2005），个体通常会在证明目标导向的驱动下作出特殊行为，以获得肯定与赞扬等心理补偿，或者薪酬和晋升等物质补偿（宋志刚、顾琴轩，2015）。从成就动机的视角来看，证明目标导向的个体往往具备积极的自我图式，愿意挑战复杂性工作任务（Lee et al.，2019），在角色内绩效单调缺乏挑战性、不能证明自身能力和补充冗余资质沉没成本的情况下，其积极的认知图式会帮助个体在实现目标的方式上更具突破性和非常规性，例如越轨创新行为，以此来获得较高的地位、特权和回报，帮助个体角色内回报与角色外回报之和与自身资质水平趋于平衡。从推脱的视角来看，证明目标动机越强，个体越希望通过某些行为来帮助自己获得成员认可、潜在的薪酬和晋升等回报，以期实现资质—岗位匹配，在这种知觉行为控制水平上，个体会更容易建构主观规范，形成心理或行为特权意识（Swift，Balkin and Matusik，2010；王弘钰等，2019），在计划或执行某种行为时，更少的知觉行为规范、组织规制，从而更容易作出越轨创新行为（Criscuolo et al.，2014；Tenzer and Yang，2019）。基于此，本书提出以下假设。

H2：证明目标导向在资质过剩感与员工越轨创新行为中发挥中介作用。

4.2.2.3　未来关注的调节作用

未来关注是个体对未来的预测和关注程度，是个体行为的动机和驱动力（Szpunar and Mcdermott，2008），未来关注和个体工作与生活中的勤奋、敬业、规划、前瞻和高效等特征密切相关（Aspinwall and Leaf，2002）。对于未来关注高的员工，在证明目标导向的驱动下，渴望证明自己，考虑到自身未来的声誉和组织未来的发展，往往开展诸如组织公民等利组织、利他的建设性越轨行为（Strobel et al.，2013）。擅长关注与展望未来的个体，不仅能洞察和前瞻别人无法察觉的创新趋势，考虑到自身未来在组织中的形象与职业成长，在具备过剩资质和证明导向的基础上，会更倾向于开展越轨创新行为这一具备前瞻性且预期收益的创新活动，以期在未来通过越轨创新行为绩效对角色内创新不足进行补偿，证明自身的能力与冗余资质。（郭亿馨等，2018），对开展越轨创新行为提供保护优势。而对未来关注低的个体，职业规划和发展需求关注度更低（郭亿馨等，2018），对未来创新突破缺乏战略性的预测和把握，在这种情况下，证明目标导向到越轨创新行为的作用关系将会被弱化。基于此，本书提出以下假设。

H3：未来关注正向调节证明目标导向与员工越轨创新行为的关系。

资质过剩的个体往往具备或表现出违背制度、打破惯例的趋势，对自身越轨行为拥有一套自我辩护的心理机制（褚福磊、王蕊、高中华，2018），当员工高水平证明目标导向建立在过剩资质的基础上，且拥有较高水平的未来关注时，出于对自身未来发展、未来口碑和组织未来绩效的考虑（Aspinwall and Leaf，2002；郭亿馨等，2018），证明目标导向就会借助认知层面的资质，激发个体诸如越轨创新行为的建设性越轨行为，而不是不道德亲组织行为等牺牲长期收益获取短期收益的行为（郭亿馨等，2018）。因此，未来关注会强化感知资质过剩个体以"证明未来自我"为核心的动机意识，因而更可能开展越轨创新行为。基于此，本书提出以下假设。

H4：未来关注调节了证明目标导向在资质过剩与员工越轨创新行为间的中介效应。具体来说，相对于低未来关注的个体，高未来关注个体证明目标导向的中介作用更强。

4.2.3　研究设计

4.2.3.1　测量工具

本书首先从国外高水平的管理学期刊选取本书研究的测量工具，这些量表均经过国内学者的本土化验证，同时邀请三位具有海外留学经历、英语熟练的管理学博士生对英文量表进行翻译，并邀请本领域的一名教授和一名于海外取得学士学位的人力主管对存在异议的项目进行修订，至此形成初始中文量表。其次邀请两名具有硕士学位的翻译人员对初始中文量表回译，结合他们的意见对项目做进一步修改。最后基于量表对三位员工进行访谈，结合访谈对项目进行修正，尽量避免理解歧义、表达不明或晦涩难懂等问题，由此形成正式调研量表。问卷的测试条目采用李克特五点计分的方式，"1～5"分别代表"非常不符合～非常符合"。

资质过剩感。采用梅纳德等（2006）编制的 9 题项资质过剩感量表，代表性题项有"我的很多知识无法在现有工作岗位上体现价值"和"我的学历水平高于目前工作所需"等。

证明目标导向。采用汪德维尔（Vandewalle，1997）编制的 4 题项证明目标导向量表，代表性题项有"当同事认为我工作出色时，我会很开心"和"我不断尝试更好地证明自己的工作能力"等。

越轨创新行为。采用克里斯库洛等（2014）编制的 5 题项越轨创新行为量表，代表条目有"在完成工作任务后，我会挖掘隐藏的商业机会"和"我主动花费时间开展一些非正式工作项目来丰富未来的正式工作项目"等。

未来关注。采用西普（Shipp，2009）编制的四题项未来关注量表，代表条目有"我主动思考我的未来会如何变化"和"我主动想象和预测未来会带给我什么"等。

控制变量。借鉴前人研究，本书将调查对象的性别、年龄、学历作为人口学控制变量，以剔除这些因素对证明目标导向和越轨创新行为的影响。此外，滕泽尔和杨（Tenzer and Yang，2019）指出，员工人格特质中的冒险倾向是显著影响越轨创新行为的重要因素，而且人格特质不易在短时间内因环境等因素发生改变。因此，本书将冒险倾向作为控制变量，以排除个体冒险倾向对越轨创新行为的干扰。

4.2.3.2　研究对象与数据收集

本书的数据采集自河南、广西、广东和山东四地的企业，企业类型主要包括服务业和制造业。本书得到了被调查企业董事会领导或总经理的支持。考虑到传统的通过企业负责人获得员工工号进行问卷匹配带来的个人信息暴露和称许性问题，为保证调研数据的真实性，在每次调研问卷的结尾，通过邀请被试填写手机号后五位的方式对调研对象进行编号处理。在指导语中告知被试对象自主决定是否参与本次调查，答案匿名无对错，坚持保密原则，结果仅用于科学研究，被试对象可随时终止并退出调查。在企业领导或对接负责人的帮助下将问卷以纸质、电子问卷或作答链接的形式递交给调研对象，要求调查对象在限定的时间段内作答后进行回收。

为降低同源偏差的影响，明晰变量间的逻辑关系，本书课题组分两个时间点进行数据收集，每次调研时间间隔长度为六周。在第一个时间点（2019年 5 月）收集员工的资质过剩、证明目标导向以及控制变量（性别、年龄、学历和冒险倾向）；第二个时间点（2019 年 7 月）收集员工的未来关注和越轨创新行为。第一次通过三种方式发放问卷 800 份，回收 707 份，回收率为88.38%；第二次调查回收问卷 568 份，回收率为 80.34%。在数据回收后，剔除作答大量缺失、规律作答等无法匹配的问卷 85 份，共获得 483 份有效的两阶段数据。其中，男性 282 人，占比 58.4%，女性 201 人，占比 41.6%；27 岁及以下的员工 74 人，占比 15.3%，28～37 岁的员工 338 人，占比70.0%，38 岁及以上的员工 71 人，占比 14.7%；中专及以下学历的员工 80人，占比 16.6%，大专及本科学历的员工 315 人，占比 65.2%，研究生学历的员工 88 人，占比 18.2%。

4.2.4　数据处理与分析

4.2.4.1　信效度分析

在本书研究中，资质过剩感量表的 Cronbach's α 系数为 0.904，越轨创新行为量表的 Cronbach's α 系数为 0.913，证明目标导向量表的 Cronbach's α 系数为 0.821，越轨创新行为量表的 Cronbach's α 系数为 0.819，四个变量的 Cronbach's α 系数介于 0.819~0.913，均大于阈值 0.7，表示信度良好。

资质过剩感量表组成信度（CR）为 0.922，平均方差析出量（AVE）为 0.570；证明目标导向量表组成信度为 0.887，平均方差析出量为 0.664；越轨创新行为量表组成信度为 0.936，平均方差析出量为 0.744；未来关注量表组成信度为 0.881，平均方差析出量为 0.650。各变量组成信度均高于标准阈值 0.7，平均方差析出量均高于标准阈值 0.5，因而判断变量组合信度与聚合效度良好。

本书运用验证性因子分析（CFA）验证资质过剩感、证明目标导向、越轨创新行为和未来关注四个变量的区分效度。构建理想的四因子模型和其他模型作为竞争模型，四因子模型拟合效果最优：$\chi^2 = 502.420$，$df = 201$，$\chi^2/df = 2.500$，$CFI = 0.948$，$GFI = 0.913$，$TLI = 0.940$，$RMSEA = 0.056$。因此，本书中资质过剩感、证明目标导向、越轨创新行为和未来关注的区分效度良好。

4.2.4.2　共同方法偏差检验

本书采用两阶段数据来降低共同方法偏差对数据结果的偏差影响，考虑到变量由同一被试作答，采用 Harman 单因素检验法和无可测方法学因子法对共同方法偏差进行检验。Harman 单因素检验发现最大因子解释总变异的 35.79%，低于 50% 的判别标准。进一步地，根据波德萨科夫（Podsakoff et al.，2012）等的建议，引入无可测共同方法潜因子，作为潜在变量，即将资质过剩感、证明目标导向、越轨创新行为和未来关注载荷到一个共同方法潜因子（CMV）上，构建方法学因子模型，结果发现，与四因子模型对比，χ^2/df、CFI、GFI、TLI 和 RMSEA 的指标变化量均低于 0.008，小于 0.020 的判别标准。因此，本书中共同方法偏差问题不严重（Podsakoff，Mackenzie and Podsakoff，2012）。

4.2.4.3　描述性统计与相关分析

变量的描述性统计与相关分析如表 4-1 所示。可以看出，资质过剩感与证明目标导向（$r = 0.481$，$p < 0.001$）显著正相关，与越轨创新行为（$r = 0.491$，$p < 0.001$）显著正相关；证明目标导向与越轨创新行为（$r = 0.443$，

p<0.001）显著正相关；调节变量未来关注与资质过剩感（r=0.193，p<
0.001）、证明目标导向（r=0.224，p<0.05）和越轨创新行为（r=0.100，
p<0.05）显著正相关。

表 4-1　　　　　　　　　　描述性统计与相关分析

变量	1	2	3	4	5	6	7	8
性别								
年龄	-0.109*							
学历	0.066	-0.160***						
冒险倾向	0.163***	-0.013	0.092*					
资质过剩感	0.100*	-0.001	0.327***	0.151**				
证明目标导向	0.127**	-0.064	0.169***	0.108*	0.481***			
越轨创新行为	0.081	-0.030	0.201***	0.158***	0.491***	0.443***		
未来关注	0.041	0.045	0.054	0.099*	0.193***	0.224***	0.100*	
M	1.58	1.99	2.02	3.51	3.09	3.05	2.47	3.76
SD	0.49	0.55	0.59	0.70	0.69	0.64	0.83	0.72

注：* 表示 p<0.05，** 表示 p<0.01，*** 表示 p<0.001。

4.2.4.4　假设检验

本书通过层级回归对研究假设进行检验，检验结果如表 4-2 所示。

表 4-2　　　　　　　　　　回归分析

变量	证明目标导向				越轨创新行为			
	模型 1	模型 2	模型 3	模型 4	模型 5	模型 6	模型 7	模型 8
性别	0.131*	0.090	0.079	0.027	0.010	-0.004	0.010	0.007
年龄	-0.033	-0.065	0.010	-0.032	0.027	-0.010	0.028	0.005
学历	0.164**	-0.001	0.260***	0.051	0.174**	0.051	0.174**	0.180**
冒险倾向	0.071	0.023	0.156**	0.096*	0.119*	0.088	0.120*	0.119*
资质过剩感		0.439***		0.559***		0.410***		
证明目标导向					0.529***	0.340***	0.532***	0.550***
未来关注							-0.012	0.038
证明×未来								0.109**
R^2	0.049	0.241	0.062	0.251	0.223	0.304	0.223	0.242
ΔR^2	—	0.192	—	0.189	0.161	0.053	0.000	0.019
F	6.091***	30.303***	7.914***	31.922***	27.384***	34.619***	22.786***	21.692***

注：* 表示 p<0.05，** 表示 p<0.01，*** 表示 p<0.001。

主效应与中介效应检验。模型 3 检验了控制变量对越轨创新行为的影响，控制变量中的学历和冒险倾向正向影响越轨创新行为，在此基础上引入自变量资质过剩感构建模型 4 的回归结果，结果显示，资质过剩感对员工越轨创新行为有显著的正向作用（$\beta = 0.559$，$p < 0.001$），H1 得到支持。模型 1 检验了控制变量对证明目标导向的影响，模型 2 在模型 1 的基础上检验了资质过剩感对证明目标导向的正向作用（$\beta = 0.439$，$p < 0.001$）。模型 5 检验了证明目标导向对越轨创新行为的正向作用（$\beta = 0.529$，$p < 0.001$）。

依据中介检验三步法对目标导向的中介作用进行检验：首先，检验自变量资质过剩感对因变量越轨创新行为的影响是否显著，从模型 4 可知，资质过剩感对越轨创新行为有显著的正向影响（$\beta = 0.559$，$p < 0.001$）；其次，检验自变量资质过剩感对中介变量证明目标导向的作用是否显著，由模型 2 可知，资质过剩感对证明目标导向的正向影响显著（$\beta = 0.439$，$p < 0.001$）；最后，将因变量越轨创新行为对自变量资质过剩感与中介变量证明目标导向进行回归，如模型 6，证明目标导向对越轨创新行为的影响显著（$\beta = 0.340$，$p < 0.001$），资质过剩感对越轨创新行为的影响仍然显著（$\beta = 0.410$，$p < 0.001$），但其回归系数有所减小（$0.410 < 0.559$），说明证明目标导向在资质过剩感和越轨创新行为之间起部分中介的作用，H2 得到支持。

调节效应检验。为了验证 H3，即未来关注对证明目标导向与越轨创新行为关系的调节作用，对证明目标导向和未来关注中心化处理后构建乘积项以减少共线性问题。首先把越轨创新行为设定成因变量，依次放入性别、冒险倾向等控制变量（模型 3）；其次放入证明目标导向和未来关注（模型 7）；最后放入证明目标导向和未来关注的交互项（模型 8）。模型 8 显示，证明目标导向和未来关注的交互项显著正向影响越轨创新行为（$\beta = 0.109$，$p < 0.001$），这表明未来关注程度越高，证明目标导向对越轨创新行为的正向作用效果会越强。根据有关学者的建议，通过简单斜率分析绘制直观的调节效应交互图（Cohen et al.，2003）。由图 4 - 2 可知，对于高未来关注的员工，证明目标导向对越轨创新行为的影响就越强（$b_{simple} = 0.542$，$p < 0.001$），对于低未来关注的员工，证明目标导向对越轨创新行为的影响不显著（$b_{simple} = 0.149$，n. s. ）。由此，H3 得到验证。

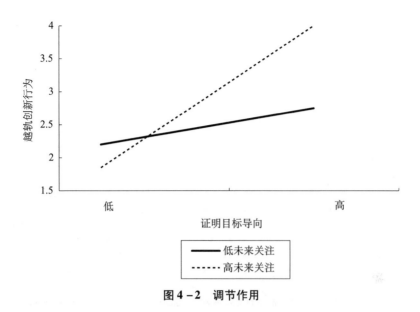

图 4 - 2　调节作用

　　有调节的中介效应检验。通过编写 SPSS 程序语句获取各项参数估计，构建受约束非线性模型，进而获取 1 000 个样本拔靴估计值。导入爱德华兹等（Edwards et al.，2007）编制的 Excel 文件后计算出各阶段、直接/间接/总效应分析结果及未来关注高低组间差异，结果如表 4 - 3 所示。资质过剩感对越轨创新行为的间接作用在未来关注的不同水平上表现出显著差异（$\Delta\beta = 0.144$，$p < 0.001$），99.5% 置信区间 [0.054，0.269] 不包含 0。具体而言，对那些未来关注较多的员工，这种间接作用更为强烈（$\beta = 0.227$，$p < 0.001$），而对低未来关注的个体，这种间接作用微弱（$\beta = 0.083$，$p < 0.01$）。资质过剩对越轨创新行为的总效应差异显著（$\Delta\beta = 0.223$，$p < 0.001$），97.5% 置信区间 [0.032，0.406] 不包含 0。因此，H4 得以验证。

表 4 - 3　　　　　　　　　　有调节的中介效应检验

调节变量	资质过剩感（X）→证明目标导向（M）→越轨创新行为（Y）				
	阶段		效应		
	第一阶段	第二阶段	直接效应	间接效应	总效应
	（P_{MX}）	（P_{YM}）	（P_{YX}）	（$P_{YM}P_{MX}$）	（$P_{YX} + P_{YM}P_{MX}$）
低未来关注 （M-1SD）	0.399 ***	0.209 ***	0.385 ***	0.083 *	0.469 ***
	[0.255，0.577]^c	[0.012，0.363]^c	[0.219，0.589]^c	[0.035，0.12]	[0.309，0.664]^c

调节变量	资质过剩感（X）→证明目标导向（M）→越轨创新行为（Y）				
	阶段		效应		
	第一阶段	第二阶段	直接效应	间接效应	总效应
	（P_{MX}）	（P_{YM}）	（P_{YX}）	（$P_{YM}P_{MX}$）	（$P_{YX} + P_{YM}P_{MX}$）
高未来关注 （M+1SD）	0.443 ***	0.513 ***	0.465 ***	0.227 ***	0.692 ***
	[0.314, 0.604]^c	[0.325, 0.716]^c	[0.251, 0.692]^c	[0.138, 0.341]^c	[0.472, 0.914]^c
组间差异	0.045	0.303 ***	0.079	0.144 ***	0.223 **
	[−0.087, 0.159]^a	[0.087, 0.621]^c	[−0.101, 0.231]^a	[0.054, 0.269]^c	[0.032, 0.406]^b

注：P_{MX}：从资质过剩感到证明目标导向；P_{YM}：从证明目标导向到越轨创新行为；P_{YX}：从资质过剩感到越轨创新行为；组间差异为校正偏差的 Bootstrapping；a 代表 95% 的置信区间，b 代表 97.5% 的置信区间，c 代表 99.5% 的置信区间；* 表示 $p < 0.05$，** 表示 $p < 0.01$，*** 表示 $p < 0.001$。

4.2.4.5　研究结果与讨论

本书检验了资质过剩感对越轨创新行为的影响、资质过剩感作用于越轨创新行为的中介机制及中介机制存在的边界条件，研究结果如表 4-4 所示。

表 4-4　　　　　　　　　　假设检验结果汇总

编号	假设内容	结果
H1	资质过剩感正向影响员工越轨创新行为	支持
H2	证明目标导向在资质过剩感与员工越轨创新行为中发挥中介作用	支持
H3	未来关注正向调节证明目标导向与员工越轨创新行为的关系	支持
H4	未来关注调节了证明目标导向在资质过剩与员工越轨创新行为间的中介效应	支持

H1 提出的是资质过剩感正向影响员工越轨创新行为。检验结果支持了这一假设，说明资质过剩感是促使员工实施越轨创新行为的一种重要前因。感知资质过剩个体易拓展工作范围，在完成角色内工作任务后，尚拥有充沛精力去创新角色外的工作内容，实现越轨创新行为。资质过剩感正向影响越轨创新行为的研究结果成立。

H2 提出的是证明目标导向在资质过剩感与员工越轨创新行为中发挥中介作用。检验结果支持了这一假设，说明资质过剩感通过证明目标导向对越轨创新行为具有间接影响。感知资质过剩的个体会试图在工作中证明自己的价值和能力，主动寻求同事和上级的认可和肯定性反馈。同时，感知的资质与岗位的不匹配使个体认为自己获取冗余资质的努力变为沉没成本，由此希望通过实现更多目标来证明自身资质的价值和过剩资质的优势，以此作为成本补偿（Deshon and Gillespie，2005）。所以感知资质过剩的个体往往具备更强的自我证明目标导向。证明目标导向的个体希望通过某些行为来帮助自己获得成员认可、潜在的薪酬和晋升等回报，在这种知觉行为控制水平上，个体会更容易建构主观规范，形成心理或行为特权意识（Swift et al.，2010；王弘钰等，2019）。在计划或执行某种行为时，感知到更少的知觉行为规范、组织规制，从而更容易作出越轨创新行为（Criscuolo et al.，2014；Tenzer and Yang，2019）。因此，证明目标导向在资质过剩感和越轨创新行为关系间起到中介作用的研究结果成立。

H3 提出的是未来关注正向调节证明目标导向与员工越轨创新行为的关系，检验结果支持了这一假设，说明与未来关注水平低的个体相比，未来关注水平高的个体更容易在证明目标导向的作用下实施越轨创新行为。已有研究结果显示，对于未来关注高的员工，在证明目标导向的驱动下，渴望证明自己，考虑到自身未来的声誉和组织未来的发展，往往开展诸如组织公民等利组织、利他的建设性越轨行为（Strobel et al.，2013）。而对未来关注低的个体，职业规划和发展需求关注度更低（郭亿馨等，2018），对未来创新突破缺乏战略性的预测和把握，在这种情况下，证明目标导向到越轨创新行为的作用关系将会被弱化。因此，未来关注在证明目标导向和员工越轨创新行为之间具有正向调节作用的研究结果成立。

H4 提出的是未来关注调节了证明目标导向在资质过剩与员工越轨创新行为间的中介效应，检验结果支持了这一假设，说明相对于低未来关注的个体，高未来关注个体证明目标导向的中介作用更强。已有研究显示，资质过剩的个体有着证明自我的目标导向和心理需求，且拥有较高水平的未来关注时，出于对自身未来发展和组织未来绩效的考虑（Aspinwall and Leaf，2002），证明目标导向就会借助认知层面的资质，激发个体诸如越轨创新行为的建设性越轨行为（郭亿馨等，2018）。因此，未来关注会强化感知资质过剩个体以"证明未来自我"为核心的动机意识，因而更可能开展越轨创新行为。因此，未来关注调节了证明目标导向在资质过剩与员工越轨创新行为间的中介效应的研究结果成立。

4.3　差序式领导对越轨创新行为的影响机制 *

员工越轨创新行为以"叛逆"为表征、以"忠诚"为实质，在崇尚自由创新，却又以传统文化为"底色"的中国管理情境中颇具神秘色彩。作为一种持续的创新过程，越轨创新行为的产生必然交融着个体、领导与组织间的相互匹配和彼此影响。因为无论是个体因素、领导因素还是组织因素，都无法忽视本土情境的影响，"差序格局"是中国社会关系和结构的基本特征，对中国员工的行为有重要的影响。虽然学术界和实践界对于越轨创新行为的形成机制已经进行了大量的探讨，但却缺乏对华人文化情境差序格局的思考，具体存在以下研究不足。

（1）忽视了差序式领导对越轨创新行为的影响。差序式领导反映了中国社会中典型的"关系导向"和"权威导向"特征，这类领导倾向于将员工分为"圈内人"和"圈外人"（郑伯埙，1995）。其中，"圈内人"通常能够获得领导更多的偏爱和资源支持，因此，圈内员工会凭借其在组织内所拥有的资源，私下开展创新活动；而这种来自领导的差别对待也会激发圈外员工实施冒险行为（越轨创新行为）的动机，从而融入"圈子"。因此，差序式领导会对员工的越轨创新行为有重要的影响。但目前缺乏对差序式领导与越轨创新行为之间的关系及作用机制的深入研究，这不利于理解中国组织情境中员工的越轨创新行为。

（2）忽视了心理特权在差序式领导与越轨创新行为之间的中介机制。差序式领导采用不同领导方式来管理圈内和圈外员工，这种差别对待会引发圈内员工的向下比较过程和圈外员工的向上比较的过程，进而产生心理特权。前者倾向于认为自身优势具有合理性而产生心理特权，进而迫切希望通过非正式途径进行越轨创新行为以提高组织绩效从而维系现有优势；后者往往会因为产生不公平感和委屈感而引发员工的心理特权，进而敢于在非正式途径下践行创新以提高组织绩效，获得自认为该有的优待。但现有研究尚未从心理特权的角度来探究差序式领导影响越轨创新行为的作用机制，导致无法深入剖析差序式领导作用越轨创新行为过程中的传导机制。因此，有必要从心

---

* 本节主要内容发表于《科技进步与对策》2018 年第 9 期。

理特权的角度来展开差序式领导与越轨创新行为之间的中介机制研究。

（3）忽视了认知冲突对差序式领导引发越轨创新行为过程中的边界作用。差序式领导区别对待圈内和圈外员工并引发员工的心理特权。在此基础上，圈内下属往往因为领导偏爱而认为自己可以实现更大价值。当下属觉得自己认为可行的创新意向可能与领导的意愿发生冲突时，出于对自身能力和现有资源的自信，促使他们选择直接越过领导指令开展越轨创新；而圈外下属更容易因为自己的边缘化地位，认为自己可能与领导意愿产生冲突，这种感觉越强烈，越促使圈外群体采用越轨创新的方式突破现有的差序地位，而不愿将这种创新想法通过正规的手段实现。因此，认知冲突是心理特权引发越轨创新行为过程中的一个重要边界条件，有必要将认知冲突引入差序式领导、心理特权和越轨创新行为的理论模型中进行深入的探讨。

综上所述，差序格局理论才是解码组织社会的关键。因此，在"关系导向"和"权威导向"的差序环境中探讨差序式领导，探究其是否能够影响，以及如何影响员工越轨创新行为的产生就具有十分重要价值。鉴于此，本书从中国情境下的差序式领导入手，探究该领导方式对员工越轨创新行为的影响机制。

4.3.1　理论基础与理论模型构建

4.3.1.1　差序格局理论

差序格局理论来源于费孝通先生所著的《乡土中国》一书，该书由费孝通先生在西南联大所授"乡村社会学"的内容整理而来，是多年来对中国社会实践高度概括的结果。差序格局理论对中国社会结构与关系有着深刻的认识，中国社会结构与关系的划分是以"己"作为出发点，两千多年前孔子在描述为人处世的法则时，曾说"己所不欲，勿施于人"。在中国社会无论是社会结构还是人际关系，甚至是为人处世的法则等方方面面都是以"己"作为出发点的。以"己"为出发点的社会往往具有一定的排他性，与"己"越近，就越容易被信任，进而与之合作，形成圈内群体；而与"己"越远，就越容易被疏远，形成圈外群体。

郑伯埙最早将差序格局用来解释华人企业组织内的人际互动情形，在对华人企业组织的实际观察与研究中，发现华人领导会对下属进行圈内与圈外划分，并对这两种群体有着不同的管理方式，所以认为差序格局现象在华人企业中也是普遍存在的现象，从而提出了差序式领导的概念。马君和王雎等（2012）将差序格局理论从宏观社会层面应用到中观组织层面，发现华人领导与员工互动交往的模式可以总结为"亲而信"又"利相关"，越靠近关系中心，情义的涉入程度越深，相互的人情实践越频繁，彼此的关系质量也就越高。

本书关注的"差序格局"是组织层面的环境特征，是引发差序式领导的传统文化基础，也是差序式领导作用下的组织情境。差序格局理论解释了个体在受到差序格局影响后，形成的心理反应并由此产生的行为过程。因此，本书将全面探讨在差序式领导下，员工心理状态到个体行为的影响路径。差序格局本身是一种人伦差序，来源于《礼记》中周公所提出的"亲亲尊尊"（沈毅，2014）。儒家文化继承了这一思想，亲疏有别成为儒家文化的核心思想，在此影响下，经过数千年的演变，对人们思想观念有着潜移默化的影响，差序式领导就是在这种环境下应运而生。郑伯埙进一步指出企业中领导对员工圈内与圈外的划分标准，来自"亲忠才"三个方面。

基于上述分析，可以发现圈内人和圈外人在相处上有着不同的方式，同样，圈内人和圈外人也有着不同的权利与义务，具体来说，圈内人如同家人一般，要对他们讲义务和仁义，对待圈外人要讲究礼仪与利益，只有从"圈内"和"圈外"的角度出发，才能厘清中国社会及企业的互动关系以及个体在其中的心理状态及行为表现。因此，本书将整合"圈内"和"圈外"群体特征，全面探讨差序式领导对员工越轨创新行为影响机制。

4.3.1.2 社会比较理论

社会比较是一种普遍的心理现象，由社会心理学家利昂·费斯廷格（Leon Festinger）于1954年系统提出，在有限理性的影响下，个体难以对自我进行评价，就会以他人作为"标尺"，对自我进行评价。伍德（Wood，1996）从信息加工视角对社会比较理论进行了补充研究，他认为，社会比较本身就是一个信息比较的过程，具体来说，与他人比较就是把自身信息与他人信息进行比较的过程，他人信息就是比较的"标尺"，根据此"标尺"进行判断，从而获得对自我的评价（Matta and Van Dyne，2020）。社会比较过程一般从对象选择与个体反应两方面考虑（Pulford and Woodward，Taylor，2018）。在选择对象时，会有下行比较（downward comparisons）与上行比较（upward comparisons）选择两种方式（Vogel，Rose and Okdie et al.，2015）。与低于自己的人群进行比较，被称为下行比较；与高于自己的人群进行比较，被称为上行比较。在个体反应方面，相关研究表明，上行比较方式会使个体表现出更多的负面情绪（Vogel et al.，2015）。

但卢奥等（Luo et al.，2018）认为，社会比较可以是一个积极的过程，可以减缓消极情绪。所以有学者从认知偏差来解释产生消极和积极情绪的深层次原因，认知偏差源于有限理性与信息不对称。信息不对称就决定了个体无法全面掌握他人（比较对象）的信息，但是对自身信息了解较为充分，所以对自身的评价较为准确，而由于对比较对象信息的缺乏，会根据比较对象所在群体评价的平均水平。在此情况下，当个体认为自己的能力等情况高于比较对象，就会产生"优于常人"（better-than-average effects）效应。

普尔福德等（Pulford et al.，2018）更为全面地得出产生"优于常人"效应的方式，可以通过"反射"（reflection）和"对比"（contrast）两种方式使个体对自己产生积极评价，从"反射"方式来看，就是把评价对象的优点反射到自己身上，认为是自己具备的优点；"对比"就是指只要个体比评价对象优秀就会产生积极评价。根据该理论，员工间的社会比较心理，会引发员工的情感反应，当与比自己获得更少领导信任、资源支持和犯错豁免的员工进行下行社会比较时，会根据对比结果认为自己比他人优秀而维持积极自我评价；当与比自己获得更多领导信任、资源支持和犯错豁免的员工进行上行社会比较时，会反射这些员工身上的有利因素，进而对自己维持积极自我评价。因此，本书基于社会比较理论的"上行比较"和"下行比较"，结合"圈内"和"圈外"群体特征，全面揭示差序式管理下的"圈内"和"圈外"员工的情感反应。

4.3.1.3 冲突理论

冲突理论作为社会学的基础理论之一，该理论的发展经历了一个曲折而又复杂的过程。最开始学者们对冲突的认识比较单一，认为应该冲突是社会不稳定因素，应该予以消除，以 20 世纪 40 年代的结构功能主义学派为代表。帕森斯等学者认为，冲突是社会不稳定因素，只有消除冲突，社会才能达到平衡状态。随着全球化进程的加快，越来越多的冲突涌现，冲突多到无法消除，社会学家开始修正冲突理论，认为需要接受冲突，而且发现了冲突的积极效果。科瑟等社会学者认为，冲突不全是具有破坏性，部分冲突可以促进社会整合和社会发展，防止社会系统的僵化，会对社会产生积极效果。冲突理论让学者们对社会产生了更为深刻的认识，对社会现象有着深刻的解释力。该理论是我们理解员工与领导发生冲突时，员工的心理状态对其行为表现过程中的重要理论基础。

冲突的定义有两种，一种为当事人之间基于完成任务的方案及方法等所产生的分歧，是一种难以相容与调和的感知（Boulding，1963），该定义将冲突界定为心理感知，被称为动机型的冲突，主要表现为冲突意愿，没有产生冲突事件，也可以说是一种潜在的冲突，或者即将发生冲突行为或事件的前一阶段。另一种关于冲突的定义，认为冲突是一个过程，当感觉到自己所关心的事情将产生不利影响时，冲突就开始了（Tjosvold，2008），此种被解释为导向的冲突，认为没有展开实际对抗的冲突都不是冲突，只能视为潜在的冲突。在本书中，将冲突界定为心理感知，即为员工与领导在认知等方面的不一致看法所产生的心理冲突感知。

无论是社会认知理论，还是信息加工理论，都是学者为了解释外界环境对个体行为的影响，以及产生该行为的原因，尤其是某种情境或者事件的出现对个体的心理及行为选择的影响，巴格和威廉姆斯（Bargh and Williams，2006）直接指出，某个事件的认知会对个体的心理状态与行为的关系产生影响。与此同时，冲突理论表明，无论是感知冲突还是实际冲突，都具有"对抗"特征，个体受到对抗的外在刺激，当其认知资源和时间都充足，就会在某种特定动机下进行理性的思考，会在心理状态与行为之间产生影响（刘长江、张跃、郝芳，2016），故本书将关注"认知冲突"的调节作用。

4.3.1.4 理论模型构建

基于差序格局、社会比较及冲突理论对本书研究的支撑作用分析，将以差序格局理论为主，同时结合社会比较理论和冲突理论，基于"领导方式—心理状态—行为"分析框架，从"圈内员工"下行社会比较和"圈外员工"上行社会比较的两个视角为路径构建模型，全面审视差序式领导作用于越轨创新行为的过程，深刻揭示（圈内和圈外）员工心理特权在上述过程中的传导机制，并从冲突方面考察它在心理状态和行为之间的边界条件。

首先，差序格局塑造的是上下级间不对等的关系，在这种社会结构中社会成员接受上下级关系中的非对称性，上级领导由于掌握资源处于优势方，对处于劣势方的员工具有主导权，因此，居于下位的员工则需要对这种关系表现出合宜的行为反应。处于领导偏袒的圈内员工会因为获得组织内较多的创新资源和犯错豁免等优待，而选择通过越轨创新行为为组织实现更大的效益，完成对领导的报恩；而处于领导忽视的圈外员工则会为了争取进入"圈内"而"铤而走险"选择越轨创新行为为组织争取效益，进而证明自己能够进入"圈内"的实力，本书构建的理论模型则会关注这一直接影响过程。

其次，在"圈内员工"视角下，差序式领导作用于心理状态反应，并产生越轨创新行为的过程。差序式领导下组织内呈现以领导为核心的差序格局，圈内员工和圈外员工在差别对待及不同偏私程度的影响下，圈内员工在向下比较的过程中，当与比自己获得更少领导信任、资源支持和犯错豁免的圈外员工进行下行社会比较时，会根据对比结果认为自己比他人优秀而维持积极自我评价，倾向于认为自身优势具有合理性而产生心理特权，进而迫切地希望在非正式途径下进行越轨创新行为以提高组织绩效，来维系现有优势，因此，在差序式管理下圈内员工通过下行比较产生心理特权，进而引发员工越轨创新行为的行为，同时认知冲突会在员工的心理状态（心理特权）到行为（越轨创新行为）的驱动过程中起到权变作用。

最后，在"圈外员工"视角下，差序式领导作用于心理状态反应，并产生越轨创新行为的过程。当与比自己获得更多领导信任、资源支持和犯错豁免的圈内员工进行上行社会比较时，会反射这些员工身上的有利因素，进而对自己维持积极自我评价，并产生心理特权感，进而敢于在非正式途径下践行创新以提高组织绩效，获得自认为该有的优待。因此，在差序式管理下圈外员工会由于上行社会比较产生心理特权感，进而产生越轨创新行为，同时，本模型也同样考察认知冲突在心理特权到越轨创新行为之间的权变影响。本书理论模型如图4-3所示。

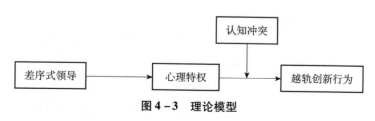

图4-3　理论模型

4.3.2　研究假设

4.3.2.1　差序式领导与员工越轨创新行为

差序式领导往往对于圈内员工较为偏爱，给予较多的资源、权力、奖励等（沈伊默等，2017），本质上体现了领导对圈内人的信任。在这种情况下，圈内员工往往会有"报恩"的心理。尤其在儒家文化的影响下，这种"报恩"的愿望更为强烈，孔子曾向鲁定公回答君臣相处之道，"君使臣以礼，臣事君以忠"，且此忠讲求"固君臣，安社稷"，而非听命于一人的愚忠。这意味下级员工应有所作为来报答领导的提携之恩。所以差序式的领导方式激发圈内员工的"报恩"心理，进而员工愿意以更高的绩效对领导进行回报，成为激发员工选择越轨创新行为的动机。同时，圈内员工更容易获得实现越轨创新行为的资源基础（李锐、田晓明、柳士顺，2015），员工创新是指产生新颖的、有用的想法，并将这种创意加以应用和执行，产生价值。越轨创新行为作为一种组织规则以外的创新行为，既需要正常创新过程中所需的资源，又因为未得到正式的审批而无法直接获取组织内资源的支持。在此种情境下，圈内员工会因为领导的信任和偏私而容易获得较多的授权、资本和人力等资源支持，这为圈内员工开展越轨创新行为活动提供了基本的资源保障。此外，圈内员工因越轨而被豁免惩罚的可能较大，圈内员工因为受到较多的包容，认为自己的犯错成本较小，也就敢于试错、挑战，敢于作出有利于组织但实际背离组织规则的越轨创新行为，同时他们具备承担越轨创新行为工作暴露和失败的心理预期，认为自己有"底气"挑战违背组织规则和风险较大的创新想法。

差序式领导使圈外员工产生的相对剥夺感，主要源于对圈内员工的偏私，这种偏私对待的程度越高，圈外员工感受到自身处境也就越差。在差序格局的环境中，圈外员工想要获得圈内员工同样的地位、资源与信任，具有为了改善工作环境而选择越轨创新行为的动机。林英晖和程垦（2017）研究表明，领导对圈内员工信任与照顾得越多，圈外员工与领导关系就越差，且由于圈外人的身份和领导的示范作用，圈外员工也较少会得到其他同事的重视和支持。在差序式领导下，圈外员工感知创意被否定或实际被否定的可能性较大，从而具备产生越轨创新行为的条件。圈外员工较圈内员工相比，因与领导之间缺乏一定的信任，从而会削弱圈外员工对领导支持其创意想法的期望。同时，因缺乏与领导在日常事务中的交流和联系（Weng，2014），他们会倾向于假设领导不会对其创意进行支持，因而圈外员工自己的创意可能被否定会促使他们选择非正式越轨创新行为。

综上所述，在差序式领导下，圈内员工因领导的信任而会获得较多的偏私、资源支持和包容，从而会产生"报恩"的心理动机，并且能够得到更加多元化途径的创新资源保障，也具备行为暴露和失败风险的心理预期，所以在差序式领导的影响下能够选择越轨创新行为；而圈外员工因未得到与圈内员工同样待遇产生相对剥夺感，促使其拥有通过个人努力进入"圈子"的心理动机，同时由于资源的有限性，使圈外员工感受到或实际上创意被拒的可能性增加，他们因而具备通过非正式途径进行越轨创新行为的基本条件。因此，本书提出以下假设。

H5： 差序式领导对员工越轨创新行为具有显著正向影响。

4.3.2.2　心理特权在差序式领导与越轨创新行为间的中介作用

心理特权是权力感的特殊形式，权力感是指人们主观上认为自己可以获得的以及影响别人对自己态度的感知（Campbell，Bonacci，Shelton，Exline and Bushman，2004；Rothman and Steil，2012）。随着对权力感的深入研究，坎贝尔等（Campbell et al.，2004）提出了心理特权这一概念，并进行深入研究。心理特权（psychological entitlement）是指个体认为自己有被优待及获得更多权利的信念。哈维和马丁科（Harvey and Martinko，2009）进行了更为深入的研究，提出了工作场所心理特权，主要表现为员工想要特殊报酬及地位的需求。

对于圈内人。在差序式领导下，得到领导更多偏私和照顾的圈内员工与其同事相比，在组织内的关系网络里拥有较高的地位。因为，在华人组织中，领导具有较高的组织地位与权力，而以领导为中心往往形成私人性的社会关系网络，包含平等的横向关系和具有等级差距的纵向关系（沈毅，2014）。圈内员工因为与领导具有较好的关系质量，在以领导为核心的组织关系网中会占有较高且较为核心的地位。结构地位决定论认为，作为既得利益者，往往会认同自己现有的地位与资源，并认为现有制度具有一定的合理性。基于此，克劳斯等研究认为，社会地位等因素会对个体的心理特权产生影响（Kraus and Piff，2012）。皮夫（Piff，2013）从感知的角度对上述研究进行解释，即除了绝对的财富和真实的社会地位，也就是说个体的优越感也可能提升心理特权水平。因此，在差序管理下，在组织关系网络内处于较高地位的圈内员工会受到实际的组织优势地位和主观感受的影响产生心理特权。

对于圈外人。差序式领导会让圈外员工被边缘化，进而产生不公平感，其相关利益也会受到损失。林英晖和程垦（2017）研究表明，领导对圈内员工信任与照顾得越多，圈外员工与领导关系就越差，且由于圈外人的身份和领导的示范作用，圈外员工也较少会得到其他同事的重视和支持。与此同时，齐泽克（Zitek，2010）的研究表明，受委屈的经历会引发心理特权。圈外员工在这种区别对待中会产生委屈的消极情绪，这种消极情绪就会引发员工的心理特权。因此，圈外员工往往会因为产生不公平感和委屈感而引发员工的心理特权。惠勒等（Wheeler et al.，2013）的研究表明，拥有心理特权的员工在面对真实情况与想象产生差异时，往往愿意付出更多的努力，来实现自己的理想。由此可以预见，员工的心理特权水平越高，对于自己的期望程度越高，希望拥有更多的优待却又不容易满足，所以在自己观点与领导不一致时，或者不符合组织的规章制度时，具有较高心理特权的员工，往往会坚持自身的想法，甚至会采用非正式途径来实现自己的创新意愿。

基于已有文献，差序式领导、心理特权与员工越轨创新行为之间存在一定的逻辑关系。对于华人组织情境而言，差序式领导下组织内呈现以领导为核心的差序格局。圈内员工和圈外员工在差别对待及不同偏私程度的影响下，圈内员工在向下比较的过程中，倾向于认为自身优势具有合理性而产生心理特权，进而迫切地希望在非正式途径下进行越轨创新行为以提高组织绩效从而维系现有优势；圈外员工在向上比较的过程中，产生心理特权感，进而敢于在非正式途径下践行创新以提高组织绩效，获得自认为该有的优待。也就是说，差序式领导对员工越轨创新行为的影响可以通过传导媒介（心理特权）来实现。因此，本书提出以下假设。

H6：心理特权在差序式领导与员工越轨创新行为之间起中介作用。

4.3.2.3 认知冲突在心理特权与越轨创新行为间的调节作用

认知冲突是团队成员对完成目标以及达成目标途径的不一致认识（Chenhall，2004；Landry and Vandenberghe，2009）。由于学历、成长环境等方面的影响，不同个体的认知往往存在差异，在面对相同的问题时会产生不同的观点（Amason，1996；Landry and Vandenberghe，2009）。在本书研究中，认知冲突是指在完成任务过程中，领导与下属之间由于认知基础的差异，所引发关于达成目标最佳途径的不一致认识。本书认为，认知冲突的这些特征会强化心理特权与员工越轨创新行为的关系。

从知识的创造角度出发，认知冲突是当事人之间基于完成任务的方案及方法等所产生的分歧，在交流的过程会对知识进行整合，甚至产生新知识或者成为知识源，在团队之间形成较强的创新氛围（Farh and Lee，2010）。因此，当认知冲突所形成的创新氛围越强时，心理特权感越高的员工越易产生越轨创新行为。过多的认知冲突虽然具有较高的创新性，却会导致成员认知负荷、分散成员注意力，甚至还会产生团队关系冲突（Chenhall，2004；Landry and Vandenberghe，2009），阻碍员工之间的知识整合与吸收，并会在组织中产生紧张的氛围。此时，当认知冲突所形成的紧张氛围越强时，心理特权感较强的员工将期望组织提供的支持与现实的差距进行放大，从而倾向于认为组织不会对创意进行支持，而选择越轨创新行为的方式。因此，本书提出以下假设。

H7：认知冲突在心理特权对员工越轨创新行为的关系中起正向调节作用。

4.3.2.4　认知冲突对心理特权中介效应的调节作用

对于华人组织情境而言，差序式领导下组织内呈现以领导为核心的差序格局。圈内员工和圈外员工在差别对待及不同偏私程度的影响下，圈内员工在向下比较的过程中，倾向于认为自身优势具有合理性而产生心理特权，进而迫切地希望在非正式途径下进行越轨创新行为以提高组织绩效，从而维系现有优势；圈外员工在向上比较的过程中，产生心理特权感，进而敢于在非正式途径下践行创新以提高组织绩效，获得自认为该有的优待。也就是说，差序式领导对员工越轨创新行为的影响可以通过心理特权来实现。

从知识的创造角度出发，员工与领导的认知冲突会形成较强的创新氛围（Farh and Lee，2010）。因此，认知冲突所形成的创新氛围越强时，心理特权感越高的员工越易产生越轨创新行为。同时，认知冲突分散成员注意力（Chenhall，2004；Landry and Vandenberghe，2009），阻碍员工之间的知识吸收，并会在组织中产生紧张的氛围。此时，认知冲突所形成的紧张氛围越强时，心理特权感较强的员工将期望组织提供的支持与现实的差距进行放大，从而倾向于认为组织不会对创意进行支持，而选择越轨创新行为的方式。

H2 提出了心理特权在差序式领导与圈内和圈外员工越轨创新行为之间的中介作用，而 H3 提出认知冲突在心理特权对越轨创新行为之间存在正向调节作用。因此，本书提出一个有调节的中介模型，即心理特权在差序式领导与员工越轨创新行为之间的中介作用的大小取决于认知冲突水平。即当员工感知到认知冲突较高时，领导的差序式管理方式会显著增强圈内和圈外员工的心理特权感，进而激发其越轨创新行为的产生。因此，本书提出以下假设。

H8：认知冲突正向调节心理特权在差序式领导与员工越轨创新行为之间的中介作用。

4.3.3 研究设计

4.3.3.1 测量工具

（1）差序式领导。借鉴姜定宇等（2010）开发的14题项量表，该量表结合中国国情和文化进行编制，具有较高信度。

（2）越轨创新行为。借鉴克里斯库洛等（2014）开发的5题项量表，其已得到国外学者认可。

（3）心理特权。为准确考察与分析员工心理特权，采用坎贝尔等（2004）开发的心理特权量表，共9个题项，该量表经国外学者多次验证。

（4）认知冲突。借鉴兰德瑞等（2009）开发的4题项量表。

（5）控制变量。已有研究表明，员工的性别、年龄、学历、工龄和职位等人口变量对员工越轨创新行为有显著影响，所以将对这些变量加以控制。

4.3.3.2 研究对象与数据收集

样本来自沈阳、长春、哈尔滨和北京等城市的企业，主要选取企业内技术研发部和生产制造部等部门，这些部门员工的工作任务具有一定的灵活性，自主选择的可能性更高，因而本书选取上述部门的员工及管理者进行取样。最终共计发放500份问卷，共回收331份问卷，有效回收率为66.2%，其中，男性占51.4%，女性占48.6%；20~30岁的占55.6%，30~40岁的占29.3%，40岁以上的占15.1%；高中及以下、专科、本科和硕士及以上分别占0、22.1%、68.5%和9.4%；工作1年以内的占0.6%，工作1~2年的占21.2%，工作2~5年的占30.4%，工作5~10年的占32.7%，工作10年以上的占15.1%；普通员工和管理人员分别占78.2%和21.8%。

4.3.4 数据处理与分析

4.3.4.1 信效度分析

差序式领导量表的 Cronbach's α 值为0.892；越轨创新行为量表的 Cronbach's α 值为0.815，说明信度较高；心理特权量表 Cronbach's α 值为0.892，说明信度较高；认知冲突量表的 Cronbach's α 值为0.881，说明信度良好。

对差序式领导、心理特权、认知冲突、越轨创新行为之间的区分效度进行验证性因素分析，结果表明，四因素模型拟合度显著好于单因素模型（$\chi^2 = 837.938$，df $= 449$，$\chi^2/\mathrm{df} = 1.87$，RMSEA $= 0.051$，CFI $= 0.915$，TLI $= 0.906$），因此，区分效度较好。

4.3.4.2　共同方法偏差检验

为使共同方法偏差的影响降至最低，本书通过问卷基本编排法、受访信息隐匿法等收集资料，同时，通过 Harman 单因素检测法对共同方法偏差的严重程度进行测验，抽取的单因子的方差贡献率为 19%。因此，所使用的数据同源方差并不严重。

4.3.4.3　描述性统计与相关分析

由表 4-5 结果可知，差序式领导与心理特权（$r = 0.210$，$p < 0.01$）显著正相关，心理特权与越轨创新行为（$r = 0.176$，$p < 0.01$）显著正相关。

表 4-5　　　　　　　　　　描述性统计与相关分析

变量	均值	标准差	1	2	3
差序式领导	3.70	0.50			
心理特权	3.19	0.78	0.210**		
认知冲突	3.67	0.72	-0.219**	-0.593**	
越轨创新行为	3.11	0.57	0.279**	0.176**	-0.044**

注：* 表示 $p < 0.05$，** 表示 $p < 0.01$，*** 表示 $p < 0.001$。

4.3.4.4　假设检验

差序式领导和越轨创新行为。如表 4-6 所示，从 M4 可以发现差序式领导对越轨创新行为（$r = 0.321$，$p < 0.001$）具有正向影响作用，H5 得到验证。

表 4-6　　　　　　　　　　假设检验结果

变量	心理特权				越轨创新行为			
	M1	M2	M3	M4	M5	M6	M7	M8
年龄	-0.088	-0.075	-0.023	-0.01	-0.011	-0.003	-0.012	-0.015
性别	-0.042	-0.037	-0.067	-0.061	-0.062	-0.058	-0.067	-0.077
教育程度	-0.103	-0.098	0.009	0.014	0.022	0.022	0.029	0.031
工作年限	-0.032	-0.043	-0.009	-0.019	-0.005	-0.016	-0.016	-0.02

变量	心理特权				越轨创新行为			
	M1	M2	M3	M4	M5	M6	M7	M8
职位	0.018	0.024	0.057	0.063	0.055	0.061	0.054	0.053
差序式领导		0.323 ***		0.321 ***		0.293 ***		
心理特权					0.127 **	0.088 *	0.167 **	− 0.271
认知冲突							0.075	− 0.35
心理 × 冲突								0.125 *
R^2	0.02	0.06	0.01	0.09	0.04	0.1	0.05	0.07
ΔR^2		0.04		0.08	0.03	0.01	0.01	0.02
F	1.23	3.50	0.65	5.25	2.22	5.25	2.18	2.72

注：* 表示 $p < 0.05$，** 表示 $p < 0.01$，*** 表示 $p < 0.001$。

（1）心理特权的中介作用检验。本书采用温忠麟等（2004）提出的三步中介回归分析法，检验心理特权在差序式领导与越轨创新行为关系中的中介作用。由 M2 和 M4 的结果可知，差序式领导对心理特权（$r = 0.323$，$p < 0.001$）和越轨创新行为（$r = 0.321$，$p < 0.001$）均具有显著影响，由 M6 可知，差序式领导和心理特权同时加入回归方程时，差序式领导对越轨创新行为（$r = 0.293$，$p < 0.001$）的影响系数变小，H6 得到验证。

（2）认知冲突的调节作用。由 M5 可知，心理特权对员工越轨创新行为（$r = 0.127$，$p < 0.01$）的主效应显著，将心理特权与认知冲突的交互作用项引入回归模型。由 M8 可知，交互项显著（$r = 0.125$，$p < 0.05$），说明认知冲突在心理特权与越轨创新行为之间具有显著的调节作用，H7 得到验证。为了明确调节作用的方向，绘制了认知冲突的调节效应图，如图 4 - 4 所示，认知冲突在心理特权与越轨创新行为之间起正向调节作用。认知冲突越高，员工心理特权与越轨创新行为间正向关系就越强。

（3）有调节的中介效应检验。爱德华和兰伯特（Edward and Lambert，2007）指出，当中介作用受到调节变量的影响时，就出现了有调节的中介作用，本书根据温忠麟和叶宝娟（2014）提出的方法进行检验。第一步，检验调节变量对自变量与因变量的直接调节效应，构建方程式：$Y = c_0 + c_1 X + c_2 U + c_3 UX + e_1$，其中，$U$ 为调节变量，若 c_3 显著，则既可以建立有中介的调节，也可以建立有调节的中介模型；若 c_3 不显著，则只能建立有调节的中介模型。第二步，建立有调节的中介模型，并检验两个回归方程：$W = a_0 + a_1 X + a_2 U + a_3 UX + u_2$，其中，$W$ 为中介变量；$Y = c_0 + c_1 X + c_2 U + b_1 W +$

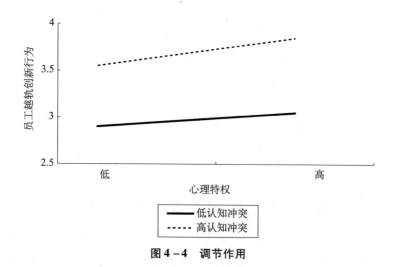

图 4-4　调节作用

$b_2UW + u_3$；中介效应：$(a_1 + a_3U) \times (b_1 + b_2U) = a_1b_1 + (a_1b_2 + a_3b_1)U + a_3b_2U_2$。检验系数 a_1 和 b_2、a_3 和 b_1、a_3 和 b_2 是否显著。第三步，如果都不显著，再利用非参数百分位 Bootstrap 法或者 MC-MC 法对系数乘积作区间检验。如果都包含 0，则采用 Bootstrap 计算 $(a_1 + a_3U) \times (b_1 + b_2U)$ 最大值与最小值之差的区间。

根据上述步骤：首先，检验差序式领导（X）、认知冲突（U）、越轨创新行为（Y）间直接调节效应。通过 Mplus 软件得到的结果如表 4-7 所示，c_3 置信区间为（-0.360，0.002），因而只能建立有调节的中介模型。其次，a_1b_2 表示模型的后半段受到调节，a_3b_1 表示模型的前半段受到调节，a_3b_2 表示模型的前后都受到调节，本书只需要验证 a_1 和 b_2，结果显示，a_1 置信区间为（0.181，0.470），b_2 置信区间为（-0.005，0.160），a_1 显著，b_2 不显著，再进行下一步验证。最后，验证 a_1b_2 发现置信区间（0.001，0.059）不包含 0。因此，中介效应受到调节，H8 得到验证。

表 4-7　　　　　　　　　　相关系数置信区间结果

相关系数	95% 置信区间	
	Lower	Upper
c_3	-0.360	0.002
a_1	0.181	0.470
b_2	-0.005	0.160
a_1b_2	0.001	0.059

4.3.4.5 研究结果与讨论

本书检验了差序式领导对越轨创新行为的影响差序式领导作用于越轨创新行为的中介机制及中介机制存在的边界条件，研究结果如表4-8所示。

表4-8   假设检验结果汇总

编号	假设内容	结果
H5	差序式领导对员工越轨创新行为具有显著正向影响	支持
H6	心理特权在差序式领导与员工越轨创新行为之间起中介作用	支持
H7	认知冲突在心理特权对员工越轨创新行为的关系中起正向调节作用	支持
H8	认知冲突正向调节心理特权在差序式领导与员工越轨创新行为之间的中介作用	支持

H5 提出差序式领导对员工越轨创新行为具有显著正向影响，检验结果支持了这一假设，说明在本土差序格局的文化情境下，差序式领导是员工越轨创新行为重要前因变量。差序式领导通过给予圈内人信任和资源，激发圈内人的感恩之情，降低圈内人的试错成本，使圈内人敢于越轨创新行为；与此同时，差序式领导对圈内人的偏爱和照顾也会激发圈内人想要挤进圈内的强烈愿望，使圈外人愿意承担一定风险进行越轨创新行为。差序式领导正向影响越轨创新行为的研究结果成立。

H6 提出心理特权在差序式领导与员工越轨创新行为之间起中介作用，检验结果支持了这一假设，说明差序式领导通过心理特权对越轨创新行为具有间接影响。圈内员工因为与领导具有较好的关系质量，在以领导为核心的组织关系网中会占有较高且较为核心的地位，由此产生心理特权。圈外员工在区别对待中会产生委屈的消极情绪，这种消极情绪就会引发员工的心理特权。而心理特权与个体追求绩效目标的动机显著相关（Campbell, Bonacci and Shelton, et al., 2004）。心理特权越高的员工，一方面对自身充满信心；另一方面也有着巨大的压力，在高压力的状态下，个体为了组织绩效的提高，在实现目标的方式上也不仅仅局限于合乎组织规则的途径（Lee, Schwarz and Newman, et al., 2019），从而更倾向于选择"不走寻常路"的越轨创新行为。因此，心理特权在差序式领导和越轨创新行为间起到中介作用的研究结论成立。

H7 提出认知冲突在心理特权对员工越轨创新行为的关系中起正向调节作用，检验结果支持了这一假设，说明与低认知冲突的情况相比，在高认知冲突的情况下，心理特权更易引发越轨创新行为。认知冲突是指在完成任务过程中，领导与下属之间由于认知基础的差异，所引发关于达成目标最佳途径的不一致认识。当圈内下属觉得自己认为可行的创新意向可能与领导的意愿发生冲突时，出于对自身能力和现有资源的自信，促使他们选择直接越过领导指令开展越轨创新行为。圈外下属更容易因为自己的边缘化地位，认为自己可能与领导意愿产生冲突，这种感觉越强烈，越促使圈外群体采用越轨创新行为的方式突破现有的差序地位，而不愿将这种创新想法通过正规的手段实现。因此，心理特权对员工越轨创新行为的关系中起正向调节作用的研究结果成立。

H8 提出认知冲突正向调节心理特权在差序式领导与员工越轨创新行为之间的中介作用，检验结果支持了这一假设，说明与低认知冲突的情况相比，高认知冲突情况下心理特权的中介作用更强。认知冲突所形成的紧张氛围越强时，心理特权感较强的员工在差别对待及不同偏私程度的影响下将期望组织提供的支持与现实的差距进行放大，从而倾向于认为组织不会对创意进行支持，而选择越轨创新行为的方式。因此，认知冲突正向调节心理特权在差序式领导与员工越轨创新行为之间中介作用的研究结果成立。

4.4　悖论式领导对越轨创新行为的影响机制 *

从领导风格这一视角出发研究越轨创新行为的产生在近年来逐渐得到关注，已有研究探讨了诸如包容型领导、变革型领导等对越轨创新行为所产生的影响，但从整体来看，基于这一视角的相关研究还不够完善（江依，2018；王伟、刘汉轻，2020）。随着市场竞争日益激烈所带来的创新需求，管理者一方面要求员工产生新的创新想法；另一方面也要考虑组织规范或资源紧张而拒绝新想法的实施，如何更好地处理管理过程中的困境、找到合适的管理方式已成为当前管理者面临的角色挑战（孙柯意、张博坚，2019）。传统单一导向的领导方式在处理组织管理中的矛盾问题时往往选择矛盾的一端，而悖论式领导这种复合型的领导方式可以跳出单一导向的束缚、灵活处理组织管理中的矛盾，因而显得更加有效（Zhang et al.，2015）。

然而，现有研究存在以下不足。

---

* 本节写作参考薛飘飘（2021）硕士论文。

（1）忽视了悖论式领导对越轨创新行为的影响。越轨创新行为具有行为非法和目的合法的双重属性，是实施主体的一种隐蔽性行为，这种行为的本质恰好体现了员工在组织创新实践中面临的如何权衡"自主"与"制度规范"的两难困境。悖论式领导能运用"两者皆可"的处事思维，以一种灵活的态度对待并妥善解决组织中的矛盾与张力问题（Zhang et al.，2015），因此，悖论式领导会对员工的越轨创新行为产生重要影响。然而现有研究却忽略了对这一前因变量的探讨，这不利于对越轨创新行为形成机制的全面理解。

（2）忽视了角色宽度自我效能感在悖论式领导与越轨创新行为之间的中介机制。以往研究在探讨领导风格与越轨创新行为之间的中介作用机制时，大多从社会交换理论和资源保存理论出发关注员工的心理安全感、上下级关系和责任感，却忽略了角色宽度自我效能这一中介路径。角色宽度自我效能感属于员工内心感知范畴，是个体认为自己有能力完成规定任务外的项目方案。角色宽度自我效能感高的个体主动性水平更高，更易实施基于组织利益、自发从事的角色外行为（越轨创新行为）。因此，有必要从角色宽度自我效能的角度来探讨悖论式领导与越轨创新行为之间的中介机制。

（3）忽视了主动性人格对悖论式领导影响越轨创新行为过程中的边界作用。对已有的悖论式领导与员工主动性行为以及创造性行为之间调节变量的梳理发现，大多数调节变量选取的是工作情境、团队环境方面的变量，例如环境动态性、工作压力、层级文化、上下级关系等（罗瑾琏等，2017；彭伟、李慧，2018；Shao et al.，2019），较少有学者从人格特质角度切入来探究悖论式领导作用越轨创新行为过程中的边界条件。主动性人格是个体相对积极的人格特质或行为倾向，该类个体不容易受到环境力量的限制，善于捕捉环境中的机遇，并主动采取行动影响所处环境，其对于越轨创新行为的实施具有强大的推动力。因此，有必要从主动性人格的角度来探究悖论式领导作用越轨创新行为过程中的边界作用。

因此，本书将基于社会认知理论，探究悖论式领导影响越轨创新行为的中介机制和边界条件，从而丰富越轨创新行为的作用机制研究。

4.4.1　理论基础与理论模型构建

4.4.1.1　社会认知理论

班杜拉（Bandura，1986）提出了社会认知理论，该理论的重点在于探讨环境、个人因素以及行为之间的关系，他指出，行为、个体因素以及外部环境三者之间能够互相影响，其中，行为是指行为的具体表现，个人因素通常包括感知、动机、情感等，环境因素就是外部的客观条件。社会认知理论的核心观点是个人行为是外部环境因素和个人认知因素共同作用的结果，环境可以对个人的认知进行塑造和影响，也可以通过个人认知影响行为（Bandura，1989）。社会认知理论的内涵主要包含以下四个方面：（1）三元双向决定论。社会认知理论的核心内涵是三元双向决定论。三元是指三类因素，即个体行为因素、个体因素、个体所在外部环境因素；双向决定论是指三类因素之间任意两类因素都存在相互影响、相互作用、相互制约、相互决定的关系，即个体因素、外部环境和个体行为之间彼此联系，互为因果（Bandura，1986）。（2）个体既是环境的塑造者，也是环境作用的产物。社会认知理论认为，当个体处于外部环境时，个体不是被动地接受外部环境的刺激，而是发挥自己的主观能动性，对其所处的环境赋予一定意义，从而解释和运用的过程。（3）自我效能感是个体学习技能和应用技能的关键因素。社会认知理论强调自我效能感在个体通过观察学习获取知识、技能，之后将其付诸实践过程中的作用，认为自我效能感在个体成功应用习得技能时，能起到重要作用（Bandura，1988）。（4）自我引导和自我激励的重要性。社会认同理论中还强调了个体的自我引导和自我激励的能力问题。社会认知理论研究发现，在组织中，个体是倾向于自我引导的，主要表现在他们采用内部的绩效标准，控制自身的行为（自我监控），并通过前述的自我反应性，以激励自身的持续努力，从而达到目标。

4.4.1.2　理论模型构建

在组织创新实践中，对个体来说，领导层面的因素是外部环境的重要组成部分。根据社会认知理论，领导者可以通过他的处世风格和行为特质对员工的行为造成直接影响。对于尝试进行越轨创新行为的个体来说，作为外部环境因素的领导风格会对员工的个人行为产生影响。具体来讲，当员工的创新想法与组织的规章制度相悖时，悖论式领导所体现出的包容性、矛盾性和灵活性会对员工是否继续实施越轨创新行为产生影响，已有学者证实领导所体现出的包容性会促进员工的越轨创新行为（吴士健等，2020），并且悖论式领导会对员工的主动行为产生影响（Zhang，2015；彭伟、李慧，2018），也为员工创造相对宽松的环境。社会认知理论中的观察学习理论指出领导的模范作用（Bandura，1989），悖论式领导能够向员工展示如何在复杂的环境中接受和拥抱矛盾，引导员工越轨创新行为的产生。因此，有必要展开对悖论式领导与越轨创新行为之间关系的探讨。

社会认知理论指出，个人所表现出的行为受环境因素的影响，而环境因素也可以通过影响个人的认知间接影响个人行为，其中，个人因素通常包括感知、动机和情感等。在社会认知理论中，自我效能感理论是社会认知理论的核心内容之一，是人—环境交互的自我判断，是一种感知，属于社会认知理论中的个人因素的范畴，富有自我效能感的个人认为他对完成既定目标有充足的信心和能力（Bandura，1986）。在社会认知理论中，自我效能感可以被环境塑造，环境因素通过自我效能感可以影响个体行为，该理论强调自我效能感是外界环境因素和个体行为因素之间的重要中介变量。角色宽度自我效能感体现了员工从事角色外任务的自信感，它是自我效能感的进一步拓展和延伸（Galperin and Bella，2012）。根据社会认知理论，一方面，领导层面的因素是外部环境的重要组成部分，悖论式领导体现的包容性、给予员工个性化的关怀，加强了员工对自身能力的把握，提升员工对自身重要性的知觉（彭伟、李慧，2018），进而提高员工在工作范围之外的能力和信心，提升角色宽度自我效能感。另一方面，有学者指出，角色宽度自我效能感是员工表现出积极主动行为的一大诱导因素（廖辉尧、梁建，2015），高角色宽度自我效能感的个体对自身的能力具备足够大的信心，倾向于从事超出本职工作范围以外的任务，越轨创新行为属于角色外行为，高角色宽度自我效能感的个体愿意跳出当前束缚，承担角色范围外的工作。因此，从社会认知理论的角度出发，探讨角色宽度自我效能感的中介作用有一定的合理性。

社会认知理论指出，个人、环境和行为之间存在持续交互的影响，人格特质因素不仅对认知状态有重要的影响，同时也会影响对自身行为的判断（Bandura，1986）。此外，人格特质能够反映个体的人格和态度，能够调节工作环境因素对员工心理认知和工作行为的影响（Bodankin and Tziner，2009）。已有研究成果表明，领导风格是工作环境因素的一个重要组成部分，角色宽度自我效能感属于个人的心理认知范畴（Parker，1998），主动性人格作为一种积极的人格特质能够调节悖论式领导与角色宽度自我效能感之间的关系。由前述可知，悖论式领导会影响员工的角色宽度自我效能感，但其作用程度会受到主动性人格的影响。具备主动性人格的个体更能从悖论式领导所带来的灵活、自主的组织环境中识别机会，倾向于跳出当前的角色束缚，增强自己对于角色外行为的自信心和能力。由此可见，主动性人格在悖论式领导和角色宽度自我效能感之间具有调节作用。

综上所述，本书的理论模型如图 4 – 5 所示。

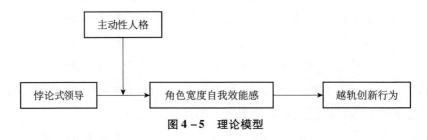

图 4 – 5　理论模型

4.4.2　研究假设

4.4.2.1　悖论式领导与越轨创新行为

领导的态度和处事风格是越轨创新行为的一个重要影响因素，悖论式领导作为一种复合型新型领导方式，在实际工作中不会僵硬地执行组织制度，能以更为灵活的方式处理创新中可能存在的矛盾，越轨创新行为本身是一种自发的角色外创新行为，因其隐蔽性必然需要一个相对自由和宽松的环境，而悖论式领导能够给予员工自主性（Lewis et al.，2014），因而提高了这种行为发生的可能性。此外，当想法与流程规范相悖时，悖论式领导所体现出的包容性和灵活性会对员工是否继续实施越轨创新行为产生影响。此外，根据社会认知理论，悖论式领导会起到角色模范的作用，能够向员工展示当遇到组织结构和员工个性化需求的矛盾时如何处理，而越轨创新行为恰好面临的是这两种矛盾，因此通过观察领导者的处理方式，员工能够意识到自己可以实施越轨创新行为的可能性而选择继续。在这种环境中，员工有充分的悖论意识，有利于促进个体产生新想法，可能会激发员工的创造性行为的发生，导致越轨创新行为（王朝晖，2019）。此外，悖论式领导强调自我中心与他人中心相结合，具体体现在管理者能够意识到自己的缺陷、承认自己可以向他人学习，反映出领导者的谦逊特质（谭乐等，2020），而具备这种风格的领导者面对员工的失败常保持宽容，使得员工敢于挑战规则进行越轨创新行为（Tenzer and Yang，2018；吴玉明等，2020）。悖论式领导强调统一管理与个性化结合，使得员工可以突破自身的限制而思考从事其他角色外的行为。因此，本书提出以下假设。

H9：悖论式领导正向影响员工的越轨创新行为。

4.4.2.2 角色宽度自我效能感的中介作用

悖论式领导能够有效地指引员工发挥各自优势，鼓励员工跳出当前角色束缚、进行创造性的思考和实践，使员工感受到自己有能力和信心从事工作任务之外的其他任务（Shao et al.，2019），为员工从事创新行为提供心理支撑，激发员工从事主动和创新行为（Parker et al.，2006）。此外，吴士健等（2020）指出，高角色宽度自我效能感员工的外在行为通常与他们的内在认知状态相符，这可以促进越轨创新行为的发生。同样地，社会认知理论中强调自我效能感是外界环境因素和个体行为因素之间的重要中介变量。还有学者基于动机视角的研究成果也能解释这一作用机制，帕克等（Parker et al.，2010）提出了主动行为模型，该模型认为，个体之所以从事主动行为存在着近端和远端原因，个体有关工作外部环境的判断是主动行为的远端预测因子，而对于自我的判断则是主动行为的近端预测因子，在这一模型的基础上，他进一步指出自我效能感属于动机范畴。

基于这一模型，一些研究基于动机视角指出，悖论式领导通过展示如何处理矛盾、为下属创造自主的工作环境从而增强员工的内在动机如自我效能感，角色宽度自我效能感是自我效能感的延伸。因此，基于前述研究成果，角色宽度自我效能感可作为近端预测因子在悖论式领导这一远端预测因子与员工越轨创新行为间起中介作用。因此，本书提出以下假设。

H10：角色宽度自我效能感在悖论式领导与员工越轨创新行为间起中介作用。

4.4.2.3 主动性人格的调节作用

主动性人格是个体相对积极的人格特质或行为倾向，该类个体不容易受到环境力量的限制，善于捕捉环境中的机遇，并主动采取行动影响所处环境。博丹金和齐纳（Bodankin and Tziner，2009）指出，人格特质能够调节工作环境对员工心理认知和行为的影响。主动性人格是个体的一种积极的人格特质，而根据社会认知理论，角色宽度自我效能感属于认知范畴，因此，基于以上研究结果，本书推断主动性人格对悖论式领导与角色宽度自我效能感间有调节作用。个体的人格特征可以激活不同的环境反应（Bandura，1986），具体而言，悖论式领导意味着组织中的管理者以一种开放和灵活的方式去处理管理实践中的矛盾，给予员工充分的授权，会给下属营造宽松自由的环境并且鼓励和支持员工进行创造性的思考和实践，而具备主动性人格的个体通常拥有较强的自信心、较高的工作胜任力和较高的价值追求，在这种情况下往往能够识别更多的发展机会，而低主动性人格的个体不愿主动从事其他事情来作出改变。因此，高主动性人格的个体在面对同样的环境时可以激发更高的角色宽度自我效能感。据此，本书提出以下假设。

H11：主动性人格正向调节悖论式领导和角色宽度自我效能感间的关系。

以上假设再结合角色宽度自我效能感的中介作用，本书提出一个有调节的中介模型，即角色宽度自我效能感中介作用的影响强度受到主动性人格的调节。班杜拉（1986）指出，个体特质因素可以激活不同的环境反应，对个体的认知状态造成影响进而影响个体对自身行为的判断。高主动性人格的个体通常具备更高的价值追求，能够实践悖论式领导的组织愿景，因而更愿意跳出当前"角色"的束缚向现状发起挑战，而高主动性人格的个体也通常具备较高的工作胜任力，因而他们能够对从事工作以外的其他任务有更强的自信心、有较高的角色宽度自我效能感。进一步地，高主动性人格的个体更愿意承担风险（Fuller and Marler，2009），可能会从事具备一定风险性的越轨创新行为；低主动性人格个体不愿意对自身现状作出改变，从事角色外行为的可能性较小。此外，高主动性人格的个体在工作中的表现经常超出其角色期望，在从事更宽泛的角色外任务时表现出更高的兴趣和自信，进而为主动创新提高原动力（杨剑钊、李晓娣，2019）。因此，本书提出以下假设。

H12：主动性人格正向调节角色宽度自我效能感的中介作用。

4.4.3　研究设计

4.4.3.1　测量工具

在管理学研究中问卷调查法是最为广泛的研究方法，本书的主要变量属于管理学领域，因此，本书也采用这一方法。此外，问卷调查法收集数据方便，且被试者为匿名作答，在一定程度上能保证数据的客观性和真实性。在正式调研之前，此次研究预先进行小样本调查，通过小样本数据对初步的调查问卷进行修订，以便提高正式调查问卷的可信性和有效性。测量量表是问卷调查法中的必备工具，本书所有的量表采用 Likert 5 点量表形式。

（1）越轨创新行为。采用克里斯库洛等（2014）基于私下创新视角开发的单维度量表，共 5 个题项，代表题项如"除了我的主要工作外，我还思考一些新的想法"。

（2）悖论式领导。采用张等（2015）开发的 22 题项量表，分为 5 个维度：第一，领导采取统一的方式管理下属，但同时也考虑他们的个人特征（5 题项），代表题项如"我的领导与下属进行平等一致的沟通，但也根据下属的个人特征或需要改变自己的沟通方式"；第二，在权力分配方面，领导保持以自我为中心和以他人为中心相结合（5 题项），代表题项如"我的领导既表现出领导的欲望，但同时也允许他人分享领导的角色"；第三，领导既保持决策控制权又允许员工自主决策（4 题项），代表题项如"我的领导既保持整体控制，但也给予下属适当的自主权"；第四，领导在工作执行过程中既要求高标准但同时又允许灵活性（4 题项），代表题项如"我的领导对工作表现要求高但并不是吹毛求疵"；第五，领导与下属的关系是一种既保持距离又保持亲密的状态（4 题项），代表题项如"我的领导在工作中与下属保持距离，但也对他们友好"。

（3）角色宽度自我效能感。采用帕克等（2010）开发和编制的角色宽度自我效能感量表的改良版，改良版的单维度角色宽度自我效能感量表一共 7 个题项，代表题项如"我能与其他部门的同事交流，并为他们的工作提出建议"。

（4）主动性人格。采用塞伯特等（1999）的 10 题项单维度量表。代表题项如"我总是在不断探索新的途径以改善自己的生活"。

（5）控制变量。以人口统计特征作为控制变量：学历、工作年限和职位层级。

4.4.3.2　研究对象与数据收集

本书采用便利抽样方法，通过借助专业的电子问卷发放平台共发放调查问卷 380 份，发放问卷时设置一些限制条件，例如要求问卷的作答者有一定的工作经验，并在年龄、学历、工作年限以及职位层级上尽量覆盖广泛，正式调查环节得到有效问卷 359 份，有效问卷回收率为 94%。本书将借助 SPSS

24.0 和 AMOS 26.0 对收集的数据进行描述统计分析、信效度分析、相关分析等，并通过层级回归法对研究假设进行检验。

4.4.4　数据处理与分析

4.4.4.1　信效度分析

本书采用成熟量表，在理论上信效度良好，在预调研阶段，本书检验了各个量表的信效度，并对悖论式领导量表进行了微调，因此，在正式问卷检验中有必要再次进行验证。由表 4 – 9 可知，所有变量的 Cronbach's α 系数均大于 0.7，信度较好。

表 4 – 9　　　　　　　各变量量表的信度检验结果

变量	Cronbach's α
悖论式领导	0.976
角色宽度自我效能感	0.970
越轨创新行为	0.951
主动性人格	0.974

本书借鉴福内尔和拉克尔（Fornell and Larcker，1981）的观点，通过构建每个变量 AVE 值的平方根与变量间的相关系数矩阵来检验区别效度，具体结果如表 4 – 10 所示，矩阵的对角线数值为研究中 4 个构念 AVE 的平方根，非对角线为相关系数，由表 4 – 10 的结果可知，对角线数值大于行列的相关系数，因而认为量表通过区别效度检验。

表 4 – 10　　　　　　　　　区别效度检验

变量	悖论式领导	角色宽度自我效能感	越轨创新行为	主动性人格
悖论式领导	(0.892)			
角色宽度自我效能感	0.508 **	(0.907)		
越轨创新行为	0.502 **	0.552 **	(0.901)	
主动性人格	0.417 **	0.526 **	0.517 **	(0.884)

注：* 表示 p < 0.05，** 表示 p < 0.01，*** 表示 p < 0.001。

在收敛效度的检验中，本书利用 AMOS 26.0 做验证性因子分析，计算得到悖论式领导、角色宽度自我效能感、越轨创新行为和主动性人格的 AVE 值分别为 0.796、0.823、0.812 和 0.782，均满足 AVE 大于 0.5 的标准，同时 CR 值均大于 0.6，说明各个量表具有较高的收敛效度。

4.4.4.2 共同方法偏差检验

本书采取 Harman 单因素检验的方法识别共同方法偏差的程度，通常使用探索性因子分析法（EFA）的方法来检测共同方法偏差。通过 EFA 方法抽取的单因子解释的变异量不超过一定比例来确认样本数据的偏差是否严重。本书采用汤丹丹和温忠麟（2020）的观点，认为抽取出的单因子方差贡献率不超过 40% 为检验标准。Harman 单因素检验的结果是 KMO 值为 0.961，Bartlett 球形检验结果显著（$p < 0.001$），进行因子抽取得到的单因子方差贡献率为 38.779%，因而可以说本书的共同方法偏差不严重。

4.4.4.3 描述性统计与相关分析

本书进行相关分析，研究各个变量之间是否存在相互的依存关系，并运用 Pearson 相关分析，得到的结果如表 4 – 11 所示。

表 4 – 11　　　　　　　　　描述性统计与相关系数

变量	M	SD	1	2	3	4	5	6	7
1	2.100	0.470							
2	2.510	0.705	– 0.099						
3	1.910	0.787	0.056	0.250 **					
4	3.933	0.838	0.099	– 0.008	– 0.120 *	(0.892)			
5	4.082	0.966	0.161 **	0.094	– 0.027	0.508 **	(0.907)		
6	4.004	0.940	0.127 *	0.045	– 0.092	0.502 **	0.552 **	(0.901)	
7	3.877	1.048	0.073	0.077	– 0.055	0.417 **	0.526 **	0.517 **	(0.884)

注：其中，1、2、3 分别代表学历、工作年限、职位层级，4 代表悖论式领导，5 代表角色宽度自我效能感，6 代表越轨创新行为，7 代表主动性人格；* 表示 $p < 0.05$，** 表示 $p < 0.01$，*** 表示 $p < 0.001$。

由表 4 – 11 的相关系数结果可知，悖论式领导与角色宽度自我效能感（$r = 0.508$，$p < 0.01$）以及越轨创新行为（$r = 0.502$，$p < 0.01$）呈显著正相关，角色宽度自我效能感与越轨创新行为显著正相关（$r = 0.552$，$p < 0.01$）。这为预测各变量间关系的分析提供了一定的依据。

4.4.4.4 假设检验

本书参考吴明隆（2020）对线性回归的定义与数据处理方式介绍，使用 SPSS24.0 中的线性回归分析进行直接效应检验。以悖论式领导为自变量、越轨创新行为为因变量，结果如表 4 – 12 所示。$\Delta Adj. R^2 = 0.231$（> 0），回归

系数 β = 0.546（p < 0.001），H9 成立。

表 4 - 12　　　　　　　　悖论式领导对越轨创新行为的回归分析

变量模型	越轨创新行为	
	M1	M2
学历	0.285 **	0.177
工作年限	0.120	0.096
职位层级	- 0.147 *	- 0.068
悖论式领导		0.546 ***
调整 R^2	0.025	0.256
Δ 调整 R^2		0.231
F	4.094 **	31.720 ***

注：* 表示 p < 0.05，** 表示 p < 0.01，*** 表示 p < 0.001。

参考以往研究，本书分三步检验中介效应：首先验证悖论式领导的变化能够显著影响越轨创新行为的变化；其次验证悖论式领导的变化可以显著影响角色宽度自我效能感的变化；最后将悖论式领导、角色宽度自我效能感同时放入回归模型，看对因变量越轨创新行为的影响来检验中介效应是否成立。

根据表 4 - 13，M4 的结果表明悖论式领导的回归系数 β = 0.546（p < 0.001），悖论式领导的变化能够显著影响越轨创新行为的变化。M2 的结果表明悖论式领导的回归系数 β = 0.572（p < 0.001），悖论式领导的变化可以显著影响角色宽度自我效能感的变化。M5 的结果显示，将悖论式领导、角色宽度自我效能感同时放入回归模型时，M5 的调整 R^2 大于 M4 的调整 R^2（0.366 > 0.256），且悖论式领导对越轨创新行为的影响仍是正向的，但其影响程度降低但仍显著（β 值由 0.546 下降至 0.327，p < 0.001），说明角色宽度自我效能感起部分中介作用，因而 H10 成立。

表 4 - 13　　　　　　　角色宽度自我效能感中介作用的层级回归结果

变量模型	角色宽度自我效能感		越轨创新行为		
	M1	M2	M3	M4	M5
学历	0.366 **	0.253 **	0.285 **	0.177	0.080
工作年限	0.176 *	0.151 *	0.120	0.096	0.038
职位层级	- 0.085	- 0.002	- 0.147 *	- 0.068	- 0.067
悖论式领导		0.572 ***		0.546 ***	0.327 ***

变量模型	角色宽度自我效能感		越轨创新行为		
	M1	M2	M3	M4	M5
角色宽度自我效能感					0.383 ***
调整 R^2	0.034	0.274	0.025	0.256	0.366
Δ 调整 R^2		0.240		0.231	0.110
F	5.262 **	34.809 ***	4.094 **	31.720 ***	42.381 ***

注：* 表示 $p < 0.05$，** 表示 $p < 0.01$，*** 表示 $p < 0.001$。

以主动性人格作为调节变量，探讨这一变量对悖论式领导和角色宽度自我效能感之间关系的影响，具体的分析结果如表 4-14 所示。通过对比 M2 和 M3 的数据结果可以看出，M3 的 Δ 调整 R^2 为 0.109（ >0），说明存在调节效应，且交互项的回归系数 β = 0.287（$p < 0.001$），调节效应显著，即主动性人格在悖论式领导和角色宽度自我效能感之间起调节作用。

表 4-14　　　　　　　主动性人格调节作用的层级回归结果

变量模型	角色宽度自我效能感		
	M1	M2	M3
学历	0.366 **	0.220 *	0.158 *
工作年限	0.176 *	0.104	0.059
职位层级	−0.085	0.012 *	0.048
悖论式领导		0.398 ***	0.234 ***
主动性人格		0.340 ***	0.268 ***
悖论式领导 × 主动性人格			0.287 ***
调整 R^2	0.034	0.385	0.494
Δ 调整 R^2		0.351	0.109
F	5.262 **	45.749 ***	59.355 ***

注：* 表示 $p < 0.05$，** 表示 $p < 0.01$，*** 表示 $p < 0.001$。

此外，在图 4-6 中，当主动性人格取高低两个水平时，由图中的直线斜率可以看出，对于高主动性人格的员工，直线更陡，斜率更大，也就是说，主动性人格起到调节作用，因此，H11 成立。

本书用 SPSS24.0 里的 Process 插件进行有调节的中介效应的检验，检验主动性人格在均值加减一个标准差情况下，分别计算不同主动性人格水平下的置信区间 CI 值，得到的检验结果如表 4-15 所示。

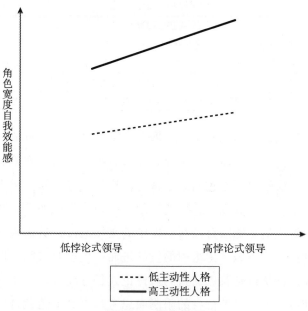

图 4 - 6　调节效应

表 4 - 15　　　　　　　　　　　有调节的中介效应检验

调节变量	间接效应	标准差	置信下限	置信上限
低主动性人格	0.0027	0.0061	- 0.0084	0.0173
中主动性人格	0.0346	0.0160	0.0117	0.0732
高主动性人格	0.1797	0.0475	0.0974	0.2823

在悖论式领导对越轨创新行为的影响路径中，在低主动性人格水平下，间接效应为 0.0027，中介效应在 95% 的置信区间为 [- 0.0084，0.0173]，包含 0，说明其中介作用不显著；在高主动性人格水平下，间接效应为 0.1797，中介效应在 95% 的置信区间为 [0.0974，0.2823]，不包含 0，说明其中介效应显著，即角色宽度自我效能感的中介效应在高主动性人格的影响下会增强，即存在有调节的中介效应，因此，H12 成立。

4.4.4.5　研究结果与讨论

本书检验了悖论式领导对越轨创新行为的影响、悖论式领导作用于越轨创新行为的中介机制及中介机制存在的边界条件，研究结果如表 4 - 16 所示。

表 4 -16 假设检验结果汇总

编号	研究假设	结果
H9	悖论式领导正向影响员工的越轨创新行为	支持
H10	角色宽度自我效能感在悖论式领导和员工越轨创新行为间起中介作用	支持
H11	主动性人格正向调节悖论式领导和角色宽度自我效能感间的关系	支持
H12	主动性人格正向调节角色宽度自我效能感的中介作用	支持

本书的实证结果表明 H9 成立，即悖论式领导显著正向影响越轨创新行为。悖论式领导行为具体体现在领导者能够意识到自己的缺陷、承认自己可以向他人学习，反映出领导者的谦逊特质，这类领导在面对员工的失败常保持宽容，使员工敢于挑战规则进行越轨创新行为（吴玉明等，2020）。此外，悖论式领导能够让员工感知自己在工作中的主体地位，员工在这种领导风格下能够以一种更高的姿态看待组织的发展进而产生创意方案，但是由于组织资源的限制而选择从事越轨创新行为。悖论式领导允许员工个性化发展，个性化的发展使员工可以突破自身的限制而思考从事其他角色外的行为。悖论式领导的特点可以类比组织创新实践中，要求严格工作与灵活工作并行，组织一方面赋予员工较高的创新要求；另一方面又允许一定的灵活性，这就可能导致员工从事一些非官方的创新项目来达到组织的创新目标。因此，悖论式领导是越轨创新行为的重要影响因素。

本书的实证结果表明 H10 成立，角色宽度自我效能感在悖论式领导和员工的越轨创新行为之间起中介作用。社会认知理论指出，个人所表现出的行为受环境因素的影响，而环境因素也可以通过影响个人的认知间接影响个人行为，角色宽度自我效能感属于个人认知的范畴。悖论式领导能够有效地指引员工发挥各自的长处，鼓励员工进行创造性的思考和实践、跳出当前角色束缚，使个体感受到可以从事角色外的行为，越轨创新行为属于非官方的创新项目，因而不能得到组织的支持，也没有组织资源的支撑，因此，从事越轨创新行为对个体的能力和自信心水平要求较高，而高角色宽度自我效能感的个体满足这一条件。因此，角色宽度自我效能感在悖论式领导与越轨创新行为之间的中介作用经本书研究的实证结果得到验证。

本书的实证结果表明 H11、H12 成立，即主动性人格在悖论式领导和角色宽度自我效能感之间起正向调节作用，主动性人格正向调节角色宽度自我效能感的中介作用。当个体的主动性人格处于不同的水平时，面对同样的领导环境，个体所感受到自己能否从事更多工作之外的能力和自信心还取决于个人特质，高主动性人格的员工具备较高的价值追求，相对于低主动性人格的个体来说，更试图在当前组织外部环境中识别机会。类比到组织的创新实践当中，管理者通过悖论式领导风格为下属营造宽松自由的工作环境，同时管理者给予员工一定的自主权、尊重员工的想法、鼓励员工提出新的见解，高主动性人格的员工由于本身有更高的价值追求、更愿意向现状发起挑战，因而更能激活领导层面的环境因素对自身的反应，引导自己从事更宽泛的工作任务。此外，高主动性人格的个体本身有较高的工作胜任力，因而该类个体更能相信自己有能力、有信心从事这类事情，其角色宽度自我效能感增强。进一步地，高主动性人格的个体更愿意承担风险，使自己具备从事越轨创新行为的可能性，而组织中的管理者在处理"组织需求"和"个人需求"的矛盾上面持一种宽容的态度，因此，高主动性人格更容易从事越轨创新行为。因此，主动性人格是悖论式领导发挥作用的重要的边界条件。

4.5　领导权变激励对越轨创新行为的影响机制[*]

随着我国创新驱动发展战略的实施，员工创新行为也呈现出多元化趋势，越轨创新行为是一种近年来备受关注的创新行为。员工觉察到超前于组织规则、思维框架和决策惯例的创新机会，通过越轨创新行为获取知识经验和创新绩效，搜狗浏览器、3M 胶带和 LED 技术等都是典型的越轨创新成功案例。可见员工的越轨创新行为会对组织带来效益的提升。因此，激活并管理员工越轨创新行为，成为学术界广泛关注的话题。

已有研究对越轨创新行为的形成展开了一系列探索，但是仍存在以下不足。

（1）忽视了领导权变激励对越轨创新行为的影响。现有研究仅关注领导权变激励对员工创新行为的影响，对领导权变激励与员工越轨创新行为的关系鲜有涉及（王弘钰等，2019、2020）。由于领导权变激励强调效能优先和柔性管理（Buengeler et al.，2016；周春城，2019），能依据员工行为的本质和目的进行灵活的评价与管理，减轻了员工借助越轨形式开展创新行为的心

---

[*]　本节主要内容发表于《吉林大学社会科学学报》2021 年第 2 期。

理负担；同时还能通过针对性的奖酬激励，鼓励员工主动从事越轨创新行为等具有风险的建设行为（赵峰等，2013；朱苏丽等，2015）。因此，领导权变激励对员工越轨创新行为具有重要的影响作用。然而，现有研究却忽略了领导权变激励对员工越轨创新行为的影响效应，难以为企业权变管理员工的越轨创新行为提供全面的启发借鉴。因此，有必要对领导权变激励与越轨创新行为的关系展开探讨。

（2）忽视了工作旺盛感在领导权变激励与越轨创新行为之间的中介机制。现有研究强调领导权变激励通过个体能力引发创新行为的路径，忽视了工作旺盛感在领导权变激励与员工越轨创新行为之间的作用机制。与激活个体能力相比，领导权变激励激活员工工作旺盛感较少受个体素质、时间和成本等因素的约束，更有利于高效、快速地激活越轨创新行为。由此可见，解构领导权变激励与员工越轨创新行为之间的关系，工作旺盛感更值得优先考量。然而，现有研究过于关注个体能力而忽视了工作旺盛感，难以调动个体在组织创新中的旺盛感与积极性，不利于最大限度上发挥员工价值。因此，有必要从工作旺盛感的角度来探讨领导权变激励激发越轨创新行为的机制。

（3）忽视了自我提升价值观对领导权变激励引发越轨创新行为过程中的边界作用。现有研究关注个体能力、工作条件等客观因素的调节作用，忽视了个体自我提升价值观对工作旺盛感影响越轨创新行为路径的边界作用。自我提升价值观是个体追求更高社会价值的稳定价值取向。自我提升价值观高的个体，在工作中不仅充满斗志和活力，还会在价值观驱动下主动将不断涌现的新知识、新想法转化为角色外的越轨创新行为，通过预期创新成果来提升自身的价值和竞争力。然而，以往研究在探索工作旺盛感与个体创新行为时缺乏对个体价值观调节机制的探讨，聚焦客观条件，与强调个体能动性的人力资本理念相悖，最终导致企业忽视了员工价值观的培育。因此，本书将自我提升价值观引入领导权变激励、工作旺盛感和越轨创新行为的整合模型。

（4）缺乏对领导权变激励影响效应中的即时效应与延时效应的区分。现有研究多采用横截面或多时点的设计，回溯性作答导致失真、偏差等问题，不仅严重影响结论的准确性，更难以对影响效应中的即时效应与延时效应进行区分，研究过于笼统，无法从时间尺度上揭示和理解变量间的关系。王尧等指出，在组织管理中，不仅要关注领导行为对员工当天行为产生的即时效应，还要关注其是否对员工第二天的行为产生延时效应，即延时意义和价值

（王尧、章凯、张娇娇等，2019）。那么，领导的权变激励行为是仅对员工当天的越轨创新行为产生即时效应，还是对员工次日的越轨创新行为兼具延时效应？针对这些问题，本书借助经验取样法在每个工作日的工作情境下及时、准确、动态地获取并匹配同一个体的领导权变激励和越轨创新行为（Judge et al.，2014），揭示领导权变激励的即时效应与延时效应，加深学者对领导权变激励作用效果的理解，为企业管理者发挥权变激励的长效价值提供理论依据。

综上所述，本书拟在综合激励模型的基础上，借助经验取样的日记形式，在个体内层面探讨领导权变激励对越轨创新行为的即时效应与延时效应，同时探索领导权变激励影响越轨创新行为的中介机制及其边界条件，为综合激励模型的情景因素作出补充。

4.5.1　理论基础与理论模型构建

4.5.1.1　综合激励模型

1968 年，美国行为学家莱曼·波特和爱德华·劳勒在《管理态度与行为》一书中提出了波特—劳勒综合激励模型。该模型以弗鲁姆的期望理论为理论框架，引入基于赫茨伯格双因素理论发展起来的外在性和内在性奖励的概念，形成了一种新的以工作绩效为核心的激励模型。这一模型为分析和认识激励的一般逻辑和机制提供了系统的理论方法。

综合激励模型提出通过 4 段转化关系和若干影响转化关系的因素可以实现激励这一目标，具体有：（1）努力到工作绩效的转化。这一转化是指个体的努力程度决定其工作绩效的水平，同时这一过程会受到个人能力、工作条件和对工作的认知这三个因素的影响。（2）工作绩效到奖酬的转化。这一转化是指个体的工作绩效决定其所获得奖酬的多少，这里的奖酬既包括外在奖酬，又包括内在奖酬。（3）奖酬到满意度的转化。这一转化是指个体所获得奖酬决定着其满意度水平，此过程主要受到个体对公平性感知的影响。这里的公平感知不仅指奖酬获取的公平性，也包括整个模型中个体的公平性感知。（4）满意度到努力的转化。这一转化是指个体收获的满意度决定其再次投入工作中的努力程度，此过程受个体对奖酬和工作绩效的认知以及个人的心理期望值等因素的影响。

综合激励模型这 4 段转化关系对于管理实践有重要的启示作用，它揭示出组织运转中的一个困境，即组织即使设置了激励目标、采取了激励手段，也不一定能促使员工作出令组织和其个人满意的行动和努力。这是因为形成"努力→工作绩效→内在、外在奖酬→满意度→努力"的良性循环，需要奖励内容、奖惩制度、组织分工、目标导向行动的设置、管理水平、考核的公正性、领导作风及个人心理期望值等多种因素的综合作用。

根据综合激励模型，为达到有效激励员工的目标，组织要注重外在性奖酬的合理性、重视内在性奖酬的设计、注重努力与工作绩效的联系、注重绩效与奖酬的联系、保证绩效与奖酬的公正性五方面的内容（季燕妮，2017）。

4.5.1.2　理论模型构建

越轨创新行为是个体在缺乏领导正式授权的情况下，借助自身资源，将创意完善、测试并实践的行为（Mainemelis，2010；王弘钰等，2019）。越轨创新行为是员工自主发起的预期有利于组织的创新活动。对于员工来说，需要组织环境中存在有效的激励因素，才能驱使其愿意冒风险实施越轨创新行为。在组织中，领导行为是激励员工行为的一个重要因素。根据综合激励模型，领导设计的奖酬是否合理、公正直接决定着下属的努力程度和满意度。如果领导能明确工作绩效和奖酬的关系，那么下属一旦越轨创新行为成功就可以获得预期中的回报，这会有效激励下属大胆实施越轨创新行为。同时，如果领导能根据员工行为本质灵活地权变评估，而非刻板地根据个体行为表征做简单判断，就可以降低下属因越轨行为被惩罚的概率，这就减轻了员工借助越轨形式从事创新活动的事前心理负担和事后成本（赵峰等，2013），能有效激发下属的越轨创新行为。领导权变激励恰是符合以上领导特征的领导行为。领导权变行为强调明确角色和任务要求，并根据下属履行合同义务的情况向其提供物质或心理奖励的领导行为（Bass，1998）。该领导行为通过定义工作职责的规则、确定目标实现的结果，为下属提供有形或无形的支持和资源，来赢得下属的努力和良好表现。因此，有必要对领导权变激励与越轨创新行为的关系展开探讨。

综合激励模型还提倡注重内在性奖励的设计，即领导权变激励不能仅通过在金钱等外在性奖励上激发下属，还要关注下属内在积极的工作感受。工作旺盛感是员工积极发展状态的标志，旺盛感能降低员工心理消耗，提升员工工作表现（Spreitzer et al.，2005）。领导权变激励行为可以一个构建灵活宽松和公平公正的竞争环境，这会增加员工的情感共鸣、调动员工的工作积极性，推动员工对工作意义和工作价值的理解，进而提升员工的工作旺盛感。工作旺盛感还可以从发展诉求、合法性和效能宽度三个方面影响个体的越轨创新行为。因此，有必要探讨工作旺盛感在领导权变激励与员工越轨创新行为之间的中介作用机制。

同时，自我提升价值观是个体追求更高社会价值（包括竞争力、地位、权威等）的稳定价值取向（Fu et al.，2010）。自我提升价值观高的个体，在工作中不仅充满斗志和活力，体验到较高水平的工作旺盛感（崔明明等，2018），还会在价值观驱动下主动将不断涌现的新知识、新想法转化为角色外的越轨创新行为，通过预期创新成果来提升自身的价值和竞争力。因此，本书将自我提升价值观引入领导权变激励、工作旺盛感和越轨创新行为的整合模型中，从价值观视角丰富激励理论的研究。

综上所述，本书的理论模型如图 4 - 7 所示。

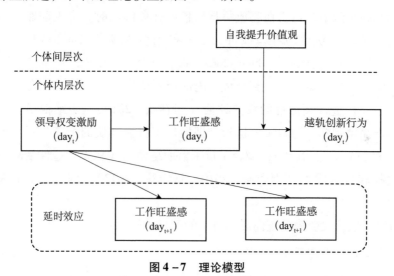

图 4 - 7 理论模型

4.5.2 研究假设

4.5.2.1 领导权变激励与越轨创新行为

越轨创新行为是个体在上级否定或不知情的情况下，坚信自己的创意会给企业创造价值并通过非正式形式继续完善、推进想法落地的行为（Mainemelis，2010；王弘钰等，2019）。具体而言，私下越轨创新行为是在领导不知晓的情况下发生的越轨创新行为，相比违命式越轨创新行为，在中国情境下存在更为广泛。结合本土权利距离和经验取样的研究设计（黄玮等，2017；王弘钰、万鹏宇，2020），本书拟从破坏性更小的私下越轨创新行为着手，对越轨创新行为的激活机制展开探索。越轨创新行为虽然是突破创新瓶颈与获取个体创新绩效的重要途径，但其目的合理性和方式的偏离性使越轨创新行为兼具"忠诚"和"叛逆"的色彩，偏离性的越轨表征足以使从事越轨创新行为的个体遭遇领导阻抑、降职等惩罚（王弘钰、万鹏宇，2020）。因此，何种领导行为会激活员工主动从事易被误解的越轨创新行为成为学术界普遍关注的问题。

　　根据综合激励模型，领导权变激励不仅是个体越轨创新行为的重要激活因素，还对越轨创新行为这一特殊行为起着权变管理的意义：首先，领导权变激励是一种灵活、公平且效能优先的领导激励行为，会显著调动个体开展角色外工作、通过额外付出获得更多奖励的动机（周春城，2019）。在领导权变激励的刺激下，员工在完成每日角色内任务的同时，会主动作出角色外的建言、越轨创新行为等积极行为以取得角色外绩效（杨剑钊、李晓娣，2019），获取更多的回报（Buengeler et al.，2016）。其次，领导权变激励会根据组织内外部情景（如外部环境、内部资源结构）和个体的内在特征（如目的、手段）进行灵活性的权变评估（周春城，2019），拒绝根据个体行为表征作出简单判断，通过嵌入情景、把握员工行为本质的严谨分析后再作出奖惩（Yang et al.，2019），减轻了员工借助越轨形式从事创造性活动的事前心理负担和事后成本（周春城，2019；赵峰等，2013）。因此，本书提出以下假设。

　　H13：领导权变激励正向影响员工的每日越轨创新行为。

　　4.5.2.2　工作旺盛感的中介作用

　　波特—劳勒综合激励模型指出，领导权变激励通过深化个体对工作意义和价值的认识与理解，帮助个体在工作中体验到更积极、向上和创造性的工作旺盛感（赵峰等，2013；刘玉新等，2019；Yang et al.，2019）。当员工在领导激励下感受到较多的工作旺盛感后，这些积极创造的知觉体验为个体角色宽度效能拓展和思维认知发展提供充沛的资源活力保障（Walumbwa et al.，2018），引导个体开展角色外的越轨创新行为，实现工作旺盛感的创新绩效转化（周春城；2019）。工作旺盛感作为知觉体验，易于被领导的积极行为激活和调动（Xu，Loi and Chow，2019）。因此，探究领导权变激励激活员工越轨创新行为的路径，工作旺盛感是一个值得探究的中介变量。

领导的激励会调动员工以充沛精力投身工作的积极性（Hildenbrand, Sacramento and Binnewies，2018；刘玉新等，2019），通过构建灵活宽松和公平公正的竞争环境，增加员工的情感共鸣和组织承诺，推进员工对工作意义和工作价值的理解，提升员工的工作旺盛感。同时，灵活、情感和物质并包的权变激励更能通过捕捉员工心理需求，向员工传递与之匹配的积极能量和努力信号，使员工在工作中体验到更积极、向上的工作旺盛感（Walumbwa, Wu and Orwa，2008；Porath et al.，2012）。因此，领导权变激励是员工工作旺盛感的重要前因变量。

工作旺盛感从发展诉求、合法性和效能宽度三个方面影响个体的越轨创新行为（Criscuolo et al.，2014；王弘钰等，2020）。首先，工作旺盛感高的个体不会满足于维持现状，往往有着发展、进步和取得突破的成长诉求，在发展诉求的驱动下，个体会借助其高水平的心理功能和思想—行动系统，作出更多的越轨创新行为（Yang et al.，2019；Carmeli and Spreitzer，2009）。其次，当员工工作旺盛感较高时，他们具备充沛的活力和开阔的视野，增加了其创新活动在同事眼中的合法程度，减轻了个体从事越轨创新行为的外界束缚和压力。最后，工作旺盛感延展了个体的效能宽度和认知深度，个体有自信并且有能力从事角色外的越轨创新行为（Abid，2016）。因此，工作旺盛感不仅推动个体作出越轨创新行为，更在领导权变激励与员工越轨创新行为之间发挥重要的中介作用。因此，本书提出以下假设。

H14：员工的每日工作旺盛感在领导权变激励与每日越轨创新行为之间起中介作用。

4.5.2.3　自我提升价值观的调节作用

自我提升价值观是个体追求自我提升的思维模式和价值取向，具备较高的稳定性和持久性，对个体的行为选择具有重要的支配和导向作用（Fu et al.，2010；崔明明等，2018）。自我提升价值观往往引导员工履行超越本职角色的工作和责任，因此，对于自我提升价值观较高的个体，在工作场所体验到工作旺盛感后，他们除了高效地完成每天的角色任务，还会在自我提升价值观的驱动下，主动将充沛的能量、动力和资源投身于工作之外的创新、跨界与搜索（崔明明等，2018），借助冗余精力更多地开展越轨创新行为，通过角色外创新为组织和自身带来更高的创新绩效，提升自己在组织中的价值和竞争力（杨剑钊、李晓娣，2019；王弘钰等，2020）。因此，自我提升价值观正向强化工作旺盛感与越轨创新行为的关系。因此，本书提出以下假设。

H15：自我提升价值观正向调节每日工作旺盛感与每日越轨创新行为的关系。

自我提升价值观高的个体往往关注工作当中可以促进自我提升的潜在机会，领导权变激励恰恰释放了一个价值提升和奖励给予的信号（周春城，2019），个体在外界刺激下会表现出更高的工作热情与活力，从而一方面以充沛的工作旺盛感回应领导激励；另一方面主动观察留意可能的创新机会，不放过任何一个可以提升自我的创新途径（Abid，2016），借助工作旺盛感进行角色外的越轨创新行为探索（Carmeli et al.，2009），以期用创新成果的形式达到自我提升、获取更多领导激励的目的（Tenzer and Yang，2020）。因此，自我提升价值观正向调节工作旺盛感在领导权变激励与越轨创新行为之间的中介机制。因此，本书提出以下假设。

H16：员工的自我提升价值观正向调节每日工作旺盛感在领导权变激励与每日越轨创新行为之间的中介效应。

4.5.2.4 领导权变激励的延时效应

以往研究设计忽视了作用关系的时间尺度，仅关注笼统粗浅的总效应，混淆了其中的即时效应与延时效应（Judge et al.，2014）。领导行为作为一种自上而下的外部刺激，对个体的心理、认知和行为不仅具备前面所论述的即时效应，还具备延时效应，即相对长效的激励效果（王尧等，2019；陈文强，2017）。领导权变激励行为释放的积极信号不仅对个体当天的知觉行为产生影响，对员工的影响更是具有相对长效性（郭钟泽、谢宝国、程延园，2019）。领导权变激励的治理地位更容易被员工感知，从而对个体后续行为选择产生影响（郭钟泽等，2019）。领导权变激励强调的公平、灵活和绩效优先策略，其激励和效力伴随着行为本身的强度和员工的记忆效果，具有反复刺激性，不断激发员工动力，增加员工的工作旺盛感（Brian，2020），使其在一段时间内保持较高的学习和工作活力，促进其在后续的工作中继续开展越轨创新行为（Oke et al.，2009；Jiang et al.，2018）。因此，领导权变激励不仅对员工当天的工作旺盛感和越轨创新行为具有正向影响（即时效应），还会对员工次日的工作旺盛感和越轨创新行为产生持续激励作用（延时效应）。因此，本书提出以下假设。

H17：领导权变激励（day_t）对员工次日的工作旺盛感（day_{t+1}）和越轨创新行为（day_{t+1}）具有显著正向影响。

4.5.3　研究设计

4.5.3.1　测量工具

领导权变激励、工作旺盛感、越轨创新行为和自我提升价值观的测量均采用里克特 5 点计分。

领导权变激励的测量借鉴布恩格勒等（2016）开发的领导权变激励量表，包括"今天，领导对我工作出色的地方给予了特别的肯定"等测量领导行为的 4 个题项。

工作旺盛感的测量借鉴波拉莎等（2012）开发的工作旺盛感量表，根据赫尔谢格等（2014）日记法测量的建议，保留"今天，我感觉自己充满能量和精力"等具有瞬时评估特征的 5 个题项。

越轨创新行为的测量采用克里斯库洛等（2014）开发的越轨创新行为量表，包括"今天，我在完成本职任务后，还思考了潜在的商业机会"等 5 个题项。

自我提升价值观采用福等（2010）开发的价值观量表，抽取其中用于测量自我提升价值观的部分，包括"我认为，达到成功（实现目标）是很重要的"等 3 个题项。

为减少人口学因素对研究的干扰，在回顾以往研究的基础上，在基线水平上对被试的性别、年龄和教育背景进行控制（Walumbwa et al.，2018；王弘钰等，2020），以排除以上因素对工作旺盛感和越轨创新行为的影响。

4.5.3.2　研究对象与数据收集

本书研究样本主要来自河南、山东、吉林、北京与广西地区，行业主要包括科技创新、金融证券和餐饮服务等。采用三种途径获取研究样本：第一，本书课题组成员在微信朋友圈发布公告，公开有偿招募符合条件的被试；第二，邀请吉林与广西两所高校在读或已经毕业的 MBA 学员参与调研；第三，与河南、山东的四家民营企业负责人取得联系并获取支持。借助网络链接和纸质版两种方式发放问卷，通过邀请被试填写手机号后四位进行编码匹配。

在阶段 1，邀请被试填写了个体间变量（自我提升价值观、性别、年龄和学历）；在阶段 2，即随后一周的 5 个工作日内，重复测量员工个体内变量（当日的领导权变激励行为、工作旺盛感和越轨创新行为）。研究共获取 89

名员工连续 5 个工作日的 445 单元有效动态数据点。性别方面，男性 43 人，占 48.3%，女性 46 人，占 51.7%；年龄方面，25 岁及以下有 12 人，占 13.5%，26 ~ 30 岁有 64 人，占 71.9%，31 岁及以上有 13 人，占 14.6%；教育背景方面，高中（中专）及以下有 17 人，占 19.1%，大专及本科有 62 人，占 69.7%，研究生有 10 人，占 11.2%。

4.5.4 数据处理与分析

4.5.4.1 信效度分析

本书中领导权变激励量表的平均 Cronbach's α 值为 0.833，工作旺盛感量表的平均 Cronbach's α 值为 0.880，自我提升价值观量表的 Cronbach's α 值为 0.886，越轨创新行为量表的平均 Cronbach's α 值为 0.888。所有变量 Cronbach's α 值均大于 0.8，说明这些量表的信度良好。

借助 Mplus7.0 开展多水平验证性因素分析（MCFA）来检验本书研究中的区分效度，构建理想的多水平四因子模型和竞争模型。检验结果显示，多水平四因子模型的各项拟合效果最优（$\chi^2 = 156.93$，df = 74，$\chi^2/df = 2.12$，CFI = 0.98，TLI = 0.97，RMSEA = 0.05。SRMR = 0.04），且明显好于另外 4 个竞争模型，说明在本书研究中，领导权变激励、工作旺盛感、越轨创新行为和自我提升价值观确实代表了 4 个不同的构念。

4.5.4.2 HLM 零模型与相关分析

在进行假设检验前，借助 HLM6.0 分别以领导权变激励、工作旺盛感和越轨创新行为为结果变量进行零模型检验，结果如表 4 – 17 所示。越轨创新行为的个体内变异为 44.08%，高于 30%，领导权变激励和工作旺盛感的个体内变异均高于 50%。这说明领导权变激励、工作旺盛感和越轨创新行为的数据在个体内和个体间水平存在显著的动态波动，适合作为个体内变量进行跨层研究。

表 4 – 17   每日测量变量在个体内的变异

变量	截距	个体内方差	个体间方差	个体内差异百分比（%）
领导权变激励	3.010 ***	0.297	0.234	55.93
工作旺盛感	3.073 ***	0.284	0.117	70.82
越轨创新行为	2.506 ***	0.279	0.354	44.08

注：* 表示 $p < 0.05$，** 表示 $p < 0.01$，*** 表示 $p < 0.001$。

由表 4 – 18 可知，领导权变激励与工作旺盛感（$r = 0.409$，$p < 0.001$）显著正相关，与越轨创新行为（$r = 0.527$，$p < 0.001$）显著正相关；工作旺盛感与越轨创新行为（$r = 0.484$，$p < 0.001$）显著正相关；自我提升价值观与领导权变激励（$r = 0.175$，$p < 0.001$）、工作旺盛感（$r = 0.242$，$p < 0.001$）和越轨创新行为（$r = 0.207$，$p < 0.001$）两两显著正相关。

表 4 – 18　　　　　　　　　　　　　相关分析

变量	1	2	3	4	5	6
性别						
年龄	– 0.145 **					
教育背景	0.101 **	– 0.223 ***				
自我提升价值观	– 0.048	0.228 ***	– 0.129 **			
领导权变激励	0.054	0.151 **	0.225 ***	0.175 ***		
工作旺盛感	0.016	0.092	0.081	0.242 ***	0.409 ***	
越轨创新行为	0.015	0.076	0.234 ***	0.207 ***	0.527 ***	0.484 ***

注：性别、年龄、教育背景、自我提升价值观 4 个变量样本数为 89；领导权变激励、工作旺盛感、越轨创新行为 3 个变量样本数为 445；* 表示 $p < 0.05$，** 表示 $p < 0.01$，*** 表示 $p < 0.001$。

4.5.4.3　假设检验

由于本书研究存在明显的嵌套结构（每日重复测量数据嵌套于 89 个被试中），借助 HLM6.0 进行假设检验。根据布林克斯和恩德斯（Brincks and Enders，2017）的建议，采用组均值中心化策略进行数据预处理，以排除个体间方差影响。

根据康勇军和彭坚的建议（2019），在控制了 level 2（个体间）水平的性别、年龄和教育背景后，首先考察 level 1（个体内）水平领导权变激励和工作旺盛感对越轨创新行为的作用机制。由表 4 – 19 模型 2 可知，领导权变激励对员工越轨创新行为的正向影响显著（$\gamma = 0.405$，$p < 0.001$），H13 成立。由模型 1 可知，领导权变激励对工作旺盛感的正向影响显著（$\gamma = 0.307$，$p < 0.001$）。由模型 3 可知，工作旺盛感对员工越轨创新行为的正向影响显著（$\gamma = 0.369$，$p < 0.001$）。在模型 2 的基础上，引入工作旺盛感构建模型 4，结果发现，领导权变激励仍显著正向影响越轨创新行为（$\gamma = 0.335$，$p < 0.001$），系数相较于模型 2 中 0.405 有所下降，工作旺盛感显著正向影响员工的越轨创新行为（$\gamma = 0.277$，$p < 0.001$），H14 得到验证。

表4-19   假设检验结果

项目	工作旺盛感			越轨创新行为		
	模型1	模型2	模型3	模型4	模型5	模型6
性别	0.002 (0.071)	-0.025 (0.108)	-0.007 (0.111)	-0.025 (0.100)	-0.023 (0.100)	-0.026 (0.099)
年龄	0.051 (0.073)	0.085 (0.106)	0.143 (0.113)	0.066 (0.100)	0.031 (0.100)	0.023 (0.098)
教育背景	0.017 (0.072)	0.252* (0.105)	0.348* (0.107)	0.241* (0.095)	0.257** (0.094)	0.252** (0.094)
自我提升价值观					0.071 (0.039)	-0.140 (0.106)
个体内变量						
领导权变激励	0.307*** (0.041)	0.405*** (0.055)		0.335*** (0.051)	0.330*** (0.045)	0.325*** (0.044)
工作旺盛感			0.369*** (0.052)	0.277*** (0.046)	0.269*** (0.047)	0.073* (0.103)
交互作用项						
旺盛感×价值观						0.071* (0.033)
Pseudo R^2 level 1	0.567	0.518	0.510	0.546	0.567	0.552
Pseudo R^2 level 2	0.526	0.514	0.504	0.535	0.526	0.540

注：* 表示 $p < 0.05$，** 表示 $p < 0.01$，*** 表示 $p < 0.001$。

根据郭宗泽等（2017）的建议，为检验level 1水平预测因子（工作旺盛感）与level 2水平预测因子（自我提升价值观）之间交互作用的预测效果，构建模型5和模型6。由模型5和模型6可知，工作旺盛感与自我提升价值观的交互项显著正向影响越轨创新行为（$\gamma = 0.071$，$p < 0.050$）。因此，H15得到验证。调节效应如图4-8所示。

借助爱德华和兰伯特（2007）提出的"总效应调节模型法"对H4进行检验，运用Bootstrapping法来揭示在不同自我提升价值观水平下，工作旺盛感在领导权变激励与员工越轨创新行为之间所起的中介效应及其差异，结果如表4-20所示。由表4-20可知，领导权变激励通过工作旺盛感对越轨创新行为的间接效应在自我提升价值观的不同水平上表现出显著差异（$\Delta\gamma = 0.129$，$p < 0.01$），99.5%的置信区间 [0.010，0.263] 不包含0。具体而

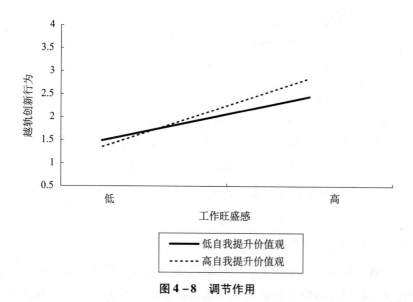

图 4 - 8　调节作用

言，对那些自我提升价值观高的员工，这种间接效应更为强烈（γ = 0.203，p < 0.010），而对自我提升价值观低的个体，这种间接作用微弱（γ = 0.074，p < 0.010），领导权变激励对越轨创新行为的总效应差异显著（Δγ = 0.310，p < 0.010），99.5% 的置信区间 [0.062，0.560] 不包含 0。因此，H16 得以验证。

表 4 - 20　　　　　　　　有调节的中介效应检验

调节变量	领导权变激励（X）→工作旺盛感（M）→越轨创新行为（Y）				
	阶段		效应		
	第一阶段	第二阶段	直接效应	间接效应	总效应
	P_{MX}	P_{YM}	P_{YX}	$P_{YM} P_{MX}$	$P_{YX} + P_{YM} P_{MX}$
弱自我提升价值观（M-1SD）	0.266 **	0.279 **	0.317 **	0.074 **	0.391 **
	[0.110，0.423][b]	[0.101，0.480][b]	[0.134，0.507][b]	[0.022，0.150][b]	[0.220，0.587][b]
强自我提升价值观（M+1SD）	0.418 **	0.487 **	0.497 **	0.203 **	0.701 **
	[0.253，0.576][b]	[0.316，0.676][b]	[0.337，0.660][b]	[0.117，0.335][b]	[0.548，0.869][b]
差异	0.152	0.207 *	0.181 *	0.129 **	0.310 **
	[0.000，0.159][a]	[0.027，0.372][a]	[0.027，0.346][a]	[0.010，0.263][b]	[0.062，0.560][b]

注：P_{MX} 代表从领导权变激励到工作旺盛感；P_{YM} 代表从工作旺盛感到越轨创新行为；P_{YX} 代表从领导权变激励到越轨创新行为；差异性检验为校正偏差的 Bootstrapping 1 000；a 为 95% 的置信区间；b 为 99.5% 的置信区间；* 表示 p < 0.05，** 表示 p < 0.01，*** 表示 p < 0.001。

4.5.4.4 领导权变激励的延时效应检验

根据王尧等（2019）的建议，本书在个体内层面上进一步考察了领导权变激励的延时效应，即领导权变激励行为（day_t）对员工次日工作旺盛感（day_{t+1}）和越轨创新行为（day_{t+1}）的影响。采用滞后一天的数据进行匹配，得到 89 名员工的 356 份滞后交叉数据，鉴于篇幅不再呈现回归分析表格，仅对关键数据结果进行呈现：员工感知的领导权变激励显著正向影响员工次日的工作旺盛感（$\beta = 0.233$，$p < 0.001$）；员工感知的领导权变激励显著正向影响员工次日的越轨创新行为（$\beta = 0.456$，$p < 0.001$）。因此，H17 得以验证。

4.5.4.5 研究结果与讨论

本书研究检验了领导权变激励对越轨创新行为的影响、领导权变激励作用于越轨创新行为的中介机制及中介机制存在的边界条件、领导权变激励的延时效应，结果如表 4 − 21 所示。

表 4 − 21 假设检验结果汇总

编号	假设内容	结果
H13	领导权变激励正向影响员工的每日越轨创新行为	支持
H14	员工的每日工作旺盛感在领导权变激励与每日越轨创新行为之间起中介作用	支持
H15	自我提升价值观正向调节每日工作旺盛感与每日越轨创新行为的关系	支持
H16	员工的自我提升价值观正向调节每日工作旺盛感在领导权变激励与每日越轨创新行为之间的中介效应	支持
H17	领导权变激励（day_t）对员工次日的工作旺盛感（day_{t+1}）和越轨创新行为（day_{t+1}）具有显著正向影响	支持

H13 提出的是领导权变激励正向影响员工的每日越轨创新行为，检验结果支持了这一假设。领导权变激励会显著调动个体开展角色外工作，进行灵活性的权变评估，拒绝根据个体行为表征作出简单判断，减轻了员工借助越轨形式从事创造性活动的事前心理负担和事后成本。所以领导权变激励正向影响员工的每日越轨创新行为的研究结果成立。

H14 提出的是员工的每日工作旺盛感在领导权变激励与每日越轨创新行为之间起中介作用，检验结果支持了这一假设。领导权变激励作为一种外部激励，将员工工作旺盛感作为激励后的一种知觉体验，将越轨创新行为作为一种反应，识别出员工工作旺盛感在领导权变激励和越轨创新行为关系间具有重要的传导作用，即领导对员工作出权变激励行为后，不仅会对其越轨创新行为产生直接影响，同时会激活个体工作旺盛感，进一步转化为越轨创新行为。因此，员工的每日工作旺盛感在领导权变激励与每日越轨创新行为之间起中介作用的研究结果成立。

H15 提出的是自我提升价值观正向调节每日工作旺盛感与每日越轨创新行为的关系，检验结果支持了这一假设，说明与低自我提升价值观的个体相比，高自我提升价值观的个体更易将工作旺盛感转化为越轨创新行为。自我提升价值观往往引导员工履行超越本职角色的工作和责任，所以在工作场所体验到工作旺盛感后，会在自我提升价值观的驱动下，主动将充沛的能量、动力和资源投身于工作之外的创新，借助冗余精力更多地开展越轨创新行为。所以自我提升价值观正向调节每日工作旺盛感与每日越轨创新行为间关系的研究结果成立。

H16 提出的是员工的自我提升价值观正向调节每日工作旺盛感在领导权变激励与每日越轨创新行为之间的中介效应，检验结果支持了这一假设，说明相较于低自我提升价值观的个体，高自我提升价值观个体每日工作旺盛感的中介作用更强。领导权变激励会释放价值提升和奖励给予的信号，自我提升价值观高的个体往往更关注工作当中可以促进自我提升的潜在机会，所以他们对此会表现出更高的工作热情与活力，具备更高水平的工作旺盛感，进而实施越轨创新行为。因此，员工的自我提升价值观正向调节每日工作旺盛感在领导权变激励与每日越轨创新行为之间中介效应的研究结果成立。

H17 提出的是领导权变激励（day_t）对员工次日的工作旺盛感（day_{t+1}）和越轨创新行为（day_{t+1}）具有显著正向影响，检验结果支持了这一假设。借助经验取样法，本书研究结果发现，领导权变激励（day_t）不仅可以激活员工每日工作旺盛感（day_t）和每日越轨创新行为（day_t），还可以激活员工次日工作旺盛感（day_{t+1}）和次日越轨创新行为（day_{t+1}）。这说明领导权变激励行为可以有效调动和提升员工当天的工作活力知觉，增加员工当日的越轨创新行为，同时长效地调动员工后续的工作旺盛感和越轨创新行为，揭示了领导权变激励对员工感知旺盛感和越轨创新行为影响效应中的即时性和延时性。因此，领导权变激励（day_t）对员工次日的工作旺盛感（day$_{t+1}$）和越轨创新行为（day$_{t+1}$）具有显著正向影响的研究结果成立。

4.6　组织创新氛围对越轨创新行为的影响机制 [*]

已有研究从个体视角和领导视角对越轨创新行为的形成机制进行了较多的探索，但值得注意的是，创新常常是在不确定性中孕育的活动，所以以创新为核心目标的环境往往更推崇工作的自由度和灵活性，个体不必严格遵守组织规范，可以充分发挥自身的潜能，这时越轨创新行为会更容易发生并最终成功被纳入组织正式创新活动中（Criscuolo et al.，2013）。因此，组织的创新氛围会对越轨创新行为的产生有重要的影响。

然而，现有基于组织视角对越轨创新行为形成机制的研究还存在一些研究不足。

（1）忽视了组织创新氛围对越轨创新行为的影响。有研究指出，员工感受到组织为其提供一种鼓励创新的工作环境时，能够改善员工取得创新性成果的信念（杨晶照、杨东涛、赵顺娣、姜林娣，2012），并使其成为开展越轨创新行为的强大内在支持力量（Malik，Butt and Choi，2015）。组织创新氛围是影响员工创新行为的关键因素（阎亮、张治河，2017），所以其对员工的越轨创新行为也具有较大的影响力。虽然有研究在理论上推演出组织创新氛围与越轨创新行为之间可能存在正相关关系（Globocnik and Salomo，2015），但是缺乏更深入的理论推演以及相关的实证检验，这不利于从组织视角对于越轨创新行为形成的理解。

（2）忽视了创新自我效能感在组织创新氛围与越轨创新行为之间的中介机制。基于社会认知理论，组织创新氛围作为环境信息被员工感知，进而会影响员工自我认知和评价，最终决定他们的行为。组织支持和鼓励创新的环境，有助于解除员工创新活动的后顾之忧，改善员工取得创新性成果的信念即创新自我效能感，进而实施越轨创新行为。但现有研究缺乏从创新自我效能感的角度来探究组织创新氛围与越轨创新行为之间的中介机制，这不利于打开越轨创新行为产生的"黑箱"，无法明晰组织创新氛围与越轨创新行为

---

[*]　本节主要内容发表于《软科学》2019 年第 2 期。

之间的传导机理。

（3）忽视了个人—组织匹配对组织创新氛围影响越轨创新行为过程中的边界作用。社会认知理论提出，环境对个体的影响，可能受到自我引导的替代或限制（Bandura，1986）。这一观点也暗示了组织创新氛围对越轨创新行为的影响可能会受到其他因素的制约。个人—组织匹配是反映个人与组织在价值观等方面的相容性（Kristof，1996）。个人—组织匹配度越高的个体越倾向接受组织价值观，将组织的期望作为行为准则（Yu，2016），组织环境对高个人—组织匹配员工的心理和行为的作用可能更显著（Maia，Bastos and Solinger，2016）。因此，有必要将个人—组织匹配引入组织创新氛围、创新自我效能感、越轨创新行为的理论模型中，探讨其发挥的边界作用。

综上所述，本书基于社会认知理论的视角，引入创新自我效能感拟探讨组织创新氛围影响越轨创新行为的中介机制。同时，纳入个人—组织匹配变量拟探讨组织创新氛围影响越轨创新行为的边界条件。本书将基于社会认知理论的视角探讨组织创新氛围影响越轨创新行为的实质，拓宽越轨创新行为的理论研究，并有效地指导企业的创新管理实践。

4.6.1　理论基础与理论模型构建

4.6.1.1　社会认知理论

对于社会认知理论的具体内容见 4.4.1.1 小节，这里不再赘述。

4.6.1.2　理论模型构建

社会认知理论认为，人类活动是由个体行为、个体认知及其他个体特征、个体所处的外部环境这三种因素交互决定的。在组织中，组织氛围是组织成员的重要外部环境，组织环境会向个体传递关于组织期望其组织成员作出行为的信息。组织创新氛围会鼓励员工大胆地创新，当组织创新氛围较高时，员工的创新热情被激发，但资源有限性的问题也会更加突出。通过正式途径无法实现的创意，极可能通过非正式途径来实现。因此，组织创新氛围是激发越轨创新行为的重要环境因素，很有必要深入探讨两者之间的关系。

社会认知理论强调自我效能感在个体通过观察学习获取知识、技能，之后将其付诸实践过程中的作用，认为自我效能感在个体成功应用习得技能时，能起到重要作用（Bandura，1988）。自我效能感是指个体对自身和外部环境发生相互作用效用性的自我判断，是个体对自己能否顺利完成某一活动所具有的能力判断（Bandura，1977）。蒂尔尼和法默（2002）将自我效能感与阿马比尔的创造力理论相结合，提出了"创新自我效能感"，是指个人对其从事创新性行为的能力与信心的评价。当员工在从事创新活动遭遇挫折时，创新自我效能感的坚定信念可以有效激励员工攻坚克难并持之以恒。根据社会认知理论，组织创新氛围作为环境信息被员工感知，进而会影响员工自我认知和评价，最终决定他们的行为（Bandura，1999）。组织支持和鼓励创新的环境，有助于解除员工创新活动的后顾之忧，改善员工取得创新性成果的信念（杨晶照等，2012）。高创新自我效能感的员工倾向将失败归因为自身创意的不成熟，会继续完善想法以提升创意被组织采纳的可能性，这种面对挫折的意志力无疑成为员工越轨创新行为的强大内在支持力量（Malik et al.，2015）。由此，有必要探讨创新自我效能感在组织创新氛围和越轨创新行为之间的中介作用。

社会认知理论提出，环境对个体的影响，可能受到自我引导的替代或限制（Bandura，1986）。这一观点意味着组织创新氛围对个体认知的作用效果可能会受到其他因素的制约。个人—组织匹配是指组织与员工之间的契合程度。研究发现，当个人与组织的匹配程度较高时，个体更倾向于认同组织目标，并为提高组织效益付出很高的努力。因此，高个人—组织匹配的员工更加容易认同并内化组织创新氛围传递的创新期望，将创新行为界定为自己的行为标准，并提升其创新自我效能感，进而提高实施越轨创新行为的可能性。因此，本书将个人—组织匹配纳入研究模型，探究其在组织创新氛围作用于越轨创新行为过程中的调节作用。

综上所述，本书的理论模型如图4-9所示。

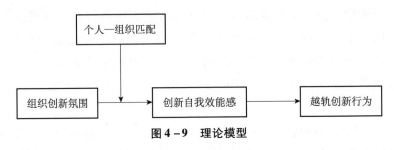

图4-9　理论模型

4.6.2　研究假设

4.6.2.1　组织创新氛围与越轨创新行为

组织创新氛围指个体对于组织环境中支持创新程度的感知（刘云、石金涛、张文勤，2009）。这种感知会影响组织成员的态度、信念、动机、价值观和创新行为，进而影响整个组织的创新能力和创新绩效（杨百寅、连欣、马月婷，2013）。研究发现，当个体对于其所在组织的创新氛围具有较好评价时，他们会形成更高的创新动机，更容易展现创新行为（Qu, Janssen and Shi，2015）。然而受有限创新资源、企业决策过程以及风险因素的限制，一部分创意不会被组织接受。当那些被否定的创新者无法通过正当途径实现自己的创新目标时，他们会产生结构性紧张（Mainemelis，2010）。为了消除结构性紧张带来的愤怒、挫折、危机感，他们可能作出越轨创新行为。这意味着，当组织的创新氛围较强时，一方面员工的创新热情会被激发；另一方面组织资源有限的局限性问题也会更加突出；这会导致员工可能更多地通过非正式途径，即越轨创新行为来践行创新想法。因此，本书提出以下假设。

H18：组织创新氛围正向影响越轨创新行为。

4.6.2.2　创新自我效能感的中介作用

创新自我效能感，是指个人对其从事创新工作的能力与信心的评价（Tierney and Farmer，2002）。社会认知理论的观点认为，个体会根据在组织环境中收集的信息来改善自我认知和评价，构建自我效能感，进而决定他们的行为（Bandura，1986）。具体来说，具有创新氛围的组织崇尚开放与变革，公正地评价员工创新成果，对员工的创意给予物质或精神上的奖励（刘云等，2009），从而强化组织成员的社会说服效应，有效地激发创新自我效能感（王永跃、王慧娟、王晓辰，2015）。同时，组织也会鼓励员工向创新榜样学习，使员工获得创新工作的间接经验，改善自身信心与能力的评价，进而增强创新自我效能感。

个体对自身能力的评价会影响他们与环境互动中的情感反应和思维方式（Bandura，1986）。一方面，高创新自我效能感的个体对自身能力比较自信，愿意投入更多的时间和精力致力于创新活动，对创意的情感投入就越大，当创意被上级禁止时，越容易产生愤怒、沮丧、悲伤的负面情绪，进而产生越轨行为（Mainemelis，2010）；另一方面，创新自我效能感高的个体在寻求解决困难的过程中愿意接受挑战，在上级否决创意后，更倾向于把自己的失败归因为努力不足，会追加投入来证明创意的价值性以说服决策者（黄玮等，2017），即实施越轨创新行为。由此推论，员工创新自我效能感越高，在管理层否决创意后，越能坚持继续完善创意想法，推进创意主张，即开展越轨创新行为。

根据社会认知理论的观点，组织创新氛围作为环境信息被员工感知，进而会影响员工自我认知和评价，最终决定他们的行为（Bandura，1999）。组织支持和鼓励创新的环境，有助于解除员工创新活动的后顾之忧，改善员工取得创新性成果的信念（杨晶照等，2012）。高创新自我效能感的员工倾向将失败归因为自身创意的不成熟，会继续完善想法以提升创意被组织采纳的可能性，这种面对挫折的意志力无疑成为员工越轨创新行为的强大内在支持力量（Malik et al.，2015）。综上所述，本书认为，组织创新氛围不仅对员工越轨创新行为产生直接影响，还可能会通过创新自我效感（中介变量）间接影响员工越轨创新行为。因此，本书提出以下假设。

H19：创新自我效能感中介组织创新氛围和越轨创新行为的关系。

4.6.2.3 个人—组织匹配的调节作用

克里斯托夫（Kristof，1996）将个人—组织匹配（person-organization fit，简称 P-O 匹配）划分为三个维度，他提出，当个体认可组织的目标、文化和价值观时，则实现一致性匹配；当组织可以实现个体在物质、精神以及职业规划等方面的诉求时，人与组织之间形成了需求—供给匹配；如果员工达到组织所期望的态度、承诺、经验等方面的表现时，则为要求—能力匹配（Kristof，1996）。克里斯托夫提出的三维结构具有更加广泛的内涵，区分和涵盖了个人和组织多方面的匹配。综上所述，本书采用克里斯托夫的个人—组织匹配概念。研究表明，个人—组织匹配可以调节工作特征与情感承诺、领导风格与组织认同之间的关系（Maia et al.，2016；肖小虹、刘文兴、汪兴东、丁志慧，2018）。

社会认知理论提出，环境对个体的影响，可能受到自我引导的替代或限制（Bandura，1986）。这一观点意味着组织创新氛围对个体认知的作用效果可能会受到其他因素的制约。根据社会认知理论和以往的研究成果，本书认为，个人—组织匹配可能会调节组织创新氛围和创新自我效能感两者的关系。

由于高个人—组织匹配的个体会比较倾向于认同组织的目标，乐于积极主动地完成组织的任务，在工作中表现出更高的组织情感承诺（Kristof，1996；Yu，2016），因而会更加关注组织的期望并表现出高度符合组织要求的行为（刘志彪，2018）。因此，高个人—组织匹配的员工可能对组织创新氛围更加敏感，积极理解组织的期望，将创新行为界定为自己的行为标准，从而加强员工主动模仿和学习的动力，有利于提升其创新自我效能感。因此，本书提出以下假设。

H20：个人—组织匹配正向调节组织创新氛围与创新自我效能的关系。

创新自我效能感对组织创新氛围给越轨创新行为的影响起中介作用，而个人—组织匹配正向调节组织创新氛围与创新自我效能感的关系，故本书提出一个有调节的中介模型，即当个人与组织匹配程度越高时，组织创新氛围会显著增强创新自我效能感，进而激发员工越轨创新行为。因此，本书提出以下假设。

H21：个人—组织匹配正向调节创新自我效能在组织创新氛围与越轨创新行为之间的中介作用。

4.6.3　研究设计

4.6.3.1　测量工具

（1）组织创新氛围。采用刘云等（2009）开发的五维度 15 题项量表。示例题项："公司崇尚自由开放与创新变革"。

（2）个人—组织匹配。采用三维度 9 题项量表（Cable and DeRue，2002）。示例题项："工作要求与我拥有的技能相匹配"。

（3）创新自我效能感。采用蒂尔尼和法默（2002）开发的创新自我效能感量表。他们认为，创新自我效能可以从以下四个方面概括：擅长提出新的观点、对创造性解决问题有信心、善于用新的方法解决问题以及可以使他人的想法更加完美。

（4）越轨创新行为。采用林等（2015）开发的越轨创新行为量表。量表共 9 题项，信效度良好，示例题项："我会继续完善某些新方案或新设想，即使这些方案或想法没有得到上级的认可"。

（5）控制变量。文献回顾发现，教育程度、工作年限以及职位层次可能会影响员工创新行为，因此，本书将上述 3 个人口统计学变量作为控制变量。

4.6.3.2 研究对象与数据收集

样本来自山东、北京、黑龙江、吉林、江苏等地，涉及的行业包括高新技术、互联网、金融、教育、制造业等。共有 370 名被试人参与，其中，有效问卷 316 份。男性占 50.6%，女性占 49.4%；研究对象的学历水平以本科以上为主，具体而言，高中/中专及以下的占 7.9%，本科的占 67.1%，硕士及以上的占 25%；工作一年及其以下的占 23.7%，1~5 年的占 63.9%，5 年及其以上的占 12.4%；普通员工占 71.5%，管理人员占 28.5%。

4.6.4 数据处理与分析

4.6.4.1 信效度分析

本书中的组织创新氛围量表的 Cronbach's α 系数为 0.876，个人—组织匹配量表的 Cronbach's α 系数为 0.908，创新自我效能感的 Cronbach's α 系数为 0.877，越轨创新行为的 Cronbach's α 系数为 0.939，信度良好。

采用 Mplus 对关键概念"组织创新氛围""个人—组织匹配""创新自我效能""越轨创新行为"之间的区分效度进行了一系列验证性因素分析。检验结果显示，各项拟合指标均达到或接近要求的标准，并且相对于三因素、二因素和单因素测量模型，四因素模型有更好的拟合度（$\chi^2/df = 1.71$，CFI = 0.973，TLI = 0.968，RMSEA = 0.039），因而区分效度良好。

4.6.4.2 共同方法偏差检验

同源方法偏差是采用问卷方法收集数据是时常出现的一个问题，虽然本书研究严格采用匿名的方式，但仍不符合控制同源方法偏差的程序。为检验该问题，本书研究采取 Harman 单因素检验，获得第一个单因子解释的变异量为 24.95%，不到总变异解释量（67.65%）的一半。因此，本书使用的数据同源偏差不严重。

4.6.4.3 描述性统计与相关分析

本书通过 SPSS20.0 对数据进行描述性统计分析，结果如表 4-22 所示。组织创新氛围与创新自我效能感（$r = 0.551$，$p < 0.001$）以及员工越轨创新行为（$r = 0.392$，$p < 0.001$）呈显著正相关，创新自我效能感与越轨创新行为显著正相关（$r = 0.522$，$p < 0.001$）。

表 4 - 22　　　　　　　　　　　　描述性统计与相关分析

变量	均值	标准差	1	2	3	4	5	6
组织创新氛围	3.651	0.661						
个人—组织匹配	3.490	0.737	0.695 ***					
创新自我效能感	3.622	0.788	0.551 ***	0.671 ***				
越轨创新行为	2.947	0.943	0.392 ***	0.501 ***	0.522 ***			
教育程度	2.17	0.549	- 0.073	0.077	- 0.067	- 0.058		
工作年限	1.93	0.700	0.027	0.063	0.020	- 0.109	- 0.448 **	
职位层次	1.35	0.632	0.036	0.140 *	0.143 *	0.049	- 0.991	0.263 **

注：* 表示 $p < 0.05$，** 表示 $p < 0.01$，*** 表示 $p < 0.001$；$N = 316$。

4.6.4.4　假设检验

首先，我们采用层级回归对相关假设进行检验，并将教育程度、工作年限以及职位层次作为控制变量。如表 4 - 23 所示，M5 结果显示，组织创新氛围对越轨创新行为有显著正向影响（$\beta = 0.555$，$p < 0.001$），H18 得到验证。由 M2 可知，组织创新氛围对创新自我效能感表现出显著正向影响（$\beta = 0.649$，$p < 0.001$）。当中介变量进入 M6 后，创新自我效能感正向影响越轨创新行为（$\beta = 0.522$，$p < 0.001$）。此外，组织创新氛围对越轨创新行为的直接效应依然显著（$\beta = 0.216$，$p < 0.01$），因此，创新自我效能感部分中介组织创新氛围与越轨创新行为的关系，H19 得到验证。

表 4 - 23　　　　　　　　　　　　　层级回归结果

变量模型	创新自我效能感			越轨创新行为		
	M1	M2	M3	M4	M5	M6
教育程度	- 0.111	- 0.051	- 0.041	- 0.032	- 0.185	- 0.086
工作年限	- 0.061	- 0.052	- 0.057	- 0.048	- 0.254 *	- 0.227 *
职位层次	0.187 *	0.165 **	0.089	0.072	0.112	0.026
组织创新氛围		0.649 ***	0.207 **	- 0.244	0.555 ***	0.216 **
创新自我效能感						0.522 ***
个人—组织匹配			0.582 **	0.103		
组织创新氛围 × 个人—组织匹配				0.131 *		
R^2	0.26	0.320	0.470	0.480	0.182	0.309
F	2.734 *	36.618 ***	54.908 ***	47.468 ***	17.271 ***	27.787 ***

注：* 表示 $p < 0.05$，** 表示 $p < 0.01$，*** 表示 $p < 0.001$。

其次，检验个人—组织匹配的调节作用。M4 在加入组织创新氛围和个

人—组织匹配的交互项后，交互项的影响显著（$\beta = 0.131$，$p < 0.05$），H20
得到验证。为进一步明确调节的方向，绘制了个人—组织匹配调节效应图。
如图4-10所示，个人—组织匹配起正调节作用，即个人—组织匹配越高，
组织创新氛围对创新自我效能感的作用越强。

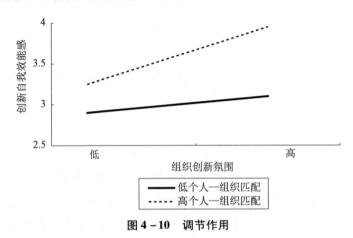

图4-10　调节作用

最后，我们检验有调节的中介模型是否成立。根据温忠麟等（2014）的
方法：在验证有调节的中介模型和有中介的调节时，他构建了以下三个方程：

$$Y = c_0 + c_1 X + c_2 U + c_3 UX + e_1 \qquad (4-1)$$

$$W = a_0 + a_1 X + a_2 U + a_3 UX + e_2 \qquad (4-2)$$

$$Y = c_0' + c_1' X + c_2' U + b_1 W + b_2 UW + e_3 \qquad (4-3)$$

根据方程（4-2）可知，X 对 W 的效应是 $a_1 + a_3 U$，根据方程（4-3）
可知，W 对 Y 的效应是 $b_1 + b_2 U$，因此，X 经过 W 对 Y 的效应为 $(a_1 + a_3 U)$
$(b_1 + b_2 U)$，经整理后为 $a_1 b_1 + (a_1 b_2 + a_3 b_1) U + a_3 b_2 U^2$。根据温忠麟等
（2014）的观点，若采用 Bootstrap 法得到 $a_3 b_1$ 置信区间不包含 0，则意味着
模型的前半段受到调节。结果如表4-24所示，a_3 和 b_1 的置信区间结果都不
包含 0，即 H21 得到验证。

表4-24　　　　　　　　　　　系数 a_3 和 b_1 的置信区间结果

系数	95% 置信区间	
	Lower	Upper
a_3	0.051	0.230
b_1	0.409	0.640

4.6.4.5　研究结果与讨论

本书检验了组织创新氛围对越轨创新行为的影响、组织创新氛围作用于越轨创新行为的中介机制及中介机制存在的边界条件，研究结果如表 4 - 25 所示。

表 4 - 25　　　　　　　　　　　假设检验结果汇总

编号	假设内容	结果
H18	组织创新氛围正向影响越轨创新行为	支持
H19	创新自我效能感中介组织创新氛围和越轨创新行为的关系	支持
H20	个人—组织匹配正向调节组织创新氛围与创新自我效能的关系	支持
H21	个人—组织匹配正向调节创新自我效能在组织创新氛围与越轨创新行为之间的中介作用	支持

H18 提出组织创新氛围正向影响越轨创新行为，检验结果支持了这一假设，说明组织创新氛围有助于提升员工的越轨创新行为水平。高组织创新氛围下，员工的创新热情会被激发，员工会克服有限组织资源的限制，通过非正式途径来实现创新想法，即越轨创新行为。组织创新氛围正向影响越轨创新行为的研究结果成立。

H19 提出创新自我效能感中介组织创新氛围和越轨创新行为的关系，检验结果支持了这一假设。鼓励创新的环境有助于解除员工创新活动的后顾之忧，提升其创新自我效能感。高创新自我效能感的员工倾向将失败归因为自身创意的不成熟，会继续完善想法以提升创意被组织采纳的可能性，这种面对挫折的意志力无疑成为员工越轨创新行为的强大内在支持力量（Malik et al.，2015）。因此，创新自我效能感中介组织创新氛围和越轨创新行为之间关系的研究结果成立。

H20 提出个人—组织匹配正向调节组织创新氛围与创新自我效能的关系，检验结果支持了这一假设，说明与个人—组织匹配水平低的情况相比，高个人—组织匹配情况下组织创新氛围更易培养员工的创新自我效能感。高个人—组织匹配的个体会比较倾向于在工作中表现出更高的组织情感承诺（Yu，2016），更容易将组织的创新氛围内化到自身的行为中，从而加强主动探索的动力，进而提升其创新自我效能感。所以个人—组织匹配正向调节组织创新氛围与创新自我效能的关系的研究结果成立。

H21 提出个人—组织匹配正向调节创新自我效能在组织创新氛围与越轨

创新行为之间的中介作用，检验结果支持了这一假设，说明与低个人—组织匹配的情况相比，高个人—组织匹配的情况下，创新自我效能感的中介作用更强。已有研究显示，个人—组织匹配可以调节工作特征与情感承诺、领导风格与组织认同之间的关系（Maia et al.，2016）。高个人—组织匹配的个体不仅能在工作中表现出更高的组织情感承诺，还会比较倾向于认同组织的目标，乐于战胜困难实现预期有利于组织的目标。因此，高个人—组织匹配的个体更容易在组织创新氛围的影响下提升创新自我效能感，进而实施越轨创新行为。因此，个人—组织匹配正向调节创新自我效能在组织创新氛围与越轨创新行为之间的中介作用的研究结果成立。

4.7　本章小结

目前关于越轨创新行为形成机制的探讨，学术界主要通过三种视角（个体视角、领导视角、组织视角）展开。研究发现，个体视角下的人格特质和认知因素（杨剑钊、李晓娣，2019；陈超等，2020）、领导视角下的非伦理领导行为（刘晓琴，2017）和变革型领导（王弘钰、邹纯龙，2019）、组织视角下的工作特性（刘博、赵金金，2018）和规范制度（金玉笑等，2018）均会促使越轨创新行为的产生。但是现有文献中，个体视角的研究缺乏自我验证视角下资质过剩感对越轨创新行为的影响机制研究，这不利于全面地理解资质过剩感与越轨创新行为之间的关系；领导视角的研究缺乏差序式领导、悖论式领导和领导权变激励对越轨创新行为的影响及作用机制研究，其不利于实业家和学者们从中国情境下的领导风格、悖论思维式管理方式以及企业激励这三个角度来理解越轨创新行为的形成过程；组织视角的研究缺乏组织创新氛围对越轨创新行为的影响及作用机制研究，这不利于深入地理解组织情境与越轨创新行为产生之间的作用机理。为弥补以上不足，本章分别构建了资质过剩感、差序式领导、悖论式领导、领导权变激励以及组织创新氛围与越轨创新行为之间的作用机制。这有助于厘清越轨创新行为形成的关键决定因素并揭示相关作用路径，进而推动越轨创新行为理论的构建。

为提高研究的科学性和严谨性，本章通过全面的文献梳理，对每一个研究的理论模型详尽论述了模型的构建过程，夯实了理论基础，并在此基础上进行了科学的实证检验。首先，对构念量表的信效度进行了分析，保证测量的准确性。其次在研究设计上和统计上两个方面保证测量结果没有受到共同方法偏差的负面影响。通过对本章所提假设的检验，证明了本章所提模型的合理性。结果显示，资质过剩感能够通过证明目标导向作用越轨创新行为，未来关注是该中介路径的边界条件；差序式领导能够通过心理特权作用越轨创新行为，认知冲突是该中介路径的边界条件；悖论式领导通过角色宽度自我效能感激发越轨创新行为，主动性人格是该中介路径的边界条件；领导权变激励能够通过工作旺盛感激发越轨创新行为，自我提升价值观是该中介路径的边界条件；组织创新氛围能够通过创新自我效能感作用于越轨创新行为，个人—组织匹配是该中介路径的边界条件。研究结果丰富了越轨创新行为理论的前因变量和作用机制研究，同时也拓展了自我验证理论、差序格局理论、社会认知理论、综合激励模型理论的应用范围，为组织管理员工越轨创新行为等实践提供了方向，具有较强的理论意义和现实意义。

第5章 越轨创新行为的作用效果

5.1 问题提出

为更好地实现创新驱动发展，学者们致力于破解"越轨创新—创新绩效"的关系，并对"个体层面下如何引导越轨创新行为对个体创新绩效产生积极作用？团队和组织层面下越轨创新是否以及如何对创新绩效产生影响？"等问题分外关注。针对上述问题，学者们产生一系列有价值的研究成果。具体来看，个体创新绩效上，越来越多的学者指出，边界条件是解答"越轨创新行为促进还是抑制个体创新绩效"这一问题的重要途径之一（Criscuolo et al.，2014；赵斌等，2019），并初步探究了创新自我效能、创造力等个体因素，领导态度和行为，组织成员越轨创新频率等组织层面因素对越轨创新行为影响个体创新绩效的边界意义（赵斌等，2019；王弘钰、万鹏宇，2020；黄玮等，2017）；团队组织创新绩效上，吴颖宣等（2018）的实证研究提出团队建言水平与工作自主性在促进越轨创新行为提升团队创新绩效过程中的调节作用，梅因梅利斯（Mainemelis，2010）在理论上提出通过越轨方式实施的创意往往更加激进，蕴含的风险也更大，但一旦成功，更有可能为组织带来颠覆性创新成果，推动组织发展。

尽管现有研究认识到深入探讨越轨创新行为作用效果的必要性和价值性（Augsdorfer，2005；Mainemelis，2010；Criscuolo et al.，2014），并产生了一系列具有启发性的研究成果，但仍存在三点不足，具体如下。

（1）未能充分揭示越轨创新行为促进个体创新绩效的边界条件。现有研究对于个体层面下越轨创新行为促进个体创新绩效转化的边界条件的探究还不够充分，缺乏对以下三种会产生关键作用的组织或领导因素的关注：第一，忽视了组织创新氛围对越轨创新行为与个体创新绩效关系的调节作用。创新氛围高的组织往往与越轨创新行为的资源需求形成互补性匹配，能够为越轨创新行为的孵化和成长提供良好的资源补给，有助于实现个体创新绩效收益（刘镜、赵晓康、沈华礼，2020）。可见，组织创新氛围可能是影响越轨创新行为向个体创新绩效转化的重要因素。然而，以往研究过于强调个体层面创新要素对于越轨创新行为成功与否的边界意义，忽视了组织创新氛围这一组织层面创新要素的边界意义，无法有力地解决越轨创新行为如何促进个体创新绩效的问题。第二，忽视了领导权变激励对越轨创新行为与个体创新绩效关系的调节作用。领导权变激励强调效能优先和柔性管理，能够减轻员工借助越轨形式开展创新行为之后的心理负担，使个体全身心地投入越轨创新方案的完善中，利于个体创新绩效的提升（周春城，2019）。可见，领导权变激励对越轨创新行为与个体创新绩效的关系具有重要的调节作用，在创新行为多元化、复杂化的背景下尤为凸显。然而，现有研究关注领导"非赏即罚"态度对越轨创新行为与个体创新绩效间的边界意义，滞后于灵活权变的管理实践，更与管理实际不符，难以为企业权变管理员工的越轨创新行为提供全面的借鉴。第三，忽视了领导容错性对越轨创新行为与个体创新绩效关系的调节作用。当员工创新想法与规范冲突时，领导容错性的及时疏导使冲突停留在认知和观点层面，而不是激化到情感层面，不会影响创新工作和绩效取得的实质进展（马跃如、蒋珊珊，2020）。然而，现有研究忽视了具有中国文化特色的领导容错性对越轨创新行为与个体创新绩效关系的调节作用，无法用东方领导智慧解答问题。引入领导容错性这一具有本土特色的东方领导方式，更能以一种包容的领导方式处理创新中手段偏差、目的忠诚的矛盾，推进越轨创新行为研究的本土化。上述三点不足导致越轨创新行为对个体创新绩效的积极影响无法通过强有力的调节变量彻底解答，难以为组织领导管理并推动越轨创新行为的绩效转化提供有效借鉴。

（2）未能深入分析越轨创新作用效果的多层次动态演化机制。在团队和组织层面上，现有研究主张"越轨创新—创新绩效"呈现出直接因果关系链，缺乏对越轨创新作用效果多层次动态演化机制的深入探索，具体表现在以下两个方面：第一，未能充分揭示越轨创新对团队创造组织创新的影响过程与内在机制。针对越轨创新的实现问题，现有研究过于强调越轨创新成功的外部情境（赵斌等，2019；Lin et al.，2016；Criscuolo et al.，2014），而对越轨创新行为影响过程及内在机制的研究却相对滞后，也未能充分解决越轨创新低效的问题。事实上，越轨创新发起者如何驱动和干预，以实现越轨创新影响组织的微观过程可能是助力创新成功的关键，即探寻越轨创新自下而上有效推动组织创新的内在机制成为当务之急。第二，未能系统剖析越轨创新影响过程的多层次动态演化。现有对越轨创新影响效果的研究多从静态视角出发，忽视其作用效果的空间延展性和时间持续性，无法完整地展示越轨创新在发展的过程中呈现出多层次动态演进特征。创意过程理论提出创意过程是一个涉及多阶段，跨域个体、团队和组织多个层次的过程（Perry – Smith et al.，2017）。可见起源于组织中的某一层级的越轨创新事件，随着创意过程的推进，其影响后果可能催生、传递或延伸到其他层次（陈建安等，2021），展现出发展性和变化性。例如，创意如何获得管理者的采纳以实现项目的合法性？在获得合法化后如何带动组织发展？诸如此类问题，单一层面静态视角下的研究仍难以解答，不利于对企业创新实践形成切实有效的指导，有待学者从动态视角深入挖掘越轨创新的多层次作用效果。

（3）缺乏案例研究方法的应用。现有越轨创新对创新绩效的研究中，更多采用的是定量研究方法（黄玮等，2017；吴颖宣等，2018），缺乏定性研究方法，特别是案例研究方法的使用，致使现有研究方法过于单一。案例研究的优势在于能够对具体典型案例进行"解剖"式分析，揭示其发展脉络和演进过程，以形成对某一社会现象全面且深入的分析（Eisenhardt，1989），这将有助于解释越轨创新这一特殊现象背后所引发的动态过程。因此，有必要结合案例研究设计，深入观察越轨创新事件如何经历创意细化、倡导和采纳等多个阶段，以及越轨创新事件实施者如何发挥主观能动性实现跨层级影响。

综上所述，为弥补上述研究不足，本书从以下两个方面入手：首先，本书通过引入组织创新氛围（组织情境）、领导权变激励和领导容错性（领导情境）来尝试回答"越轨创新行为何时促进个体创新绩效"的问题。旨在进一步深化认识越轨创新行为促进个体创新绩效正向转化的边界条件，并为企业权变管理员工的越轨创新行为提供全面的借鉴。其次，通过案例研究，结合事件系统理论和创意过程理论，分析越轨创新事件发展过程中的多层次动态演化机制，尝试回答"越轨创新行为如何作用于团队创造、组织创新"的问题。旨在突破传统视角的局限，拓展越轨创新作用效果讨论的广度和深度。

5.2　越轨创新行为对个体创新绩效的作用机制 *

在越轨创新行为的研究领域，越轨创新行为对个体创新绩效"赋能"还是"负担"是学界和管理者关注的核心问题。学者指出，外部情境是影响越轨创新行为成功或失败的重要边界，也是解决上述问题的重要途径（Criscuolo et al.，2014；赵斌等，2019）。以往研究通过实证检验了个体创造力、地位等会促进越轨创新行为向个体创新绩效的积极转化（黄玮等，2017），通过实证验证了领导态度和行为也会影响越轨创新行为向个体创新绩效的转化（赵斌等，2019），通过理论推断出组织整体创新水平、组织成员越轨创新频率作为组织层面因素会推动越轨创新行为向个体创新绩效的转化（Criscuolo et al.，2014）。前人研究初步探究了越轨创新行为提升个体创新绩效的边界，丰富了越轨创新行为与个体创新绩效的边界研究，但是以往研究仍存在以下三点不足。

（1）忽视了组织创新氛围对越轨创新行为与个体创新绩效关系的调节作用。以往研究通过实证检验了创新自我效能、创造力等个体层面创新要素对越轨创新行为影响个体创新绩效的边界意义（王弘钰等，2020；黄玮等，2017），对组织创新氛围等组织层面创新要素的边界意义却鲜有关注（Cosh, Fu and Hughes，2012；Waheed et al.，2019）。根据个人—组织匹配理论，创新氛围高的组织往往与越轨创新行为的资源需求形成互补性匹配，高创新氛围组织中创新想法、活性知识等为越轨创新行为的孵化和成长提供了良好的资源补给，有助于实现创新绩效收益（刘镜等，2020）。然而，以往研究过于强调个体层面创新要素对于越轨创新行为成功与否的边界意义，不仅忽视了组织创新氛围这一组织层面创新要素的边界意义，更无法有力地解决越轨创新行为如何促进个体创新绩效的问题。因此，有必要在组织创新氛围的组织情境下揭示越轨创新行为对个体创新绩效的正向影响。

（2）忽视了领导权变激励对越轨创新行为与个体创新绩效关系的调节作用。现有探究领导因素对越轨创新行为与个体创新绩效的边界研究仍处于单一化状态，在实际管理中，领导是对所有的创新行为都表现出支持吗？显然更多的是基于具体情况的柔性灵活赏罚，即领导权变激励（Buengeler et al.，

---

* 本节写作参考万鹏宇（2020）博士论文第 4 章内容。

2016）。领导权变激励强调效能优先和柔性管理，能通过针对性的奖酬激励，对员工越轨创新等具有风险的建设行为提供支持与奖励，调动个体绩效创造的积极性（Yang et al.，2019）。因此，领导权变激励对越轨创新行为与个体创新绩效的关系具有重要的调节作用，在创新行为多元化、复杂化的背景下尤为凸显。然而，现有研究关注领导"非赏即罚"态度对越轨创新行为与个体创新绩效间的边界意义，滞后于灵活权变的管理实践，更与管理实际不符，难以为企业权变管理员工的越轨创新行为提供全面的启发借鉴，更无法有效地解答越轨创新行为如何促进个体创新绩效的问题。因此，有必要就领导权变激励对越轨创新行为与个体创新绩效关系的调节作用展开探讨。

（3）忽视了领导容错性对越轨创新行为与个体创新绩效关系的调节作用。越轨创新行为面临双重"困境"，即手段的非法叛逆性与过程的探索试错性，领导的宽容处理方式是越轨创新者想法被叫停或完善推进的重要情境要素（马跃如、蒋珊珊，2020；Edmondson，2006）。领导容错会给予员工越轨创新想法再次展示和完善的机会、空间，有助于提升员工的组织认同感，激发员工对越轨创新行为的思考，利于员工绩效结果的改进和优化（Tang，Jiang and Chen，2015；Carmeli，Reiter-Palmon and Ziv，2010）。然而，现有研究忽视了具有中国文化特色的领导容错性对越轨创新行为与个体创新绩效关系的调节作用，无法用东方领导智慧解答问题。引入领导容错性这一具有本土特色的东方领导方式，更能以一种包容的领导方式处理创新中手段偏差、目的忠诚的矛盾，推进越轨创新行为的本土化研究，为企业领导管理并推动越轨创新行为的绩效转化提供有效借鉴。因此，有必要在领导容错性的东方领导情境下探究越轨创新行为对个体创新绩效的影响。

综上所述，本节拟通过构建组织创新氛围、领导权变激励和领导容错性的情境，揭示越轨创新行为正向影响个体创新绩效的边界，尝试回答"越轨创新行为何时促进个体创新绩效"的问题，最终从情境边界的角度厘清越轨创新行为如何推动个体创新绩效的问题。

5.2.1 理论基础与理论模型构建

5.2.1.1 个人—环境匹配理论

个人—环境匹配理论在组织行为学领域的应用主要向两个方向发展。一个方向是个人—环境不匹配带来的消极影响：霍兰德（Holland，

1959）首先对个人—环境匹配理论中的个体特征进行了广义的概念化定义，个体特征包括个体行为特征、个体人格特征等，具体到变量上，价值观、兴趣、任务偏好、角色偏好、技能、能力、解决问题的方法和自我形象等被学界广泛探讨。进一步地，霍兰德（1959）通过研究指出，当个体的这些特征和目前所从事工作的需求不匹配时，就会导致不佳的表现，极低的工资绩效。随后，个体—环境不匹配模型被提出和应用，该模型指出，个体—环境不匹配或者不适应被视为压力、疾病等不良后果的前兆（Edwards，2008），该模型得到卡普兰（Caplan，1987）等学者的支持和完善。个人—环境不匹配带来消极影响的理论应用在一定程度上为越轨创新行为与某些环境不匹配带来绩效下降的研究提供了借鉴和启发。

另一个方向则主要关注了个人—环境良好匹配对企业和个体的积极意义。伴随着积极心理学的兴起，越来越多的学者关注了个人—环境匹配对企业和个体的积极意义。研究发现，个人与企业环境的良好匹配对企业吸引人才、减少人才流失和提高组织效能的重要作用，个人环境的匹配优化是企业人力资本可持续性、价值最大化和持续竞争优势的重要源泉（Andela and Doef，2019）。个人—环境匹配带来积极影响的理论应用在一定程度上为越轨创新行为与某些环境良好匹配带来绩效提升的研究提供了借鉴和启发。

总体而言，在组织行为学领域，个人—环境匹配理论最终关注的核心是个体特征（包括个体特征行为、个体特质特征、个体目标特征等）与环境（包括领导情境、组织情境、团队情境等）在不同匹配或兼容程度下产生的不同效力，或者说对个体和组织产生的不同结果，特别是绩效、满意度和留职等，被作为个人—环境匹配的个体行为结果进行了广泛探讨（Matta，Scott and Koopman，2015；Markham，Yammarino and Murry，2010）。个人—环境匹配理论在不断应用和检验中，"基于不同的工作环境员工会产生不同结果"的基本观点已经被广泛认可，个人—环境匹配理论的基本前提假设"个体的绩效、态度等个体层面的结果不是由个体因素或环境因素其中之一导致的单方面结果，而是由个体因素和环境因素共同交互影响形成的"也被学界广泛接受和应用（Pervin，1989）。

5.2.1.2　理论模型构建

虽然个人—环境匹配理论在学术研究和管理实践中被广泛关注和讨论，但爱德华兹（2008）指出，个人—环境匹配理论的研究在进入 21 世纪后几乎陷入了停滞的局面，李和安东尼克斯（Lee and Antonakis，2014）呼吁学者重新审视个人环境匹配研究中的文化情境问题，个人—环境匹配理论的两大要素个人和环境均是嵌入于文化环境中的。因此，借助个人—环境匹配理论作为分析工具开展研究，需要结合社会文化背景探讨（Chuang，Hsu and Wang，2015）。有学者发现，相较于嵌入西方个人主义文化情境的个人—工作匹配，个人—组织匹配在东方集体主义文化情境中更具现实价值和研究意义（Kristof-Brown，Zimmerman and Johnson，2005）。庄等（Chuang，2015）更是通过定性研究佐证了这一观点，该团队同时发现，除了克里斯托弗·布朗等（Kristof-Brown et al.，2005）提出的个人与组织匹配，工作中的和谐关系是中国情境下个人—环境匹配理论重点关注的议题。考虑到中国情境下的上下级关系与西方的领导成员关系存在着本质区别，个人—上级匹配也是具有本土意义的研究议题（杨新国、万鹏宇，2017）。综上所述，本书选取个人—环境匹配理论当中的个人—组织匹配和个人—上级匹配两个子理论，作为本节研究的理论支撑。

（1）越轨创新行为和个体创新绩效在概念内涵上等同于个体行为特征和个体行为结果。个人—组织匹配理论重点关注个体特征与组织情境匹配程度引发的绩效、任期、满意度等个体层面结果（Chatman，1989）。个人—组织匹配理论在组织行为学领域的长期应用中，学者们对个体特征的内涵与表现形式不断丰富和扩展，包含了个体行为特征、个体人格特征等。越轨创新行为作为一种兼具"忠诚"和"叛逆"特征的个体行为，具备了典型的个体行为特征，在概念内涵上等同于个人—组织匹配理论当中的个体行为特征。而员工角色内、外绩效（Damen，Van Knippenberg and Van Knippenberg，2008）、工作绩效（Markham et al.，2010）和创造力绩效（Griffith，Gibson and Medeiros，2018）均已纳入个人—环境匹配理论当中，成为学界最关注的个体层面的行为结果，本书的个体创新绩效在概念内涵上等同于个体行为的绩效结果。

（2）组织创新氛围在概念内涵上等同于个人—组织匹配理论中的组织情境。个人—组织匹配理论作为个人—环境匹配理论的子理论，将组织情境从环境构念中分离出来展开针对性研究，重点关注个体特征（包括个体行为特征、个体人格特征等）与组织情境匹配程度引发的个体结果或组织结果（Holland，1959）。查特曼（Chatman，1989）指出，个体特征与组织情境的匹配程度会在组织层面（绩效、人际和合作等）和个体层面（绩效、任期、满意度、承诺、舒适感和能力感）上引发不同的结果，并提出了个人—组织匹配的结果模型。个人—组织匹配理论在组织行为学领域的长期应用中，学者们对组织情境的内涵与表现形式不断丰富和扩展，包含了组织文化、组织氛围、组织目标和组织理念等（张兴贵、罗中正、严标宾，2012），西尔弗索恩（Silverthorne，2004）更是将组织支持型文化和组织创新文化纳入个人—环境匹配理论的框架内分析了个人—组织创新文化匹配对员工满意度的影响。组织创新氛围是由组织领导和成员在企业长期发展中共同塑造和培育的，一种崇尚、鼓励并支持创新的良好组织气氛，在概念内涵上等同于个人—组织匹配理论当中的组织情境（刘云、石金涛，2009；Liu，Chow and Zhang，2019；Waheed，Miao and Waheed，2019）。

（3）领导权变激励和领导容错性在概念内涵上等同于个人—上级匹配理论中的领导情境。个人—上级匹配理论作为个人—环境匹配理论的子理论，将领导情境从环境构念中分离出来展开针对性研究，重点关注个体特征（包括个体行为特征、个体人格特征等）与领导情境匹配程度引发的个体结果或组织结果（Muchinsky and Monahan，1987）。个人—上级匹配理论在组织行为的研究中被广泛探讨，领导情境涵盖的范围不断扩大，包括领导的特征、策略、能力和风格等（刘超等，2020）。领导权变激励是一种拒绝根据个体行为表征作出简单判断，通过嵌入情境、把握员工行为本质的严谨分析后再作出奖惩的领导策略（Yang，Li and Liang，2019），领导容错性是领导接受、容忍和宽恕员工不同意见或差错失误的能力（张凯丽、唐宁玉，2016；周星、程坦，2020），两者都反映了领导的管理能力水平，在概念内涵上等同于个人—上级匹配理论中的领导情境。

综上分析，构建理论模型如图 5 - 1 所示，个人—组织匹配理论对解释组织创新氛围带给越轨创新行为和个体创新绩效关系的调节作用具有重要的支撑作用，个人—上级匹配理论对领导权变激励和领导容错性带给越轨创新行为和个体创新绩效关系的调节作用具有重要的支撑作用。

5.2.2　研究假设

5.2.2.1　越轨创新行为与个体创新绩效

主流观点从探索学习优势和资源整合优势的角度探讨越轨创新对个体创新绩效的积极作用（王弘钰等，2020）。在探索学习视角下，个体创新绩效也不全是理性和计划的结果，而是不断探索试错的结果，越轨创新行为正是一种"拓荒式"的创新尝试，具备一定的超前性、大胆性，即"摸着石头过河"，高风险和高回报并存（王弘钰等，2020），帮助个体探索未知领域并获得新的知识（黄玮等，2017），掌握工作开展的新思路和新方法，并最终取得创新绩效（Kim and Choi，2018；王弘钰等，2020；王艳子、张婷，2020）。该视角通过强调创新行为对固有轨迹的突破，论证了越轨创新行为对个体创新绩效的积极作用（王弘钰等，2020；Enkel and Gassmann，2010）。资源整合优势视角认为，越轨创新行为是个体自发、主动开展的创新行为，在资源结构紧张的情境下对组织创新作用更加明显（王弘钰等，2020；江依，2018）。个体放弃了需要通过烦琐程序、说服领导从而获批的组织资源，如同组织中的"清道夫"，挖掘那些潜在的、冗余的或被遗忘的碎片化资源，化零为整，甚至通过争取或借助非工作时间、社会人脉搜索资源，通过融合创新想法进行资源整合，从而创造更高的个体创新绩效（王弘钰等，2020）。基于此，越轨创新行为可以作为非传统想法实现的渠道，在一定程度上推迟了组织对其创意进行监测和评估的时间，直到创意想法得到更好的完善和发展，最终在更合适的时间和环境下呈现给组织（赵斌等，2020）。

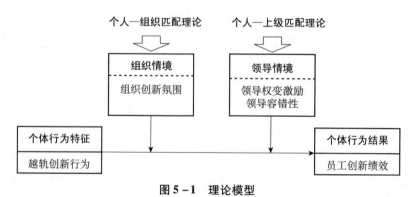

图 5-1　理论模型

　　鉴于此，本书认为，越轨创新行为总体上正向影响个体创新绩效，但在何种情境下更能促进个体创新绩效的问题将在本章的后续研究中解答。综上所述，本书提出以下假设。

　　H22：越轨创新行为总体上正向影响个体创新绩效。

　　5.2.2.2　**组织创新氛围的调节作用**

　　组织创新氛围是由组织领导和成员在企业长期发展中共同塑造和培育的，一种崇尚、鼓励并支持创新的良好气氛（刘云等，2009；Liu et al.，2019）。

更具体地说，是指组织成员关于组织情境对其创新开展鼓励和支持程度的评价和心理知觉（刘云等，2009；Amabile，1997；顾远东、彭纪生，2010）。随着创新时代的到来，相比财务资源、人力资源等有形资源，创新氛围作为无形资源，更能以"情境催化剂"的形式潜移默化地激活组织和员工创新的积极性（苗仁涛、曹毅，2020；Hsu and Fan，2010）。根据个人—组织匹配理论，组织创新氛围是解答越轨创新行为与个体创新绩效关系不一致问题的重要组织情境（Kristof-brown et al.，2005；Bock，Zmud and Kim，2005），具体而言包括以下两个方面。

（1）组织创新氛围为越轨创新行为的创新绩效转化提供了环境助力。在高创新氛围的组织内，全员崇尚创新、鼓励创新，组织内成员的多元创新行为常常受到组织的高度认可与重视（Liu et al.，2019），作为益于组织创新收益的行为被鼓励和倡导（钟熙、付晔、王甜，2019）。因此，高组织创新氛围下，成员不会因为越轨创新员工的"叛逆"特征而拒绝与之交流、合作。另外，根据个人—组织匹配理论，组织创新氛围与越轨创新行为从事者均拥有较强的创新主张，均把创新收益作为成长目标，在主张和目标上具有较高的一致性，越轨创新行为的开展更为顺利，易于实现绩效转化（王弘钰等，2019）。因此，组织创新氛围作为环境助力，推动越轨创新行为向个体创新绩效转化。

（2）组织创新氛围为越轨创新行为的转化与成熟提供了探索和成长空间。良好的组织创新氛围对创新试错和多元创新行为的包容性和容错性更强，越轨创新行为不会被视为异类而被过度议论和关注，规避了不良影响，员工自由地表达、尝试和交流新观点和新想法（Bock et al.，2005），这为越轨创新行为主体试错、调整和经验积累创造了有利空间，同时减少了外部质疑和排斥，利于个体创新绩效的提升。而且，高创新氛围下的组织员工往往具备较高效能，敢于从事挑战性工作，从容应对外部压力，进行越轨创新规划并付诸实施，推动创新型资源向创新绩效成果的转化和实现（王弘钰等，2020；Liu et al.，2019）。因此，组织创新氛围为越轨创新行为成熟并最终转变为个体创新绩效提供了宽松的探索与成长空间。

考虑到以上两个方面，本书认为，组织创新氛围正向调节越轨创新行为与个体创新绩效的关系。同时关注低组织创新氛围的情况下，越轨创新行为与组织创新氛围不匹配导致的个体创新绩效下降：第一，在低组织创新氛围下，越轨创新从事者因为时间压力、领导压力等没有足够的时间总结不足和经验，难以调整方向实现方案完善，这将抑制员工的创新绩效；第二，越轨特征使越轨创新行为无法得到组织的正式资源支持和发展指导反馈，低组织创新氛围内创新资源是匮乏和紧张的，无法为越轨创新行为的绩效转化提供资源补充，导致创新绩效下降（Madjar，Greenberg and Chen，2011）。因此，本书认为，在高组织创新氛围下，越轨创新行为正向影响个体创新绩效，在低组织创新氛围下，越轨创新行为负向影响个体创新绩效。因此，本书提出以下假设。

H23：组织创新氛围调节了越轨创新行为与个体创新绩效的关系，即组织创新氛围越高，越轨创新行为对个体创新绩效的正向影响越强。

5.2.2.3 领导权变激励的调节作用

领导权变激励会根据组织内外部情境（如外部环境、内部资源结构）和下属的特征（如性格、行为目的、行为手段）对员工行为进行灵活性的权变评估（Buengeler et al.，2016），是一种拒绝根据个体行为表征作出简单判断，通过嵌入情境、把握员工行为本质的严谨分析后再作出奖惩的领导策略（Yang et al.，2019）。已有研究发现，领导权变激励可以减轻员工借助越轨形式从事创造性活动后的心理压力和事后成本（周春城，2019）。根据个人—上级匹配理论，领导权变激励对越轨创新这一特殊行为的发展起着权变管理的意义，领导是否采取权变激励，将对越轨创新行为的创新绩效结果起着至关重要的作用。

（1）领导权变激励用看似冲突却辩证相依的思维模式来处理组织当中的复杂问题，依据员工行为的本质和目的进行灵活的评价与管理，减轻了员工借助越轨形式开展创新行为的心理负担，利于个体全身心地投入创新绩效创造（周春城，2019）。当权变激励的领导发觉下属的越轨创新行为后，根据下属的不同特点灵活地调整管理方式，不会因为其手段的非法性而贸然阻止，反而会基于其目标的合法性对该行为持观望的态度，对取得一些成效的越轨创新方案给予一定的激励和帮助，利于越轨创新行为成功取得创新绩效。

（2）领导权变激励强调效能优先，允许员工多元化的创新工作方式（周春城，2019）。领导对效能优先的强调与越轨创新行为主体对创新收益的强调实现一致性匹配，减少了越轨创新行为完成绩效创造的阻力，这种关注结果、促进过程自由宽松的领导策略为越轨创新行为向绩效的转化提供了发展空间。

因此，领导权变激励从权变激励和效能优先两个方面推进越轨创新行为向创新绩效的转化。相反，在低领导权变激励的领导情境下，越轨创新行为直接被其表象判定为"叛逆"行为，规范优先远胜于绩效优先，越轨创新行为必然会被领导阻止和惩罚，前期投入也将付诸东流，从而抑制个体的创新绩效（周春城，2019）。因此，领导权变激励对越轨创新行为的创新绩效转化具有重要的调节作用，在创新多元化和复杂化的背景下尤为凸显。综上所述，本书认为领导权变激励强化了越轨创新行为对个体创新绩效的正向影响。因此，本书提出以下假设。

H24：领导权变激励调节了越轨创新行为与个体创新绩效的关系，即领导权变激励越高，越轨创新行为对个体创新绩效的正向影响越强。

5.2.2.4 领导容错性的调节作用

领导容错性是领导接受、容忍和宽恕员工不同意见或差错失误的能力，需要注意的是，员工的错误失误应当是非原则性、不触及法律和道德底线的（张凯丽等，2016；周星等，2020）。虽然关于领导包容的研究由来已久，但是领导容错性与源自西方文化情境的包容型领导存在本质区别，包容型领导关注的是"包"，强调领导对员工（背景、种族、风俗、习惯和信仰等）多样性与差异性的兼容并包，即对差异化和多元化员工的接受和尊重（Carmeli et al.，2010；Hirak，Peng and Carmeli，2012），并没有体现中国文化情境下的"容"。而唐等（Tang et al.，2015）关于包容性的探索研究发现，"容"作为根植于中国传统文化的独特内涵，伴随着东方管理哲学一同发展，领导容错性更契合本土文化情境，是影响员工偏差行为发展趋势的重要情境因素（唐宁玉、张凯丽，2015；Tang et al.，2015）。然而，领导容错性是否作为越轨创新行为绩效转化实现与否的重要情境？又如何放大越轨创新行为对个体创新绩效的积极效应？这些还不得而知。根据个人—上级匹配理论，创新行为到个体创新绩效的结果是一个复杂的过程，并不是一蹴而就的，创新面临着差错、无果甚至歧途，需要不断完善、吸取经验和随时调整方向（万鹏宇、邹国庆、汲海锋，2019；Tang et al.，2015），与领导的匹配合拍对于创新成功格外重要（王弘钰、万鹏宇，2020）。尤其是越轨创新行为更为复杂化和高风险，领导对越轨创新试错的适当鼓励和对员工出于创新收益的"越轨"适当包容，将从以下三个方面助力越轨创新行为的成功：（1）领导容错性为员工被否创意的践行和完善提供机会和空间。具备容错性的领导更能换位思考，理解越轨创新行为主体为组织带来创新收益的良好愿景，为员工提供反馈、指导和资源支持，为越轨创新行为转化为创新绩效提供了领导支持（Hirak et al.，2012；Shore，Randel and Chung，2011）。（2）领导容错性为越轨创新行为转变成个体创新绩效提供了安全的心理环境。领导容错性下的员工更能宽容自身为创新而犯的越轨"错误"，不会将越轨作为心理负担，从而全身心地投入创新方案，更敢于从事创造性的任务，实现创新绩效（Randel，Galvin and Shore，2018）。（3）领导容错性让越轨创新行为从事者从容地"放"。领导容错性中的"容"向员工传递了打破传统、敢于变革和不怕失败的信息，使员工敢于在"容"的领导情境下从容地"放"，加上越轨创新行为是个体好之乐之的创新想法，员工会以更加积极主动的态度推进实施，获取个体创新绩效（Hirak et al.，2012；张凯丽等，2016；周星等，2020）。

相反，在低领导容错性的领导情境下，领导对差错零容忍，注重制度和规范，越轨创新行为会被判定为偏离规范的"错误行为"，被问责和处罚（周洁、张建卫、李海红等，2020）。再者，越轨创新行为是反复试错的过程，其复杂性、风险性、不确定性以及个体的有限理性和预测性注定创新成功无法一蹴而就，曲折和错误难以避免，这些不能被苛刻的低容错性领导接受，必然会被领导阻止和惩罚，从而抑制个体的创新绩效（杜鹏程、贾玉立、倪清，2015）。因此，领导容错性对越轨创新行为的创新绩效转化具有重要的调节作用。

综上所述，本书认为，领导容错性强化了越轨创新行为对个体创新绩效的正向影响，因此，提出以下假设。

H25：领导容错性调节了越轨创新行为与个体创新绩效的关系，即领导容错性越高，越轨创新行为对个体创新绩效的正向影响越强。

综上所述，提出越轨创新行为影响个体创新绩效的情境边界模型，如图 5 - 2 所示。

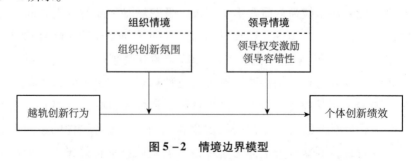

图 5 - 2　情境边界模型

5.2.3 研究设计

5.2.3.1 测量工具

越轨创新行为选取万鹏宇（2021）开发的越轨创新行为量表，共计 12 题项，共包含角色型越轨创新行为、人际型越轨创新行为和组织型越轨创新行为 3 个维度，每个维度分别包含 4 个题项。

组织创新氛围的测量采用刘云和石金涛（2009）编制的组织创新氛围量表（organizational innovation climate scale）。该量表共计 12 个题项，包含 3 个维度。

领导权变激励的测量采用布恩格勒等（Buengeler et al.，2016）编制的领导权变激励量表（leader contingent reward scale）。该量表共计 4 个题项。领导权变激励量表得到中国学者的广泛采用，具有良好的信效度（周春城，2019）。

领导容错性的测量采用张凯丽和唐宁玉（2016）编制的领导容错性量表（leader tolerance scale），量表共计 4 个题项。实证检验发现，领导容错性量表具有良好的信效度（周星等，2020）。

本书将个体创新绩效定义为组织成员对工作方法、程序等进行创新性变革，最终形成的行为结果，例如可行的、高效的、有价值的新方法或新策略（王弘钰、万鹏宇，2020；万鹏等，2019），采用韩翼、廖建桥和龙立荣（2007）编制的量表（innovation performance scale），共计 8 个题项。该量表是国内使用较广泛的创新绩效量表之一，以往研究发现，该量表信效度良好（邹纯龙，2020）。

5.2.3.2 预调查与问卷修订

（1）预调查。为保证正式调研中量表的信效度，本书在初始量表修订后开展了预调查。研究团队向河南、山东和北京的 6 家企业以纸质、电子问卷或作答链接的形式共计发放了 121 份调查问卷，收回问卷 103 份，删除无效作答问卷（依据是否规律填写、测谎量表得分情况、是否漏填等判定）11 份，获得有效问卷 92 份，有效回收率为 76.03%。性别方面，男性 40 人，占比为 43.5%，女性 52 人，占比为 56.5%；年龄方面，25 岁及以下 10 人，占比为 10.9%，26～30 岁 18 人，占比为 19.6%，31～35 岁 22 人，占比为 23.9%，36～40 岁 23 人，占比为 25.0%，41 岁及以上 19 人，占比为 20.7%；受教育程度方面，大专及以下 12 人，占比为 13.0%，本科 65 人，占比为 70.7%，研究生 15 人，占比为 16.3%；工作年限方面，5 年及以内 22 人，占比为 23.9%，6~10 年 20 人，占比为 21.7%，11~15 年 14 人，占比为 15.2%，16 年及以上 36 人，占比为 39.1%；行业方面，通信 IT 行业 34 人，占比为 37.0%，生物医药行业 15 人，占比为 16.3%，机械制造行业 36 人，占比为 39.1%，化工材料行业 7 人，占比为 7.6%。

（2）社会赞许性检验。考虑到华人作答特点与越轨创新行为本身的特征，研究通过检验越轨创新行为和社会称许性的相关性来判断本书研究中是否存在称许性问题。本书引入费希尔和菲克（Fischer and Fick，1993）修订的社会称许性量表进行测量。表 5-1 表明，12 个题项与社会称许性变量相关系数的绝对值均低于 0.2，均未达到显著水平，所以不存在称许性问题。

表 5-1 社会称许性检验

变量	题项	系数	显著性
越轨创新行为	CD1	-0.052	0.623
	CD2	-0.074	0.485
	CD3	-0.029	0.787
	CD4	-0.083	0.432
	CD5	0.009	0.931
	CD6	0.077	0.466
	CD7	0.038	0.717
	CD8	0.075	0.479
	CD9	-0.055	0.604
	CD10	-0.143	0.174
	CD11	0.059	0.574
	CD12	0.092	0.381

（3）问卷修正。杨术（2016）建议在预调查数据处理中应删除 CITC 系数低于 0.3 的"垃圾题项"。本书通过克伦巴赫 α 系数检验各量表的一致性。如表 5-2 所示，在越轨创新行为量表中，量表总体的 α 系数达到 0.886，角色型越轨创新行为、人际型越轨创新行为和组织型越轨创新行为 3 个维度 α 系数分别为 0.909、0.780 和 0.831，12 个题项的 CITC 系数均达到 0.300 的临界值，均符合标准，且删除任一题项均不能使整个越轨创新行为量表和维度的信度水平提升。因此，保留越轨创新行为量表的全部题项。

表 5 - 2　　　　　　　　越轨创新行为的 CITC 系数与信度检验

变量	维度	题项	CITC 系数	删除后 α 系数	维度 α 系数	量表 α 系数
越轨创新行为	角色型越轨创新行为	CD1	0. 562	0. 879	α = 0. 909	α = 0. 886
		CD2	0. 661	0. 872		
		CD3	0. 631	0. 874		
		CD4	0. 645	0. 873		
	人际型越轨创新行为	CD5	0. 640	0. 874	α = 0. 780	
		CD6	0. 431	0. 886		
		CD7	0. 578	0. 877		
		CD8	0. 432	0. 885		
	组织型越轨创新行为	CD9	0. 666	0. 873	α = 0. 831	
		CD10	0. 615	0. 876		
		CD11	0. 608	0. 876		
		CD12	0. 634	0. 874		

如表 5 - 3 所示，组织创新氛围量表的 α 系数为 0. 862，各维度的 α 系数分别为 0. 718、0. 709 和 0. 833，12 个题项中有 2 个题项的 CITC 系数低于 0. 300 的临界值，分别是题项 IC1 和题项 IC5，对应的 CITC 系数分别为 0. 201 和 0. 046，其余 10 个题项的 CITC 系数均达到 0. 300 的临界值，均符合标准。删除题项 IC1 后，该题项所在维度同事支持的 α 系数由 0. 718 变为 0. 803，删除题项 IC5 后，该题项所在维度主管支持的 α 系数由 0. 709 变为 0. 845。删除不达标的题项 IC1 和 IC5 后，组织创新氛围量表的 α 系数上升到 0. 898。因此，在正式调研中删除 2 个题项，保留组织创新氛围量表剩余的 10 个题项。

表 5 - 3　　　　　　　　组织创新氛围的 CITC 系数与信度检验

变量	维度	题项	CITC 系数	删除后 α 系数	维度 α 系数	量表 α 系数
组织创新氛围	同事支持	IC1	0. 201	0. 873	α1 = 0. 718 α2 = 0. 803	α1 = 0. 862 α2 = 0. 898
		IC2	0. 518	0. 853		
		IC3	0. 599	0. 847		
		IC4	0. 751	0. 836		
	主管支持	IC5	0. 046	0. 881	α1 = 0. 709 α2 = 0. 845	
		IC6	0. 741	0. 840		
		IC7	0. 701	0. 842		
		IC8	0. 560	0. 850		

续表

变量	维度	题项	CITC 系数	删除后 α 系数	维度 α 系数	量表 α 系数
组织创新氛围	组织支持	IC9	0.747	0.836	α = 0.833	
		IC10	0.629	0.846		
		IC11	0.529	0.852		
		IC12	0.521	0.853		

注：α1 和 α2 分别为删除题项前和后维度/量表的一致性系数，下同。

　　如表 5 – 4 所示，领导权变激励量表的 α 系数为 0.813，4 个题项的
CITC 系数均达到 0.300 的临界值，均符合标准，且删除任一题项均不能使
整个领导权变激励量表的信度水平提升。因此，保留领导权变激励量表的
全部题项。

表 5 – 4　　　　　　　　　领导权变激励的 CITC 系数与信度检验

变量	题项	CITC 系数	删除后 α 系数	量表 α 系数
领导权变激励	LCR1	0.673	0.746	α = 0.813
	LCR2	0.590	0.785	
	LCR3	0.549	0.811	
	LCR4	0.736	0.718	

　　如表 5 – 5 所示，领导容错性量表的 α 系数为 0.821，4 个题项的 CITC
系数均达到 0.300 的临界值，均符合标准，且删除任一题项均不能使整
个领导容错性量表的信度水平提升。因此，保留领导容错性量表的全部
题项。

表 5 – 5　　　　　　　　　领导容错性的 CITC 系数与信度检验

变量	题项	CITC 系数	删除后 α 系数	量表 α 系数
领导容错性	LT1	0.702	0.751	α = 0.821
	LT2	0.668	0.764	
	LT3	0.656	0.770	
	LT4	0.565	0.812	

　　如表 5 – 6 所示，在个体创新绩效量表中，量表的 α 系数为 0.781，8 个
题项中有 2 个题项的 CITC 系数低于 0.300 的临界值，分别是题项 IP2 和题项
IP8，对应的 CITC 系数分别为 0.212 和 0.164，其余 6 个题项的 CITC 系数均
达到 0.300 的临界值，均符合标准。删除题项 IP2 使得量表的 α 系数从 0.781
变为 0.814，删除题项 IP8 使得量表的 α 系数从 0.781 变为 0.816，同时删除

垃圾题项 IP2 和 IP8 后，个体创新绩效量表的 α 系数为 0.877。因此，在后续调研中采用删除 2 个垃圾题项的个体创新绩效量表。

表 5-6　　　　　　　　个体创新绩效的 CITC 系数与信度检验

变量	题项	CITC 系数	删除后 α 系数	量表 α 系数
个体创新绩效	IP1	0.653	0.731	α1 = 0.781 α2 = 0.877
	IP2	0.212	0.814	
	IP3	0.655	0.730	
	IP4	0.657	0.730	
	IP5	0.701	0.723	
	IP6	0.485	0.757	
	IP7	0.590	0.743	
	IP8	0.164	0.816	

根据田立法（2015）的建议，参考凌玲和卿涛（2013）的做法，通过探索性因子分析分别检验本书中越轨创新行为、组织创新氛围、领导权变激励、领导容错性和个体创新绩效量表的有效性，并将解释方差高于 40% 作为有效性的判别标准。如表 5-7 所示，越轨创新行为、组织创新氛围、领导权变激励、领导容错性和个体创新绩效量表都适合进行因子分析。预调查数据的测试结果显示，本书中越轨创新行为、组织创新氛围、领导权变激励、领导容错性和个体创新绩效测量量表具有良好的有效性。

表 5-7　　　　　　　　　　探索性因子分析结果

变量	KMO	近似卡方	df	显著性	解释方差（%）
越轨创新行为	0.854	625.261	66	0.000	72.526
组织创新氛围	0.854	524.422	45	0.000	74.247
领导权变激励	0.722	137.401	6	0.000	64.838
领导容错性	0.730	144.922	6	0.000	65.622
个体创新绩效	0.826	299.425	15	0.000	62.322

（4）正式调查。正式调查始于 2020 年 8 月 10 日，研究选择河南、山东、广西、吉林、广东和北京等地区的 18 家企业作为调研对象。考虑到本书研究的核心变量越轨创新行为与个体创新绩效的特征，因此，主要向技术研发部门的员工进行问卷投放。为了尽可能地避免同源偏差，呈现不同情境下越轨创新行为到个体创新绩效的动态过程，结合变量的特征，本书研究采取跨时点的方式收集问卷，其中，越轨创新行为量表、组织创新氛

围量表、领导权变激励量表和领导容错性量表在第一次作答，时隔 1 个月后，发放包含个体创新绩效量表和性别、年龄、学历、工作年限、行业等人口学信息的问卷，通过每次填写手机号后 4 位或者员工工号二选一进行匹配。

网络发放主要通过两种方式：第一，在获得部分企业管理层同意的情况下，通过与企业负责人取得联系，取得参与调查的员工列表，通过链接或邮箱，发放电子版问卷；第二，与吉林、广西与河南三所高校的 MBA 班取得联系，通过与班长或班级成员、负责老师等沟通联系，进入班级微信群或者交由他人代为发放链接。纸质版发放主要通过两种方式：第一，通过与企业联系，由本人亲自前往企业按部门或车间发放问卷，随后收回；第二，通过与广西某企业培训公司取得联系，获得其稳定的客户资源并征得客户的同意，委托这些企业的负责人发放问卷，事后通过邮寄等方式转交给本书课题组。研究团队通过发放红包、赠送小礼品和介绍研究目的等方式，最大限度提高被调查者的作答动力（Weng and Cheng, 2000）。

在时间点 1 共计发放问卷 353 份，收回问卷 316 份，借助测谎题量表的设置剔除虚假作答问卷、空白过多及规律答题等不合格的问卷，获得有效问卷 279 份；在时间点 2 发放问卷 279 份，借助测谎题设置剔除虚假作答问卷、空白过多及规律答题等不合格的问卷，获得有效问卷 237 份，剔除无法匹配的问卷 18 份，收回有效匹配问卷 219 份。有效完成 2 次调研的员工中：线上 86 份，线下 133 份。具体情况如表 5 – 8 和表 5 – 9 所示。

表 5 – 8　　　　　　　　　　　线上人口统计学变量

变量	类别	百分比（%）	变量	类别	百分比（%）
性别	男	43.0	工作年限	5 年及以下	19.8
	女	57.0		6 ~ 10 年	33.7
年龄	25 岁及以下	9.3		11 ~ 15 年	23.3
	26 ~ 30 岁	40.7		16 年及以上	23.3
	31 ~ 35 岁	26.7	行业	通信 IT	30.2
	36 ~ 40 岁	7.0		生物医药	26.7
	41 岁及以上	16.3		机械制造	38.4
学历	大专及以下	18.6		化工材料	4.7
	本科	60.5			
	研究生	20.9			

表 5 – 9　　　　　　　　　　　线下人口统计学变量

变量	类别	百分比（%）	变量	类别	百分比（%）
性别	男	45.1	工作年限	5 年及以下	22.6
	女	54.9		6 ~ 10 年	30.8
年龄	25 岁及以下	15.0		11 ~ 15 年	26.3
	26 ~ 30 岁	42.9		16 年及以上	20.3
	31 ~ 35 岁	15.0	行业	通信 IT	33.8
	36 ~ 40 岁	9.0		生物医药	24.8
	41 岁及以上	18.0		机械制造	36.8
学历	大专及以下	20.3		化工材料	4.5
	本科	58.6			
	研究生	21.1			

5.2.4　数据处理与分析

在预调研与正式调研的基础上，本节对越轨创新行为、组织创新氛围、领导权变激励、领导容错性和个体创新绩效之间的关系和假设行进一步检验。

5.2.4.1　信效度分析

（1）信度检验。本书研究在设计之初，参考刘颖（2007）的做法，从世界广泛使用的明尼苏达多项人格测评（MMPI）量表中抽取 4 个测谎题，用于帮助筛选和剔除虚假作答的不可信问卷。进而，本书借助 SPSS26.0 软件，通过 Cronbach's α 值来衡量量表信度，将 0.7 作为信度达标的临界值。从表 5 – 10 分析结果中可以看出，越轨创新行为、组织创新氛围、领导权变激励、领导容错性和个体创新绩效 5 个变量的 Cronbach's α 系数值分别为 0.934、0.920、0.918、0.779 和 0.875，均高于 0.7，并且，删除任意一个题项均无法显著提升对应量表的 Cronbach's α 系数值，因此，本书所采用的量表可靠性较高，通过了信度检验。

表 5 – 10　　　　　　　　　　　信度检验结果

变量	Cronbach's α
越轨创新行为	0.934
组织创新氛围	0.920
领导权变激励	0.918
领导容错性	0.779
个体创新绩效	0.875

（2）效度检验。在核心变量的测量上，为保证量表的合理性与有效性，本书充分借鉴了国内外学者开发的成熟量表。同时，对员工和焦点小组成员展开深入访谈，并借鉴专家建议，反复修改和调整题项。进一步，根据预调研的结果，通过删除不达标题项优化了问卷的结构和内容，由此形成正式调研问卷。因此，本书采用的越轨创新行为、组织创新氛围、领导权变激励、领导容错性和个体创新绩效量表具有良好的内容效度。对越轨创新行为、组织创新氛围、领导权变激励、领导容错性和个体创新绩效之间的区分效度检验。如表 5 – 11 所示，五因子模型拟合度最优（$\chi 2/df = 1.721$，$CFI = 0.917$，$TLI = 0.910$，$IFI = 0.918$，$RMSEA = 0.058$），可以判定变量间区分效度较好。

表 5 – 11　　　　　　　　　　　　区分效度分析

模型	$\chi 2/df$	CFI	TLI	IFI	RMSEA
五因子模型（越轨创新行为；组织创新氛围；领导权变激励；领导容错性；个体创新绩效）	1.721	0.917	0.910	0.918	0.058
四因子模型（越轨创新行为；组织创新氛围；领导权变激励 + 领导容错性；个体创新绩效）	2.727	0.798	0.783	0.799	0.089
三因子模型（越轨创新行为；组织创新氛围 + 领导权变激励 + 领导容错性；个体创新绩效）	3.818	0.668	0.647	0.671	0.114
二因子模型（越轨创新行为 + 个体创新绩效；组织创新氛围 + 领导权变激励 + 领导容错性）	4.741	0.558	0.531	0.562	0.131
单因子模型（越轨创新行为 + 组织创新氛围 + 领导权变激励 + 领导容错性 + 个体创新绩效）	6.564	0.342	0.302	0.347	0.160

注："+"表示组合为一个因子。

5.2.4.2　共同方法偏差检验

采用 Harman 单因素检验法和无可测方法学因子法对共同方法偏差进行检验。Harman 单因素检验发现，最大因子解释总变异的 25.767% 低于 40% 的判别标准，可以判定共同方法偏差并不严重。进一步，根据波德萨科夫等

（Podsakoff et al.，2012）的建议，将越轨创新行为、组织创新氛围、领导权变激励、领导容错性和个体创新绩效载荷到一个共同方法潜因子（CMV）上构建方法学因子模型。与五因子模型对比，CFI、TLI、IFI 和 RMSEA 的指标变化量的绝对值（$\triangle$CFI = 0.007，$\triangle$TLI = 0.007，$\triangle$IFI = 0.007，$\triangle$RMSEA = 0.002）均小于 0.020 的判别标准，再次判断本书中共同方法偏差不严重（Podsakoff et al.，2012）。

5.2.4.3　描述性统计与相关分析

由表 5 - 12 可知，越轨创新行为与个体创新绩效显著正相关（r = 0.270，p < 0.001），组织创新氛围与个体创新绩效显著正相关（r = 0.365，p < 0.001），领导权变激励与个体创新绩效显著正相关（r = 0.422，p < 0.001），领导容错性与个体创新绩效显著正相关（r = 0.395，p < 0.001）。通过以上分析，可以看出，越轨创新行为、组织创新氛围、领导权变激励、领导容错性和个体创新绩效 5 个变量两两之间的相关系数绝对值均小于 0.5，共线性检验发现，VIF 最大值为 1.160，低于 10 的临界标准，可以判定本书不存在严重的多重共线性问题。

表 5 - 12　　　　　　　　　　　　描述性统计与相关分析

变量	1	2	3	4	5	6	7	8	9	10
GEN										
AGE	0.079									
EDU	0.091	0.010								
TIM	0.036	0.241 ***	- 0.132							
IND	- 0.062	- 0.070	0.105	- 0.119						
CD	0.007	- 0.098	0.044	- 0.234 ***	- 0.104					
IC	0.022	- 0.048	0.190 **	- 0.009	0.003	0.086				
LCR	0.047	0.029	- 0.016	- 0.090	0.011	0.254 ***	0.276 ***			
LT	0.004	- 0.040	0.109	0.041	- 0.042	0.084	0.122	0.144 *		
IP	- 0.009	- 0.114	0.163 *	- 0.084	0.046	0.270 ***	0.365 ***	0.422 ***	0.395 ***	
M	1.557	2.753	2.014	2.466	2.142	3.519	4.516	4.410	3.500	4.103
SD	0.498	1.286	0.639	1.055	0.930	0.906	0.765	1.222	1.039	0.847

注：GEN、AGE、EDU、TIM 和 IND 分别表示性别、年龄、学历、工作年限和行业；CD 表示越轨创新行为；IC 表示组织创新氛围；LCR 表示领导权变激励；LT 表示领导容错性；IP 表示个体创新绩效；* 表示 p < 0.05，** 表示 p < 0.01，*** 表示 p < 0.001。

5.2.4.4　假设检验

在探究某一因变量形成因素的实际操作中，解释变量除了涵盖常见的数值或定量变量，很多情况下会包含性别、年龄、宗教、婚姻状况、教育程度等定性变量（qualitative variables），对于该种情况，需要将其转化为虚拟变量进行具体量化（达莫达尔，2010）。在本书中，为了避免虚拟变量陷阱，借助 SPSS26.0 软件进行以下操作：将性别、年龄、学历、工作年限和所在行业分别以男性、25 岁及以下、大专及以下、5 年及以下和通信 IT 为参照进行虚拟化。

（1）主效应检验。检验越轨创新行为与个体创新绩效的关系，要将越轨创新行为作为自变量，个体创新绩效作为因变量，同时将控制变量共同纳入回归模型来进行回归，越轨创新行为对个体创新绩效的回归结果（Model2）如表 5 - 13 所示。由结果可知，越轨创新行为显著正向影响个体创新绩效（$\beta = 0.279$，$p < 0.001$），引入越轨创新行为后，Model 2 的 R^2 解释力相比 Model 1 增加 0.079。因此，H22 得到验证。

表 5 - 13 主效应检验

因变量模型		个体创新绩效	
		Model 1	Model 2
性别（以男性为参照）	女	0.012	0.019
年龄（以 25 岁及以下为参照）	26 ~ 30 岁	0.005	0.008
	31 ~ 35 岁	0.055	0.092
	36 ~ 40 岁	− 0.358	− 0.415
	≥41 岁	− 0.125	− 0.087
学历（以大专及以下为参照）	本科	0.267	0.322 *
	研究生	0.375 *	0.366 *
工作年限（以 5 年及以下为参照）	6 ~ 10 年	− 0.355 *	− 0.244
	11 ~ 15 年	− 0.056	0.143
	≥16 年	− 0.258	− 0.091
行业（以通信 IT 为参照）	生物医药	− 0.005	0.012
	机械制造	− 0.015	0.054
	化工材料	0.377	0.511
越轨创新行为			0.279 ***
R^2		0.079	0.158
ΔR^2		—	0.079
F		1.362	2.727 **

注：* 表示 $p < 0.05$，** 表示 $p < 0.01$，*** 表示 $p < 0.001$。

（2）调节效应检验。

第一，组织创新氛围的调节效应检验。在 Model 2 的基础上依次纳入调节变量（组织创新氛围）以及交互项（组织创新氛围×越轨创新行为）构建 Model 3 和 Model 4，来检验本书中组织创新氛围对越轨创新行为和个体创新绩效关系的调节作用，结果如表 5 - 14 所示，由 Model 4 可知，组织创新氛围和越轨创新行为的交互项显著正向影响个体创新绩效（β = 0.245，p < 0.001），说明组织创新氛围强化越轨创新行为对个体创新绩效的正向影响，H23 得到验证。进一步，绘制直观的调节效应交互图，如图 5 - 3 所示。

表 5 - 14　　　　　　　　　　组织创新氛围的调节效应检验

因变量模型		个体创新绩效	
		Model 3	Model 4
性别（以男性为参照）	女	0.010	- 0.058
年龄（以25岁及以下为参照）	26 ~ 30 岁	- 0.011	0.038
	31 ~ 35 岁	0.040	0.122
	36 ~ 40 岁	- 0.411	- 0.235
	≥41 岁	- 0.072	- 0.087
学历（以大专及以下为参照）	本科	0.250	0.233
	研究生	0.229	0.210
工作年限（以5年及以下为参照）	6 ~ 10 年	- 0.172	- 0.215
	11 ~ 15 年	0.145	0.070
	≥16 年	- 0.089	- 0.088
行业（以通信 IT 为参照）	生物医药	0.059	- 0.007
	机械制造	0.073	0.048
	化工材料	0.447	0.407
越轨创新行为		0.254 ***	0.201 **
组织创新氛围		0.338 ***	0.243 ***
组织创新氛围×越轨创新行为			0.245 ***
R^2		0.244	0.351
ΔR^2		0.086	0.107
F		4.379 ***	6.821 ***

注：** 表示 $p < 0.01$，*** 表示 $p < 0.001$。

采用插件 PROCESS3.5，对组织创新氛围均值加减一个标准差，构成高低分组，重复抽样 5000 次，计算出高、中、低组织创新氛围水平下越轨创新行为对个体创新绩效的效应值，及其在 95% 显著性水平上的置信区间 CI 值，

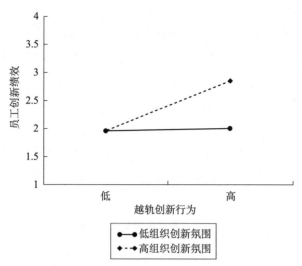

图 5 - 3   组织创新氛围对越轨创新行为与个体创新绩效关系的调节作用

结果如表 5 - 15 所示。由表 5 - 15 可知，在高组织创新氛围下，越轨创新行为对个体创新绩效的效应值为正且达到 0.403，在 95% 的置信区间 [0.279，0.528] 内不包含 0；在低组织创新氛围下，越轨创新行为对个体创新绩效的效应值为 -0.068，在 95% 的置信区间 [-0.214，0.078] 内包含 0，说明在低组织创新氛围下越轨创新行为无法显著影响个体创新绩效。随着组织创新氛围的降低，越轨创新行为对个体创新绩效的效应值从正向显著转变为不显著，H24 得到验证。

表 5 -15   组织创新氛围影响下直接效应的差异

组织创新氛围	直接效应			
	Effect	BootSE	BootLLCI	BootULCI
高	0.403	0.063	0.279	0.528
中	0.198	0.056	0.089	0.308
低	-0.068	0.074	-0.214	0.078

注：组织创新氛围的高低值为其均值加减一个标准差。

第二，领导权变激励的调节效应检验，及检验领导权变激励对越轨创新行为和个体创新绩效关系的调节作用。在 Model 2 的基础上依次纳入调节变量（领导权变激励）以及交互项（领导权变激励 × 越轨创新行为）构建 Model 5 和 Model 6，来检验本书中领导权变激励对越轨创新行为和个体创新绩效关系的调节作用，结果如表 5 - 16 所示，由 Model 6 可知，领导权变激励和越轨创新行为的交互项显著正向影响个体创新绩效（β = 0.259，p < 0.001），说明领导权变激励强化越轨创新行为对个体创新绩效的正向影响，H25 得到验证。进一步，绘制直观的调节效应交互图，如图 5 - 4 所示。

表 5 - 16　　　　　　　　　领导权变激励的调节效应检验

因变量模型		个体创新绩效	
		Model 5	Model 6
性别（以男性为参照）	女	− 0.013	0.069
年龄（以 25 岁及以下为参照）	26 ~ 30 岁	− 0.043	0.101
	31 ~ 35 岁	0.037	0.152
	36 ~ 40 岁	− 0.509 *	− 0.258
	≥41 岁	− 0.195	− 0.025
学历（以大专及以下为参照）	本科	0.394 **	0.237
	研究生	0.441 **	0.264
工作年限（以 5 年及以下为参照）	6 ~ 10 年	− 0.135	− 0.177
	11 ~ 15 年	0.230	0.128
	≥16 年	− 0.011	− 0.037
行业（以通信 IT 为参照）	生物医药	0.065	− 0.033
	机械制造	0.038	0.046
	化工材料	0.402	0.568 *
越轨创新行为		0.189 **	0.131 *
领导权变激励		0.269 ***	0.212 ***
领导权变激励 × 越轨创新行为			0.259 ***
R^2		0.295	0.425
ΔR^2		0.137	0.130
F		5.654 ***	9.316 ***

注：* 表示 p < 0.05，** 表示 p < 0.01，*** 表示 p < 0.001。

采用插件 PROCESS3.5，对领导权变激励均值加减一个标准差，构成高低分组，重复抽样 5000 次，计算出高、中、低领导权变激励水平下越轨创新行为对个体创新绩效的效应值，及其在 95% 显著性水平上的置信区间 CI 值，结果如表 5 - 17 所示。由表 5 - 17 可知，在高领导权变激励下，越轨创新行为对个体创新绩效的效应值为正且达到 0.409，在 95% 的置信区间 [0.280，0.539] 内不包含 0；在低领导权变激励下，越轨创新行为对个体创新绩效的效应值为负，具体值为 − 0.219，在 95% 的置信区间 [− 0.371，− 0.068] 内不包含 0，说明在低领导权变激励下越轨创新行为显著抑制个体创新绩效。

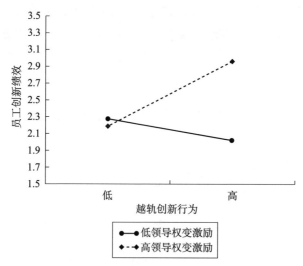

图 5 - 4　领导权变激励对越轨创新行为与个体创新绩效关系的调节作用

随着领导权变激励的增强，越轨创新行为对个体创新绩效的效应值从负向显著转变为正向显著，H23 得到验证。

表 5 - 17　　　　　　　　　**领导权变激励影响下直接效应的差异**

领导权变激励	直接效应			
	Effect	BootSE	BootLLCI	BootULCI
高	0.409	0.066	0.280	0.539
中	0.124	0.054	0.016	0.231
低	- 0.219	0.077	- 0.371	- 0.068

注：领导权变激励的高低值为其均值加减一个标准差。

　　第三，领导容错性的调节效应检验，及检验领导容错性对越轨创新行为和个体创新绩效关系的调节作用。在 Model 2 的基础上依次纳入调节变量（领导容错性）以及交互项（领导容错性×越轨创新行为）构建 Model 7 和 Model 8，来检验本书中领导容错性对越轨创新行为和个体创新绩效关系的调节作用，结果如表 5 - 18 所示，由 Model 8 可知，领导容错性和越轨创新行为的交互项显著正向影响个体创新绩效（$\beta = 0.262$，$p < 0.001$），说明领导容错性强化越轨创新行为对个体创新绩效的正向影响，H24 得到验证。进一步地，绘制直观的调节效应交互图，如图 5 - 5 所示。

表 5 – 18　　　　　　　　　　　　　领导容错性的调节效应检验

因变量模型		个体创新绩效	
		Model 7	Model 8
性别（以男性为参照）	女	0.009	0.062
年龄（以 25 岁及以下为参照）	26 ~ 30 岁	0.144	0.238
	31 ~ 35 岁	0.181	0.335
	36 ~ 40 岁	– 0.140	0.043
	≥41 岁	– 0.007	0.119
学历（以大专及以下为参照）	本科	0.240	0.219
	研究生	0.246	0.246
工作年限（以 5 年及以下为参照）	6 ~ 10 年	– 0.287	– 0.151
	11 ~ 15 年	0.036	0.121
	≥16 年	– 0.167	– 0.039
行业（以通信 IT 为参照）	生物医药	– 0.048	– 0.076
	机械制造	0.095	0.130
	化工材料	0.421	0.547 *
越轨创新行为		0.241 ***	0.172 **
领导容错性		0.294 ***	0.230 ***
领导容错性 × 越轨创新行为			0.262 ***
R^2		0.276	0.407
ΔR^2		0.118	0.131
F		5.150 ***	8.675 ***

注：* 表示 $p < 0.05$，** 表示 $p < 0.01$，*** 表示 $p < 0.001$。

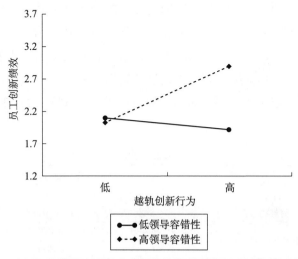

图 5 – 5　领导容错性对越轨创新行为与个体创新绩效关系的调节作用

采用插件 PROCESS3.5，重复抽样 5000 次，计算出高、中、低领导容错性水平下越轨创新行为对个体创新绩效的效应值，及其在 95% 显著性水平上的置信区间 CI 值，结果如表 5－19。由表 5－19 可知，在高领导容错性下，越轨创新行为对个体创新绩效的效应值为正且达到 0.410，在 95% 的置信区间 [0.290, 0.530] 内不包含 0；在低领导容错性下，越轨创新行为对个体创新绩效的效应值不仅为负，达到 － 0.170，在 95% 的置信区间 [－0.326, －0.013] 内不包含 0，说明在低领导容错性下越轨创新行为显著抑制个体创新绩效。随着领导容错性的增强，越轨创新行为对个体创新绩效的效应值从负向显著转变为正向显著，H25 得到验证。

表 5－19   领导容错性影响下直接效应的差异

领导容错性	直接效应			
	Effect	BootSE	BootLLCI	BootULCI
高	0.410	0.061	0.290	0.530
中	0.212	0.054	0.107	0.318
低	－ 0.170	0.080	－ 0.326	－ 0.013

注：领导容错性的高低值为其均值加减一个标准差。

根据蒿坡（2016）的建议，建立一个整合模型同时验证组织创新氛围、领导权变激励和领导容错性对越轨创新行为与个体创新绩效之间关系的调节作用，结果如表 5－20 所示。由表 5－20 的 Model 10 可知，组织创新氛围、领导权变激励、领导容错性和越轨创新行为的交互项依然显著正向影响个体创新绩效。以上结果显示，组织创新氛围和越轨创新行为的交互项、领导权变激励和越轨创新行为的交互项、领导容错性和越轨创新行为的交互项同时显著正向影响个体创新绩效，即组织创新氛围、领导权变激励和领导容错性同时调节了越轨创新行为和个体创新绩效的关系。H23、H24 和 H25 再次得到验证。

表 5－20   整合模型检验

因变量模型		个体创新绩效	
		Model 9	Model 10
性别（以男性为参照）	女	－ 0.019	0.010
年龄（以 25 岁及以下为参照）	26～30 岁	0.070	0.168
	31～35 岁	0.089	0.227

因变量模型		个体创新绩效	
		Model 9	Model 10
年龄（以 25 岁及以下为参照）	36 ~ 40 岁	- 0.256	- 0.047
	≥41 岁	- 0.092	0.013
学历（以大专及以下为参照）	本科	0.260 *	0.197
	研究生	0.234	0.182
工作年限（以 5 年及以下为参照）	6 ~ 10 年	- 0.151	- 0.147
	11 ~ 15 年	0.121	0.089
	≥16 年	- 0.093	- 0.049
行业（以通信 IT 为参照）	生物医药	0.032	- 0.046
	机械制造	0.088	0.087
	化工材料	0.315	0.446
越轨创新行为		0.165 **	0.112 *
组织创新氛围		0.221 **	0.145 *
领导权变激励		0.199 ***	0.144 ***
领导容错性		0.240 ***	0.163 ***
组织创新氛围 × 越轨创新行为			0.111 *
领导权变激励 × 越轨创新行为			0.101 *
领导容错性 × 越轨创新行为			0.102 *
R^2		0.362	0.467
ΔR^2		0.204	0.105
F		8.289 ***	10.541 ***

注：* 表示 $p < 0.05$，** 表示 $p < 0.01$，*** 表示 $p < 0.001$。

5.2.4.5 研究结果与讨论

本章基于个人—环境匹配理论，从宏观的情境边界视角解答了越轨创新行为与个体创新绩效关系不一致的问题。本章共提出 4 个假设，检验结果汇总如表 5 - 21 所示。

表 5 - 21 　　　　　　　假设检验结果汇总

编号	研究假设	结果
H22	越轨创新行为总体上正向影响个体创新绩效	成立
H23	组织创新氛围调节了越轨创新行为与个体创新绩效的关系	成立
H24	领导权变激励调节了越轨创新行为与个体创新绩效的关系	成立
H25	领导容错性调节了越轨创新行为与个体创新绩效的关系	成立

本章基于个人—环境匹配理论提出了越轨创新行为对个体创新绩效影响

的情境边界模型，揭示了组织创新氛围、领导权变激励和领导容错性对于越轨创新行为何时正向影响个体创新绩效的边界意义。本书共提出 4 个假设，均得到验证。

（1）越轨创新行为对个体创新绩效的主效应结果分析。本书中越轨创新行为对个体创新绩效的主效应分析发现，越轨创新行为显著正向影响个体创新绩效（$\beta = 0.279$，$p < 0.001$），并且达到 0.001 的显著水平。这与黄玮等（2017）、王弘钰和万鹏宇（2020）的研究结果一致。H22 得到验证，说明越轨创新行为总体上是正向影响个体创新绩效的。

（2）组织创新氛围的调节效应结果分析。本书通过回归分析发现组织创新氛围和越轨创新行为的交互项显著正向影响创新绩效（$\beta = 0.245$，$p < 0.001$），说明组织创新氛围强化越轨创新行为对个体创新绩效的正向影响，H23 得到验证。为了进一步揭示高低组织创新氛围情况下越轨创新行为对个体创新绩效的影响差异，采用 BOOTSTRAP 法分别计算出不同组织创新氛围水平下越轨创新行为对个体创新绩效效应的大小及其在 95% 显著性水平上的置信区间 CI 值。结果发现，高组织创新氛围下，越轨创新行为对个体创新绩效的效应值为正且显著，低组织创新氛围下越轨创新行为对个体创新绩效的效应值不显著。再次验证了组织创新氛围强化越轨创新行为对个体创新绩效的正向影响。

（3）领导权变激励的调节效应结果分析。本书通过回归分析发现领导权变激励和越轨创新行为的交互项显著正向影响个体创新绩效（$\beta = 0.259$，$p < 0.001$），说明领导权变激励强化越轨创新行为对个体创新绩效的正向影响，H24 得到验证。为了进一步揭示高低领导权变激励水平下越轨创新行为对个体创新绩效的影响差异，采用 BOOTSTRAP 法分别计算出不同领导权变激励水平下越轨创新行为对个体创新绩效效应的大小及其在 95% 显著性水平上的置信区间 CI 值。结果发现，高领导权变激励下越轨创新行为对个体创新绩效的效应值为正且显著，在低领导权变激励下越轨创新行为显著抑制个体创新绩效，H24 再次得到验证，说明领导权变激励能够强化越轨创新行为对个体创新绩效的正向影响。

（4）领导容错性的调节效应结果分析。本书通过回归分析发现领导容错性和越轨创新行为的交互项显著正向影响个体创新绩效（$\beta = 0.262$，$p < 0.001$），说明领导容错性强化越轨创新行为对个体创新绩效的正向影响，

H25 得到验证。为了进一步揭示高低领导容错性水平下越轨创新行为对个体创新绩效的影响差异，采用 BOOTSTRAP 法分别计算出不同领导容错性水平下越轨创新行为对个体创新绩效效应的大小及其在 95% 显著性水平上的置信区间 CI 值。结果发现，高领导容错性下越轨创新行为对个体创新绩效的效应值为正且显著，在低领导容错性下越轨创新行为显著抑制个体创新绩效，H25 再次得到验证，说明领导容错性能够强化越轨创新行为对个体创新绩效的正向影响。

5.3　越轨创新事件影响效果的多层次动态演化机制

搜狗浏览器、惠普新型监控器和 3M 公司透明胶带等现实的例子说明越轨创新能为企业创造颠覆性的创新成果，进而提升企业竞争力。然而，从谷歌取消 "20% 时间法则"（员工可以花费 20% 的工作时间实施本职工作之外的创新活动）的案例中发现，越轨创新积极效应的成功实现并非易事。可见，目前理论仍难以指导企业将越轨创新成功转化为创新绩效，进而助力企业创新成长。换言之，"越轨创新—创新绩效" 这一过程如何实现仍是未解之谜，迫切地需要实践界和学术界给出答案。

关于这一问题的解答，目前研究主要从权变因素展开，例如，吴颖宣等（2018）的实证研究提出越轨创新行为有助于提升团队创新绩效，并探讨团队建言水平与工作自主性的边界作用。现有研究虽然产生了一系列有价值的研究成果，但关注点主要聚焦在权变因素上，主张 "越轨创新—创新绩效" 呈现出直接因果关系链，缺乏对越轨创新影响过程和内在机制的深入探索。基于此，本书拟弥补两个研究缺口。

（1）未能充分揭示越轨创新的影响过程与内在机制。针对越轨创新的实现问题，现有研究过于强调越轨创新成功的外部情境（赵斌等，2019；Lin et al.，2016；Criscuolo et al.，2014），而对越轨创新影响过程及内在机制的研究却相对滞后，也未能充分解决越轨创新低效的问题。事实上，越轨创新发起者如何驱动和干预，以实现越轨创新影响组织的微观过程可能是助力创新成功的关键，即探寻越轨创新自下而上有效推动组织创新的内在机制成为当务之急。事件系统理论为更深层次地理解和分析越轨创新的影响过程提供全新的视角。根据事件系统理论，越轨创新倡导者在推动创新活动时与其他实体发生的互动，都可以视为一次事件（Morgeson，Mitchell and Liu，2015）。通过对越轨创新活动中关键事件的识别和描述，进一步探究关键事件对越轨创新实现的作用，能够完整地刻画越轨创新的影响过程和内在机制（张默、任声策，2018）。因此，有必要基于事件视角详尽分析越轨创新的发展，以更好地解析企业创新实践中越轨创新影响过程的演化问题，实现组织创新。

（2）未能系统剖析越轨创新影响过程的多层次动态演化。现有对越轨创新的研究多从静态视角出发，忽视其影响后果的空间延展性和时间持续性，无法完整地展示越轨创新在发展的过程中呈现出多层次动态演进特征。从本质上看，创意过程理论提出创意过程是一个涉及多阶段，跨域个体、团队和组织多个层次的过程（Perry - Smith et al.，2017）。起源于组织中的某一层级的越轨创新事件，随着创意过程的推进，其影响后果可能催生、传递或延伸到其他层次（陈建安等，2021），展现出发展性和变化性。例如，创意如何获得管理者的采纳以实现项目合法性？在获得合法化后如何带动组织发展？诸如此类问题，单一层面静态视角下的研究仍难以解答，不利于对企业创新实践形成切实有效的指导。事件系统理论为研究学者解答上述问题提供科学可行的理论视角（张默等，2018），该理论强调从事件本质属性（强度、时间以及空间）出发，剖析其对团队和组织产生多层次动态影响的程度，有助于系统地呈现越轨创新影响过程的多层次动态演进。因此，有必要结合事件系统理论和创意过程理论，分析越轨创新事件发展过程中的多层次动态演化，拓展越轨创新影响后果讨论的广度和深度。

综上所述，针对上述理论缺口，本书拟以事件系统理论为基础，通过案例分析方法提出并探索以下重要研究问题：在越轨创新事件发展的动态过程中，如何通过创新活动（事件）的开展作用于团队乃至组织？进一步地，在越轨创新事件影响过程中，有哪些可能的关键调节因素？本书引入事件系统理论，分析员工越轨创新事件的特点和影响过程，突破传统视角的局限，深化了对员工越轨创新的理解，为合理引导和管控越轨创新提供理论指导。

5.3.1　理论基础

5.3.1.1　事件系统理论

事件系统理论（event system theory）主要根据系统层级间的相互影响关系，分析事件本质属性（强度、时间以及空间）对个体和组织产生多层次动态影响的程度（Morgeson et al.，2015）。该理论认为，组织中的活动可以用事件来描述，通过事件强度（新颖性、颠覆性及重要性）考察对组织现象的影响程度（Morgeson et al.，2015）。同时，该理论认为，事件还具有很强的时空属性，即当事件强度一定时，事件发生的时间点越符合其发展需求（时机），持续时间越长（时长），距离实体越近（事件与实体距离），发起越接近组织高层（起源），覆盖扩散范围越广（扩散范围），事件对实体产生的影响越强，如表 5－22 所示（刘东、刘军，2017）。并提出研究事件应系统化地考虑事件强度、时间和空间三大属性，以及这些属性对不同个体、团队以及组织自身带来的不同影响，进而展开深入研究。

表 5－22　　　　　　事件系统理论中事件三大属性的维度与含义

属性	维度	含义
事件强度属性（event strength）	新颖性（novelty）	事件区别于以往行为、特征和实践的程度
	颠覆性（disruption）	事件改变惯常应对方法或工作方式的程度，对实体常规活动的颠覆
	重要性（criticality）	事件对组织目标实现的重要影响程度，以及需要组织优先应对的程度
事件时间属性（event time）	时机（timing）	事件发生对实体发展需求的满足
	时长（duration）	事件持续时间
	强度变化（strengthchange）	事件随时间推移的强度变化程度
事件空间属性（event space）	事件起源（origin）	事件起源所处的组织层次
	扩散范围（dispersion）	事件所覆盖的组织层级
	实体与事件的距离（proximity）	事件发生与实体在组织中的空间距离

资料来源：根据摩根森等（Morgeson et al.，2015）和张默等（2018）文章整理而得。

5.3.1.2　文献评述

现有对越轨创新的研究多以静态视角出发，聚焦于越轨创新前因变量、越轨创新本身、越轨创新结果变量及其相互之间作用关系的研究上，忽视了越轨创新在组织中并不是静态不变的，而是会随着不同阶段的推进，不可避免地会与组织中其他个体、团队乃至组织层面发生互动（朱桂龙等，2021），鲜有关注到越轨创新在发展过程中的跨层次的动态演进特征，未能深入揭示越轨创新的影响过程和内在机制，无法满足引导和管控越轨创新的现实需要。

借助事件系统理论对上述研究不足进行研究是恰当的更是十分有必要的。事件系统理论提出实体间的互动可以视为一次事件的发生（Morgeson et al.，

2015），这为我们基于事件而非行为视角分析越轨创新提供理论支撑。理论的有效性表现在以下两个方面：一方面，作为导致个体后续行为改变的直接影响因素，越轨创新事件本身的特征并没有受到学者们足够的重视和分析。越轨创新被形容为"忠诚与叛逆的复合体"，其影响具有复杂性，能够产生什么样的影响以及影响的深度取决于越轨创新的一些特征属性。基于事件系统理论，我们能够通过档案、二手数据等数据来反映越轨创新事件的本质属性，进而更有效地用事件来预测结果变量（刘东等，2017，张默等，2018），发展出更加科学、全面的模型。另一方面，已有对越轨创新的研究多以静态视角出发，忽视了越轨创新的影响是一个动态过程。事件系统理论能够帮助梳理员工越轨创新事件引发的后续连续影响事件间的因果逻辑链条，分析越轨创新事件发展过程中的演化条件，同时也能够从整体上把握越轨创新事件的影响后果（王春艳、袁庆宏、林润辉、陈琳，2018）。总而言之，事件系统理论有助于从整体动态视角理解越轨创新事件的时间、空间及强度属性对后续行为及事件的触发作用，能够提高研究模型的解释力，帮助学者构建科学的理论以更加真实准确地理解组织中的现象。

5.3.2 研究设计

5.3.2.1 单案例研究

本书采用单案例研究设计进行分析，主要原因在于：第一，本书的研究问题是：越轨创新事件的开展如何对个人、团队乃至组织产生影响？对于解答"如何"的问题，案例研究的方法是十分恰当的（毛基业、陈诚，2017）。第二，单案例研究的优势在于能够对具体典型案例进行"解剖"式分析，揭示其发展脉络和演进过程，以形成对某一社会现象全面且深入的分析（Eisenhardt，1989），这有助于解释越轨创新这一特殊现象背后所引发的动态过程。第三，案例研究方法既可以获得丰富细致的个体层面的数据，又可以得到团队层面的数据，有助于为分析越轨创新事件的多层次影响提供数据支撑。

5.3.2.2 案例选择

单案例样本遵循理论抽样的原则，即通常选择与研究现象高度相关的极端案例（毛基业等，2017）。依据此原则，本书选择搜狗浏览器的创始人王小川先生作为研究对象，分析王小川先生在搜狗浏览器的研发过程中所表现出的越轨创新事件以及事件后续影响。同时，上述选择也考虑到案例典型性和数据可得性两个方面因素。

案例典型性方面，2008 年时任搜狐副总裁的王小川受到搜狗输入法成功的启示，向董事长张朝阳提议研究搜狗浏览器，通过"曲线"方式实现做成搜索的战略目标。但这一提议却遭到张朝阳的强烈否决，王小川也因而失去搜索业务的管理权。创意虽被否决，但王小川坚信浏览器的价值所在，转而找到志同道合的同事私下研发浏览器，于 2008 年底搜狗浏览器成功问世。因此，本书认为，选取王小川先生开发搜狗浏览器这样典型的越轨创新事件作为单案例的研究对象，能够通过具体的现实事件完整诠释越轨创新事件的作用效果，具有典型意义。

数据可得性方面。搜狗浏览器研发时间正处于中国浏览器市场混战阶段，其面世后为公司带来非常可观的收益，获得市场的一致好评和大量关注，因而具有非常丰富的公开资料可供观察和收集。搜狐公司和搜狗公司作为中国互联网公司的标杆企业，其公司管理者张朝阳和王小川先生又是中国企业界的风云人物，而且王小川作为备受董事长张朝阳赏识的员工，不惜违背张朝阳的命令，采取越轨创新的方式研发搜狗浏览器，这段"曲折"的经历也频繁受到媒体的采访和报道，因此，通过相关者的言论、公开访谈以及媒体报道等可获取大量的信息资料。

5.3.2.3　案例背景

搜狗于 2010 年从搜狐分拆独立运营，从一个部门成长为一个公司。自独立运营以来，搜狗营收持续增长，成为中国互联网成长较快的公司之一。于 2017 年 11 月，搜狗在纽约证券交易所成功上市，目前搜狗月活跃用户数仅次于百度、阿里巴巴和腾讯，一跃成为中国用户规模第四大互联网公司。

辉煌成绩的背后，不得不提王小川先生，现任搜狗首席执行官（CEO），搜狐前高级副总裁兼首席技术官（CTO）。他以创新为己任，先后带领团队发明了有 5 亿多名用户在使用的搜狗输入法、搜狗搜索、搜狗浏览器等互联网标志性产品，被公认为中文信息化的重大突破。特别是在推出搜索、输入法及浏览器等战略级产品后，开创性提出了"输入法—浏览器—搜索""三级火箭"发展模式，成为互联网行业追赶者破局搜索发展壁垒的成功模式。

5.3.2.4　数据收集

本书采用二手数据进行案例研究，主要有以下两个方面考虑：第一，案例研究的访谈者不经意间会通过引导式提问的方式来获取感兴趣的信息，而这一方式会干扰探索性案例数据的严谨性和客观性（Robertson，1993）。第二，本书关注的越轨创新事件从开始到对团队、组织产生深刻的影响，这一过程具有较长的时间跨度。考虑到越轨创新事件具有不可回溯的特点，如果使用访谈方式来获得信息，由于被访谈者记忆消退，可能出现自圆其说或者因访谈问题过于敏感而回避关键信息等，导致无法真正还原（周舜怡、贾建锋、张大鹏，2019）。

此外，众多学者如贾良定等、苏郁锋等同样在研究中使用二手数据（贾良定、唐翌、李宗卉、乐军军、朱宏俊，2004；苏郁锋、吴能全、周翔，2017；周舜怡等，2019），且只要收集的二手数据具有思考性，能够作为案例分析的数据源（Eisenhardt，1989；Yin，2014）。

为保持数据来源的原始性，本书资料收集的来源包括：公司官网；媒体公开报道的视频资料和文字资料；知网、维普等期刊数据库的文献资料；事件相关者微博、访谈；同行业者观点，评论（部分样本数据来源见表 5-23）。通过多样化的数据收集来源，不仅能够使研究数据相互补充和交叉验证（Yin，2014），提高案例研究效度，同时有利于读者对所研究的案例产生全面且充分的认知。

表 5-23 样本数据来源信息示例

编号	来源	作者	样本题目	发布日期	用途
1	东方企业家	刘长江	王小川惊蛰搜狗：挫折是良药亦敌亦友周鸿祎	2012 年 3 月 19 日	编码
2	央视网	王小川	《星光耀东方》访谈实录	2012 年 12 月 8 日	编码
3	腾讯科技	范晓东	马化腾、张朝阳和王小川发布会现场采访实录	2013 年 9 月 16 日	编码
4	新浪科技	崔西	王小川：挂掉那天，才是终点	2014 年	编码
5	凤凰财经	王小川	《王小川的大佬江湖》访谈实录	2014 年 7 月	编码
6	中国企业家	王小川	搜狗为什么能坐上三级火箭	2017 年第 1 期	编码
7	DoNews	费倩文	王小川和搜狗 13 年的成长史	2017 年 8 月 2 日	编码
8	《秦朔访问》	秦朔	王小川：像生命一样的公司是最能驾驭复杂性的	2017 年 11 月	编码
9	中国商人	王小川	是什么让搜狗活到今天	2018 年第 1 期	编码
10	腾讯新闻	王小川	《十三邀》许知远对话王小川	2018 年 3 月 8 日	编码
11	央视网	王小川	《遇见大咖》访谈实录	2018 年 11 月 11 日	编码

编号	来源	作者	样本题目	发布日期	用途
12	中国经营网	李文豪	张朝阳的下半场和王小川的十四年	2018 年 4 月 14 日	验证
13	创事记	互娱资本论	跨过四道坎走过山路十八弯，王小川终于扛到搜狗上市	2017 年 8 月 2 日	验证
14	董事会	向坤	忍者潜行	2017 年第 1 期	验证
15	现代企业文化	王小川	搜狗就是我老婆	2017 年第 1 期	验证

资料来源：笔者自行整理。

5.3.2.5　数据分析

本书试图以事件系统理论框架对越轨创新事件进行数据编码，在此基础上分析事件的属性特征、引发的后续行为以及事件因果链条，以期建立可验证的、严谨有效的理论（Eisenhardt，1989）。具体将遵循艾森哈特（Eisenhardt，1989）的指导思想，借鉴普洛曼等（Plowman et al.，2007）和王春艳等（2018）案例研究时所采用的步骤展开数据分析。

步骤 1：事件编码表。以组织中越轨创新事件为起点，对越轨创新事件相关人员包括实施者、所在团队、领导者的态度以及行动进行分类编码。

步骤 2：构建时间线。基于前面所收集的访谈资料、媒体报道、个人自述以及官网的相关数据，对越轨创新事件进行时以及发生后的相关事件链形成时间表。

步骤 3：越轨创新事件触发行为、特征、事件图。依据时间线使用图形方式展示越轨创新事件影响后果的链式线条（见图 5-6），提炼出案例中反映的越轨创新事件的影响效应。

步骤 4：理论逻辑提炼。为了便于获取并分析纵向数据，研究借助事件系统理论为分析框架，根据理论的三个本质属性对数据进行编码，构建详尽的叙事分析。

步骤 5：效度检验。将多种来源的数据纳入研究分析范围内，采用三方数据来验证研究的效度。例如在案例中数据来自多方，有当事人王小川接受访谈时发表的观点、领导者张朝阳的观点、团队中其他共事者的观点、行业内从业者的评价等，使用多方数据相互佐证，检验研究的效度。

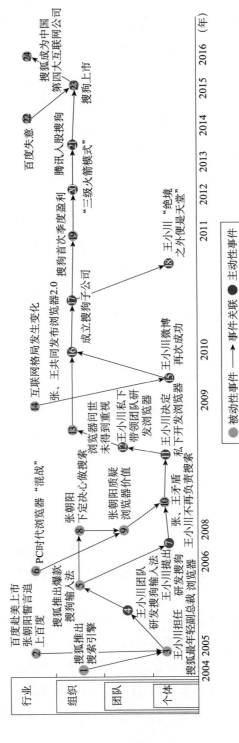

图 5 - 6 王小川越轨创新事件发展脉络

5.3.3　案例分析

5.3.3.1　越轨创新事件强度属性

根据事件系统理论，本书将从事件的新颖性、颠覆性及重要性切入分析越轨创新事件的后续影响。

（1）事件新颖性。通过越轨方式推进的创意可能是涉猎组织未曾尝试的领域、颠覆传统的思维或是与组织现有知识体系及制度相偏离（Mainemelis，2010），对管理者而言是非常规的、未预期的创意方向，因而越轨创新事件具有新颖性。案例显示，张朝阳主要受媒体思维引导，以搜索业务为主，之前并未尝试过研发浏览器，无法从技术思维上理解浏览器与组织战略有何关联。可见，王小川越轨创新事件具有新颖性。研究表明，越轨创新事件的越新颖性，意味着其创新想法更加冒险，风险性更大，其一旦成功，越有可能形成具有重要价值的创新成果，推动组织发展（Mainemelis，2010）。回顾搜狗的发展，在 2010 年搜狐原有搜索业绩并不理想时，基于越轨创新事件所形成的搜狗浏览器崭露头角，显示出其对搜索流量明显的带动作用。后来的发展更是证明，王小川提出由搜狗浏览器组成的"三级火箭"发展模式，能够为组织带来表现优异的市场绩效和财务绩效。综上所述，越轨创新事件新颖性越强，其一旦成功，越有可能为组织带来创新成果，推动组织发展。

（2）事件颠覆性。越轨创新事件实施者对上级隐瞒了自己的工作内容，使创新过程脱离于组织内部的审查机制。这种违背上级命令、改变组织常规的工作流程的方式，使越轨创新事件具有颠覆性。可见，与常规创新活动相比，越轨创新事件具有颠覆性。这种颠覆性事件，意味着未获得管理者官方认可，往往需要持续的意义建构来保护和推进越轨创新事件（韩雪亮、王霄，2015）。案例显示，王小川直言，因为浏览器不是公司合法的项目，在内部资源的获取上会更加艰难，而且需要有更大的力气去保护它、推动它。甚至，熬了无数通宵后作出了搜狗浏览器，仍需要提供种种证据来说服张朝阳授予浏览器合法性地位。可见，越轨创新事件的颠覆性会导致创意项目难以获得管理者采纳，需要王小川去争取、去解决。

（3）事件重要性。越轨创新事件的产生源于个体坚信创意能够为组织创造价值，因此，从员工视角来看，它对组织的成功发展是重要的。案例显示，

2008 年是搜狐最为辉煌的一年，张朝阳确定搜狐公司的战略目标：一定要做成搜索。同年王小川受到输入法成功的启发，对如何做成搜索有更深的思考，他认为，"如果正面进攻不能奏效，为什么不侧面进攻？"，决定研发浏览器来带动搜索业务发展。受高层管理者的战略引导，个体倾向作出有益于组织战略发展的创意决策。研究表明，创意想法与组织现有战略和资源匹配性和关联性越高时，个体越倾向对创意作出高价值性评估（Zhou，Wang，Bavato，Tasselli and Wu，2019），进而个体对创意想法的信心和积极性越高（朱桂龙等，2021），而积极的态度会进一步转化为更坚定意愿去实现创意活动。案例显示，王小川在访谈中表示，研发浏览器是一段艰难的日子，正是因为王小川坚定的信念，持之以恒的投入，才有浏览器的成功问世，有了后续搜狗公司的快速发展和成功上市，使其一跃成为中国用户规模第四大互联网公司。

综上所述，本书提出以下命题。

命题 1：越轨创新事件的强度属性越强，越会给个体带来坚定的创新信念和工作投入来实现越轨创新事件发展，越需要个体持续的意义建构来保护和推进越轨创新事件进程，但其一旦成功，也更有可能为组织带来有价值的创新成果，推动组织发展，改变行业布局。

5.3.3.2　越轨创新事件时间属性

事件系统理论提出在分析事件影响时还应结合时间属性，即事件可能随时间推移而延长以产生更大的影响（Morgeson et al.，2015）。因此，为清晰地呈现出越轨创新事件影响过程的多层次动态演化，本书将时间因素纳入越轨创新事件影响后果的分析中。在具体分析中将采用时序分析方法，其基本特征是找出特定的指标，划分合适的时间段，提出事件之间假定存在的因果关系（Yin，2014）。本书指标依据来源于创意过程理论，其将创意过程划分为创意的产生、细化、倡导、采纳四个阶段（Perry - Smith et al.，2017）。考虑到越轨创新事件处于创意产生阶段之后，将主要从细化、倡导、采纳三个阶段展开，分析越轨创新事件如何随着创意阶段推进呈现出多层次动态演进的特点。综上所述，在事件系统理论的指引下，结合时序分析方法，本节将关注随着时间的持续性，越轨创新事件在不同时间阶段中与其他实体的交互过程，相应的事件影响是如何不断积累的（不同阶段下事件发展见图 5 - 7）。

（1）创意细化阶段。在这一阶段，越轨创新事件倡导者尝试将新颖性的

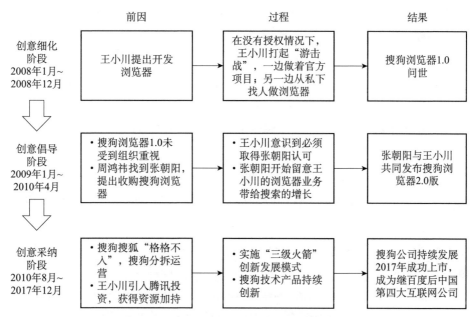

图 5-7　王小川越轨创新事件的时间发展过程

创意想法呈现给更广泛的受众，并进一步地发展它（Perry - Smith et al.，2017）。贝根达尔等（Bergendahl et al.，2015）的研究提出，个体创意想法向团队创造过渡大多数是通过社会互动实现的，具体来看：第一，在个体输出创意想法后，群体会对个体创意的可行性和价值性进行评估，包括评估团队自身拥有的资源、创新合法性等约束条件以及分析创意的潜在价值（Seidel and O'Mahony，2014）。案例显示，对于王小川坚持开发浏览器，搜狐内部当时对这件事是不认同的，甚至视其为异教学说。有同事直言，开发浏览器困难是很大的，而且大家看不懂浏览器与组织现有战略有何关联，看不透创意的价值性在哪里，这是一个事后才能被证明的问题。可见，一开始群体中其他成员对越轨创新事件并不看好，大多持有负面评价。尽管人们倾向于对一些创意想法给予负面评价，然而当群体成员发现新想法和亲身经历有相似之处时，他们的回应却又是积极的（Sarah，2014）。第二，个体在社会互动中通过对创意的价值性和可行性进行意义构建，争取群体中他人认可，以团队协作实现创意活动（Seidel et al.，2014）。案例显示，即使搜狐不认同这个项目，王小川仍一直坚信浏览器的方向是对的并坚持去做，秉持着一种"谁不入地狱，我入地狱"的"扛旗"精神，以这种坚定的信念去感染更多的人。功夫不负有心人，王小川成功找到几个志同道合的同事以团队合作方式共同实施越轨创新，研发浏览器项目，并在一年后搜狗浏览器问世。综上所述，在社会互动的过程中，个体越轨创新事件首先会面临群体对创意评估和审查，然后在个体的创意感染下形成群体创意共识、以团队协作的方式落实创意活动，进而推进创意产品产生，实现团队创造（Seidel et al.，2014）。基于上述关于创意细化阶段员工越轨创新事件演化的过程和结果的分析（编码分析结果见表5-24），本书得到下列命题。

命题2a：创意细化阶段，越轨创新事件发起者在社会互动中达成群体创意共识和团队协作的集体行动过程机制，推进创意成果产生，实现团队创造。

表5-24　　　　　　创意细化阶段越轨创新事件演化的证据展示

聚合维度	理论范畴	案例证据（一级编码）
个体创意	创意产生	王小川也是在搜狗拼音输入法成功过程中，突然明白应该如何做搜索：必须以浏览器作桥梁，否则一点儿机会都没有（创意产生）
	创意输出	用户通过浏览器做入口，只要搜索框摆在面前他就用了，因为我们就开始考虑要做浏览器，做浏览器有三个意义（"三级火箭"）：一是入口；二是通过浏览器进行数据收集从而改进搜索体验；三是进一步做推荐引擎（创意价值）。 你会想尽一切办法把它留下来，就像说孩子被抱走了你就不管了吗，所以你想继续坚持，因为你知道自己是对的，这时很多人劝我走，但我知道张朝阳是想做搜索的，所以我相信他早晚会回心转意的，我有这样坚定的信念（创意坚持）
群体行动	群体创意审查	事实上张朝阳对王小川也非常宽容，对于"违规"做浏览器项目，他后来并没有强制干涉（领导宽容）。 而且我们是搜狐的一个部门，在目标制定、资源获取、后台支持、员工激励等一切方面，都不如一个公司来得灵活（资源可用性评估） 同事：困难是很大的，也不是叫不被支持，而是大家看不懂，大家看不懂浏览器和搜索之间的关联是什么，这是一个事后才能被证明的问题（同事价值评估）
	群体创意共识	虽然中间会经历很多艰难，这种足够强大的信念会感染更多的人，并且在这中间也是不作恶的。这种气质，就好像是一群人当中，有人就愿意去"摇旗"，是"谁不入地狱，我入地狱"的"扛旗"的角色（个体创意感染） 你还有种热情是希望别人跟你建立一种共同的认知，但是你不是通过一种强迫的行政这种手段，你还是希望去说服每个人是真的从内心中来认同这件事情（争取他人创意认同） 信念是很重要的，否则不是自己崩溃掉而是团队先散架（群体创意信念）

续表

聚合维度	理论范畴	案例证据（一级编码）
群体行动	团队协作	王小川开始在公司里面找找这个人，又找找那个人，搜狗浏览器就是被王小川这样攒出来了（团队组建） 我觉得确实是有超越正常工作状态的时候的这样一种投入，我还记得真正是在发布当天，应该是 12 月 22 日，是一个冬至，一直到凌晨大概 4～6 点的样子，才把它发出去，那时候还有中间有我们的同事，去外面买了饺子回来，所以回想起来也是充满了一种热爱，因为热爱才能克服困难的过程（工作投入、团队创新激情）
团队创造	创意成果	2008 年 12 月，搜狗浏览器第一版正式发布（搜狗浏览器正式发布）

资料来源：笔者自行整理。

（2）创意倡导阶段。在创意倡导阶段结束时，越轨创新事件要么被终止，要么获得进一步开发的授权（Perry-Smith et al.，2017）。越轨创新事件由于缺乏合法性认可，即使能够实现团队创造、产生创意产品，也容易"半路夭折"，难以发挥切实的影响作用。案例显示，搜狗浏览器 1.0 面世后并未受到组织的重视。2010 年总公司搜狐的搜索业务发展不尽如人意时，360 的周鸿祎强势介入，向张朝阳提出收购搜狗浏览器业务。当时张朝阳一心铺在搜索业务的建设和发展上，并未意识到浏览器对搜索业务的带动和促进作用，对出售浏览器业务还是颇有兴趣。可见，作为自下而上开展的创意活动，能否获得合法性是决定越轨创新事件后续影响的关键因素（Hinings，2018）。然而以往研究忽视了这一关键问题，无法为指导越轨创新助力组织创新实践提供真正有效的指导，因此，在团队创造之后，有必要进一步探讨越轨创新事件如何争取合法性地位的内在机制和过程。

获取合法性的过程是一个寻求支持、建立联盟、谈判与游说的社会过程（Baer，2012）。为保护和推进越轨创新发展，越轨创新倡导者发挥关键作用，其所使用的影响策略是理性说服的过程（Drechsler，2021）：以具体的方式描绘出公司业务发展新领域所包含的内容和意义，并逐渐使高层管理者意识到当前的创意项目有助于公司战略实现，说服高层管理者，获得合法性地位（Kim et al.，2014）。案例显示，"内忧外患"之下，王小川明白不能再等了，必须让张朝阳知道浏览器对于搜狗乃至整个搜狐的重要性。他将一份搜狗搜索市场状况的报告提供给张朝阳，数据显示，搜狐市场份额的上升原因几乎都指向浏览器。"浏览器真的能带动搜索引擎业务发展吗？"张朝阳重新审视浏览器这个产品。王小川通过提供大量内部、外部多个渠道的市场数据，向张朝阳证明创意的潜在价值、市场潜力和应用前景，使他终于知道，原来自己在过去几年中苦苦寻找的破解搜索引擎的法器，已经牢牢掌握在自己手里。张朝阳与王小川共同出席搜狗浏览器 2.0 发布会，标志着越轨创新事件在组织中正式获取合法性地位。以上，通过展示创意产品潜在价值和战略关联性等理性说服的影响策略，王小川终于让公司管理层意识到搜狗浏览器的方案可行性以及对组织发展的重要推动作用，从而获得他们对创意项目的采纳和支持（编码分析结果见表 5 – 25）。基于上述分析，本书得到以下命题。

命题 2b：在创意倡导阶段，越轨创新倡导者通过理性说服的影响策略，说服高层管理者，促进团队创造获得项目的合法权益。

表 5 – 25　　　　　创意倡导阶段越轨创新事件演化的证据展示

聚合维度	理论范畴	案例证据（一级编码）
趋势驱动	面临发展危机	2008 年 12 月，搜狗浏览器 1.0 正式发布，但却没有得到重视（浏览器未受重视）。 周鸿祎找到张朝阳，提出入股搜狗……身处其中的王小川却着了急。他认为，如果没了浏览器，搜狐也就失去了对流量的控制能力，最终也会丧失在（360）合资公司中的话语权，他觉得这样的合作对于搜狐不公平（张朝阳放弃浏览器业务）
	王小川意识到必须获得合法性	2010 年初，谷歌退出中国市场，搜狗的专注点重新回到搜索，但是这时候整个搜索的业务发展却遇到了瓶颈，这是一个让张朝阳意识到浏览器对于搜索重要性的机会（获得合法性机会）。 王小川觉得不能再等了，必须让张朝阳知道浏览器对于搜狗乃至整个搜狐的重要性（紧迫性）
向上影响策略	展示产品价值	就在此时，一份搜狗搜索市场状况的报告摆在了张朝阳的面前（市场数据），数据显示，搜狐市场份额的上升原因几乎都指向浏览器（市场价值）。 浏览器终于做了出来，两年内帮搜狐拿下了 10% 的份额（市场潜力），此时的张朝阳对王小川刮目相看
	战略关联性	搜狗搜索的流量增长了，张朝阳想知道到底是为什么。"马上查原因！"张朝阳下令。经过内部、外部多个渠道的统计分析显示，这些市场份额的上升原因几乎都指向搜狗的另一款产品——浏览器（战略关联性）
获得合法性	管理者改观	"浏览器真的能让搜索引擎飞起来吗？"张朝阳重新审视浏览器这个产品（态度转变）
	管理者认可	2010 年 4 月，张朝阳和王小川共同出席搜狗浏览器 2.0 发布会（成功说服）。

资料来源：笔者自行整理。

（3）创意采纳阶段。越轨创新事件的产生源于个体坚信创意能够为组织带来价值（王弘钰等，2019），因此，越轨创新事件在初步验证市场潜力、获得合法性地位授权后，将进一步强调为组织开创新的业务单元，甚至促进组织战略更新以增强组织竞争力（Gawke，Gorgievski and Bakker，2019）。在这一阶段，将着重关注越轨创新事件在获取合法性地位后，如何进一步推动组织创新实现组织绩效成长。

为了更好地促进创意项目的市场化，越轨创新倡导者在资源重置和获取新资源的过程中，推动创意项目的实施和发展，进一步提升组织创新和竞争优势（Kannan-Narasimhan and Lawrence，2018）（编码分析结果见表 5－26）。具体而言：一方面，创意倡导者向高层管理者争取更多的自主权和灵活性，为越轨创新事件充分发展提供保障（朱桂龙等，2021）。案例显示，在与组织和环境的互动过程中，王小川越发意识到技术导向的搜狗在市场策略、企业文化等方面与媒体导向的搜狐"格格不入"，迫切地感觉到搜狗需要有自己的一个运营的空间。基于此，王小川决定主动出击，牵线阿里巴巴和搜狐，成功说服张朝阳让搜狗从搜狐中拆分独立运营。独立运营后的搜狗有了更多话语自主权，更加明确地实施"三级火箭"创新发展模式，带动组织创新发展。另一方面，越轨创新倡导者利用其社会资本、影响力和关系来识别和获取所需的资源，为越轨创新事件提供动力和支撑（Hayton and Kelley，2006）。案例显示，2013 年，王小川在腾讯、阿里巴巴、360 和母公司搜狐之间斡旋，最终实现腾讯向搜狗注资 4.48 亿美元。借助腾讯的平台和资源，搜狗在技术和产品层面持续更新，同时日益累积的财务资本，使搜狗得以在移动互联网行业采取更加进取的扩张策略。最终，搜狗于 2017 年正式挂牌上市，搜狗月活跃用户数仅次于百度、阿里巴巴和腾讯，成为中国用户规模第四大互联网公司。可见，越轨创新倡导者发挥着重要作用，说服高层管理者重建组织体系，识别和获取新资源，不断实现组织创新，进一步提升组织的竞争力和市场地位。基于上述分析，本书得到以下命题。

命题 2c：取得合法性地位后，越轨创新倡导者进一步争取自主权保障和创新资源支持，促进组织创新，实现组织绩效成长。

表 5 – 26 创意采纳阶段越轨创新事件演化的证据展示

聚合维度	理论范畴	案例证据（一级编码）
争取自主权	急需发展空间	王小川越来越发现，作为技术型公司的搜狗在企业文化、市场策略甚至小小的信息技术（IT）设备配置方面，都已经与媒体基因浓厚的搜狐"格格不入"。在搜狐所有的子公司中，搜狗越来越像是一群"小狐狸"中的一只孤单的"小狗"（格格不入）。 这也让王小川颇为焦虑，他迫切地感觉到，如不采取拆分"手术"，搜狗就有"被崩盘"的危险（急需独立运营）
	搜狗独立运营	2010 年 10 月搜狐宣布分拆搜狗，阿里巴巴作为战略投资者、云峰基金作为财务投资者联手投资搜狗。与 2008 年搜狗 1.38 亿美元的估值相比，上述交易中搜狗估值为 2.37 亿美元，增幅超 70%，王小川出任搜狗 CEO，帮助搜狗完成第一次蜕变（搜狗拆分）
识别和获取资源	识别资源	2013 年，在搜索合并潮中，张朝阳准备将搜狗打包卖给其好友周鸿祎，与 360 搜索整合改写中国搜索格局（360 二次收购），然而王小川不乐意，在腾讯、阿里巴巴、360 和母公司搜狐之间斡旋（识别可用投资）
	获取资源	最终如愿以偿，腾讯向搜狗注资 4.48 亿美元，并将腾讯旗下搜索业务并入搜狗，还获得腾讯多个一级入口（引入腾讯投资）。搜狗通过获得大量的优质资源与内容获取其差异化的竞争力（获得资源）
组织创新	发展模式创新	之后，浏览器成功带动了搜狗搜索流量的上升（浏览器带动）。这也是后来搜狗总结的"三级火箭"商业模式：即让输入法打前站（"一级火箭"），获取最高的用户桌面安装量；让浏览器做策应（"二级火箭"），成为用户的网络入口；最后将搜索引擎（"三级火箭"）绑定或者说嵌入浏览器上，依托浏览器拓展搜索引擎市场（"三级火箭"发展模式）
	技术和产品创新	2013 年 7 月，搜狗浏览器智慧版 Beta 发布，同时搜狗筹划近两年时间的探索引擎正式落地，将浏览器及搜索技术深度融合（产品创新）。 就连王小川都这样说："我们在技术和产品层面有了愈加深厚的积累（技术和产品创新）"
组织绩效	市场绩效	2015 年第二季度，搜狗浏览器覆盖率近 25%，覆盖达 1.17 亿人（市场占有率），2017 年，搜狗移动端搜索流量增长 50%，占总体的 76%（销售增长率）。 2017 年 11 月 9 日，搜狗在美国纽约证券交易所正式挂牌上市。目前搜狗月活跃用户数仅次于 BAT，是中国用户规模第四大互联网公司（市场地位）
	财务绩效	2011 年底，搜狗宣称流量已经超过 Google 中国，并首次实现季度盈利（实现盈利）。 2014 年搜狗营收达 3.86 亿美元，同比增长 79%，盈利 3300 万美元，实现全年持续性盈利（持续盈利）

资料来源：笔者自行整理。

综上所述，随着越轨创新事件开展以及与团队和组织中其他实体的互动，越轨创新事件呈现出多层次动态演进的特点。王小川作为越轨创新事件的倡导者，就像战国时期的纵横家，在团队和组织层面的各个关键参与者之间游说，他的每一次合纵连横，每一次借力，都将越轨创新事件的影响带到一个全新的高度。具体表现为：在自下而上推动组织创新的过程中，越轨创新事件倡导者通过不断地意义建构争取团队认可和管理者采纳，来实现创意活动，获取合法性，进而推动组织发展。综上所述，本书提出以下命题。

命题 3：随着时间持续性，越轨创新事件倡导者通过持续地意义建构实现个人创意、团队创造以及组织创新的跨层次动态发展。

5.3.3.3　越轨创新事件空间属性

根据事件系统理论，本书选取越轨创新倡导者地位来进行分析。员工越轨创新事件对其他成员而言是工作场所中具有颠覆性和重要性事件，这一事件会阻碍其他成员的目标实现而使他们产生一定的情感反应和工作行为（Ashkanasy and Dorris，2017）。由于员工嵌入在团队和组织内部，与其他成员之间具有紧密的社会联结，人们对越轨创新事件的评估可能会受到社会因素的影响（胡琼晶、魏俊杰、王露、谢小云，2021）。在本书中，将考察越轨创新倡导者正式地位和非正式地位这两个社会属性对越轨创新事件发展的影响作用。

（1）非正式地位。非正式地位指个体享有的尊敬、声望和影响力，它描述了个体在团队中的非正式层级位置，反映个体在团队中的影响力，也是影响他人如何认知和评价个体行为的重要因素（胡琼晶等，2021）。王小川在访谈中表示其在搜狐技术人员中为核心，可见他处于组织社会网络的中心位置，具有较高的非正式地位。高非正式地位个体通常具有较高的工作胜任力和人际影响力，因此，人们在评价高地位个体的越轨创新事件时，往往倾向于相信其在后续的工作中能够继续带来优异的创新绩效，从而对高地位的越轨创新实施者表现出更高的包容度，在后续工作中更愿意采取合作的态度和行为（胡琼晶等，2021），这将有利于越轨创新实施者获得同事支持以及通过非官方途径调动资源。案例资料显示，王小川在启动浏览器项目时，开始在公司里面私下组建小团队来做浏览器，搜狗浏览器就是被王小川这样攒出来了。以上表明，非正式地位越高的个体，越容易影响他人达成创意共识，进而以团队协作方式推进越轨创新，这将有助于越轨创新事件由个体向团队层面发展。综上所述，本书提出以下命题。

命题3a：越轨创新事件倡导者的非正式地位越高，越容易获得组织中其他成员的支持与合作，有助于越轨创新事件由个体创意向团队创造发展。

（2）正式地位。正式地位是指组织正式制度授予员工的职级或工作头衔，反映个体所掌握的权力和资源获取能力（黄玮等，2017）。王小川在27岁担任高级技术经理，在搜狗正式从母公司搜狐拆分出来时，全面"掌舵"这家分公司，可见他具有较高的正式地位。在越轨创新事件演进的发展过程中，不仅需要呈现出个体创意向团队创意转化以实现产品化，更需要争取组织合法性授予以及推进越轨创新实现商业化。在推进越轨创新实现商业化的过程中，特别是当需要大量组织内外部合作时，由高层管理者来充当越轨创新倡导者是非常重要的（Heyden et al.，2018），这将有利于保护越轨创新事件较少地遭受组织规范和资源约束的限制，促进越轨创新事件成功化演进。案例显示，在第一次收购危机时，王小川主动牵线阿里巴巴和搜狐，成功说服张朝阳放弃出售浏览器业务；在第二次合并危机时，王小川积极引入腾讯资本合作，借助腾讯的平台和资源，助力新业务发展。可见，越轨创新倡导者的正式地位越高，越有助于保护和推进越轨创新从团队创造向组织创新发展。综上所述，本书提出以下命题。

命题3b：越轨创新事件倡导者的正式地位越高，越有益于确保越轨创新事件顺利"孵化"，有助于推进越轨创新事件由团队创造向组织创新发展。

命题4：越轨创新事件发展时，其主要倡导者所处的地位越高，越有助于扩大越轨创新事件的影响。

5.3.3.4 案例结果讨论

众所周知，个体创意是组织创新的基石，然而越轨创新作为个体创意是如何被群体接受并以团队创造的形式得以实现，以及团队行动和创造成果如何被组织认可和接纳进而推动组织创新的，此类问题还未得到很好的解答。本书以事件系统理论作为理论视角，以搜狗浏览器创始人王小川先生为案例研究对象，关注越轨创新事件如何在组织中实现"个体创意—团队创造—组织创新"三个层面的发展，系统深入地探索越轨创新事件影响过程的多层次动态演化机制，并构建越轨创新事件自下而上推动组织创新的跨层级模型（见图5-8）。

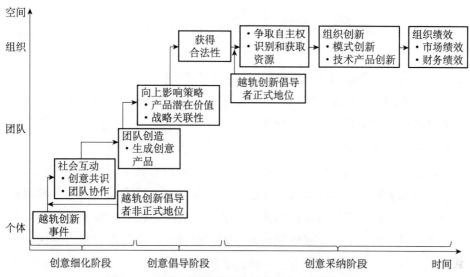

图 5 - 8　越轨创新事件发展的多层次动态演化机制

　　具体结果如下：（1）强度属性上，越轨创新事件的强度属性越强，越会给个体带来坚定的创新信念和工作投入来实现越轨创新事件发展，越需要个体持续的意义建构来保护和推进越轨创新事件进程，其一旦成功，也更有可能为组织带来有价值的创新成果，推动组织发展，改变行业布局。（2）时间属性上，随着时间持续性，越轨创新事件倡导者通过持续地意义建构实现个人创意、团队创造以及组织创新的跨层次动态发展。具体而言，在创意细化阶段，越轨创新事件发起者在社会互动中达成群体创意共识和团队协作的集体行动过程机制，推进创意成果产生，实现团队创造；在创意倡导阶段，越轨创新倡导者通过理性说服的影响策略，说服高层管理者，促进团队创造获得项目的合法权益；在取得合法性地位后，越轨创新倡导者进一步争取自主权保障和创新资源支持，促进组织创新，实现组织绩效成长。（3）空间属性上，越轨创新事件发展时，其主要倡导者所处的地位越高，越有助于扩大越轨创新事件的影响。越轨创新事件倡导者的非正式地位越高，越容易获得组织中其他成员的支持与合作，有助于越轨创新事件由个体创意向团队创造发展；越轨创新事件倡导者的正式地位越高，越有益于确保越轨创新事件顺利"孵化"，有助于推进越轨创新事件由团队创造向组织创新发展。

5.4　本章小结

众所周知，创新绩效是越轨创新非常重要的结果变量（黄玮等，2017）。然而，越轨创新何时能够促进个体创新绩效的积极转化，如何作用于团队创造和组织创新等问题，仍需要学者的深入研究。本章通过文献梳理，从个体层面下未能系统揭示越轨创新行为促进个体创新绩效的边界条件，特别是缺乏组织创新氛围、领导权变激励和领导容错性对两者关系的调节作用；团队组织层面下未能深入分析越轨创新影响效果的多层次动态演化机制，特别是缺乏基于事件视角下剖析越轨创新事件的作用效果；缺乏以案例研究方法的应用等方面，指出了目前越轨创新对个体创新绩效、团队创造及组织创新影响的研究不足，并在此基础上，展开以下研究。

（1）基于个人—环境匹配理论，提出了越轨创新行为对个体创新绩效差异化影响的情境边界模型，探究了组织创新氛围、领导权变激励和领导容错性对于区分越轨创新行为何时正向影响个体创新绩效的边界意义。在预调查后，对河南、山东等地 18 家企业 219 名员工的两阶段数据进行分析。结果发现，越轨创新行为总体上正向影响个体创新绩效；组织创新氛围是越轨创新行为与个体创新绩效之间关系的调节变量，在高组织创新氛围的情境下，越轨创新行为显著正向影响个体创新绩效；领导权变激励是越轨创新行为与个体创新绩效之间关系的调节变量，在高领导权变激励的情境下，越轨创新行为显著正向影响个体创新绩效；领导容错性是越轨创新行为与个体创新绩效之间关系的调节变量，在高领导容错性的情境下，越轨创新行为显著正向影响个体创新绩效。研究揭示了组织和领导情境是强化越轨创新行为对个体创新绩效正向影响的边界因素，拓宽了个人—环境匹配理论的应用范围。

（2）基于事件系统理论，挖掘越轨创新事件如何作用于个体、团队和组织多个层次，构建越轨创新事件全过程的系统分析框架，在此基础上深度剖析各个阶段的发展特征、影响过程。通过对王小川越轨创新事件进行案例分析，研究系统深入地探索越轨创新事件影响过程的多层次动态演化机制，具体结果如下：第一，在强度属性上，越轨创新事件的强度属性越强，越会给个体带来坚定的创新信念和工作投入来实现越轨创新事件发展，越需要个体持续的意义建构来保护和推进越轨创新事件进程，其一旦成功，也更有可能为组织带来有价值的创新成果，推动组织发展，改变行业布局。第二，在时间属性上，随着时间持续性，越轨创新事件倡导者通过持续地意义建构实现个人创意、团队创造以及组织创新的跨层次动态发展。第三，在空间属性上，越轨创新事件发展时，其主要倡导者所处的地位越高，越有助于扩大越轨创新事件的影响。

第6章　研究结论与理论贡献

本章在对越轨创新行为量表的修订、越轨创新行为形成机制、越轨创新行为影响效果等研究的基础之上，提炼本书的研究结论、总结理论贡献，并阐述研究的局限性。

6.1　研究结论

6.1.1　"暗度陈仓"和"君命不受"二维度测量越轨创新行为更具科学性和实用性

关于越轨创新行为的测量，学术界存在两种视角：基于管理层未知晓视角和基于管理层知晓视角，分别对应克里斯库洛团队和林团队开发的量表（Criscuolo et al.，2014；Lin et al.，2016）。尽管现有研究证明上述两种量表的信效度较好，但仍存在以下两点不足：（1）缺乏从创新过程视角测量员工越轨创新行为。依据创新过程理论，越轨创新行为是一个动态且连续的创新过程，其行为在管理者知晓前后都会发生（Mainemelis，2010），甚至能够从知晓前发展到知晓后阶段。目前的测量量表不能覆盖员工越轨创新行为过程的全貌，更是会对研究结果造成一定的偏差。（2）未能基于儒家文化情境取向识别越轨创新行为的内涵与维度。现有越轨创新行为量表多以西方文化背景下的越轨创新行为概念为基础进行编制，相较于西方文化内涵，中国儒家文化中的"面子文化"和"谏诤文化"能够更为贴切地揭示出中国员工越轨创新行为的本质。但目前尚未有研究基于儒家文化情境取向识别越轨创新行为的内涵与维度并编制相应的测量量表。这使目前的越轨创新行为量表难以适用于中国组织情境，也不利于对中国员工越轨创新行为的深入理解。

为弥补上述不足，本书从创新过程理论出发，得出该行为具有管理者知晓前和知晓后的内涵特征，并基于儒家文化的情境取向，提出越轨创新包括两个维度："暗度陈仓"和"君命不受",并修订出共计 7 个题项的二维量表。其中,"暗度陈仓"体现了管理者知晓前的私下层面的越轨创新行为活动,诠释了儒家智慧的生存哲学,指组织中员工选择延迟公开自己的创新主张,私下开展认为对组织有价值的创新设想;而"君命不受"体现了管理者知晓后的违命层面的越轨创新行为活动,展现了儒家思想影响下君臣父子与上下级关系文化,指决策者在否决创新方案后,员工选择违反决策者命令继续从事该方案。本书运用定性与定量相结合的研究方法,通过文献调研、半结构访谈、内容分析法、问卷调查及实证检验等方法修订出信效度良好、符合心理测量要求的越轨创新行为测量量表。这弥补了目前缺乏基于创新过程理论和儒家传统文化情境的越轨创新行为测量的不足,实现了对越轨创新行为的动态、全面的测量,使测量量表更具有科学性、实用性。

6.1.2 越轨创新行为的重要前因变量

(1)资质过剩感是越轨创新行为的重要前因变量。以往研究显示,人格特质(如主动性人格)、价值观(如新生代员工价值观)和认知因素(如未充分就业感知)都能促使员工越轨创新行为的产生(杨剑钊等,2019;侯烜方等,2020;陈超等,2020)。其中,资质过剩感作为一种认知因素也被提出是促进越轨创新行为形成的重要前因变量(王朝晖,2019),但却未得到学者们的充分探讨,难以为有效引导员工资质过剩感的积极转化提供借鉴。为弥补上述不足,本书根据自我验证理论,提出资质过剩感高的个体认为自身具备较高水平的工作能力,这样的自我概念促使其更可能利用自身的冗余能力资本,从而创造更多的工作自主性,为越轨创新行为提供实施空间(王弘钰,2019)。进一步,通过两阶段的 483 份数据分析得出研究结果:资质过剩过感能够正向影响员工越轨创新行为,即个体的资质过剩感水平越高,其对越轨创新行为产生的影响越大。本书研究结果再次表明,资质过剩感对越轨创新行为的形成具有重要影响。

(2)差序式领导是越轨创新行为的重要前因变量。领导视角下虽有大量领导风格(变革型领导、非伦理领导、真实型领导等)被证实能够促进越轨创新行为的发生,然而这些研究鲜少关注中国本土影响因素的探讨,特别缺乏对更符合中国文化价值观的差序式领导的研究。差序式领导倾向于将员工分为"圈内人"和"圈外人"(郑伯埙,1995)。其中,"圈内人"会因为受到优待而敢于采取冒险行为，而"圈外人"则会为了证明自我而选择一些高风险性的行为。可见，差序式领导所表现出的差别对待对越轨创新行为的发生具有重要影响。但目前尚未有研究对差序式领导与越轨创新行为之间的关系展开深入研究，这不利于实现中国组织情境中员工越轨创新行为发生的全面、深入理解。鉴于此，本书基于差序格局理论，关注差序式领导对员工越轨创新行为的影响，分析并验证了差序式领导与员工越轨创新行为间的关系。通过对331名员工进行问卷调查，实证研究发现，差序式领导对越轨创新行为具有积极影响。可见，差序式领导对越轨创新行为的形成具有重要影响。

（3）悖论式领导是越轨创新行为的重要前因变量。在目前诸多关于领导风格与越轨创新行为关系的研究中，大多探讨单一导向的领导风格与越轨创新行为之间的关系，而鲜少有研究关注悖论式领导对越轨创新行为发生的影响。悖论式领导的悖论思维能够为员工起到角色模范的作用，促使员工灵活应对组织中的悖论矛盾，进而选择越轨创新行为（王朝晖，2019）。显然，悖论式领导是员工越轨创新行为的一个重要决定因素。但现有研究却忽视了这一重要前因变量，不利于学者们从悖论思维式管理方式的角度来理解越轨创新行为的形成。鉴于此，本书基于社会认知理论，以悖论式领导为越轨创新行为前因变量来探讨两者之间的关系。基于359个样本数据，实证检验得出，悖论式领导对越轨创新行为有正向影响，即悖论式领导的水平越高，其对越轨创新行为的影响越大。可见，悖论式领导对越轨创新行为的形成具有重要影响。

（4）领导权变激励是越轨创新行为的重要前因变量。在现实组织中，除了领导风格以外，领导行为同样是影响员工行为的重要决定因素，但现有研究鲜少从行为视角考察领导对员工越轨创新行为的影响。领导权变激励作为一种灵活、公平且效能优先的领导激励行为，能够显著调动个体开展角色外工作、通过额外付出获得更多奖励的动机（周春城，2019），对员工越轨创新行为具有重要的影响作用。然而，现有研究却忽略了领导权变激励对员工越轨创新行为的影响及作用机制，难以为企业激励、权变管理员工的越轨创新行为提供全面的启发借鉴。鉴于此，本书以综合激励模型为基础，借助经验取样法验证领导权变激励作用效果的即时性与延时性。基于对445单元动态数据的研究发现，领导权变激励对员工每日的工作旺盛感和越轨创新行为具有即时效应。基于对356单元滞后匹配数据的研究发现，领导权变激励对员工次日的工作旺盛感和越轨创新行为具有延时效应。可见，领导权变激励对越轨创新行为的形成具有重要影响。

（5）组织创新氛围是越轨创新行为的重要前因变量。基于组织视角的研究证明了工作特性（刘博等，2018）、创新管理实践（Globocnik et al.，2015）、规范制度（金玉笑等，2018）等因素均会影响越轨创新行为的产生，但尚未有研究充分探讨组织创新氛围的影响。有研究指出，组织创新氛围会进一步激化资源有限性所带来的矛盾，从而促使员工在组织资源有限的情况下，选择开展越轨创新行为来满足其创新想法（Globocnik et al.，2015）。可见组织创新氛围是影响员工创新行为的关键因素，但现有研究仅在理论上推演出组织创新氛围与越轨创新行为之间存在正相关关系（Globocnik et al.，2015），缺乏相关的实证检验，不利于全面理解组织因素在员工越轨创新行为产生过程中的作用。鉴于此，本书基于社会认知理论，进一步分析组织创新氛围对越轨创新行为的影响。通过 316 份员工数据，经实证检验后发现，组织创新氛围显著正向影响员工越轨创新行为。这一研究结果再次说明，组织创新氛围对越轨创新行为的形成具有重要影响。

6.1.3　证明目标导向、未来关注能揭示资质过剩感对越轨创新行为影响的作用机制

（1）证明目标导向能揭示资质过剩感对越轨创新行为影响的中介机制。已有研究从悖论视角揭示了资质过剩感对越轨创新行为的作用机制（王朝辉，2019）。但是结合资质过剩感个体特质和自我验证理论来看，感知资质过剩的个体往往具备较高的自我定位和自信程度，这会进一步转化为个体较强的证明目标导向，促使他们主动从事越轨创新行为。可见，证明目标导向是资质过剩感影响越轨创新行为的另一重要路径，但目前尚未有研究对该路径进行深入剖析，这不利于全面揭示资质过剩感与越轨创新行为之间的关系及作用机制。为弥补这一缺陷，本书基于自我验证理论，引入证明目标导向作为资质过剩感影响越轨创新行为的中介变量。对两阶段的 483 份数据进行分析，得出研究结果：资质过剩感通过积极影响证明目标导向，进而作用于越轨创新行为。可见，证明目标导向是揭示资质过剩感影响越轨创新行为的中介机制。

（2）未来关注是资质过剩感促进越轨创新行为形成的边界条件。现有研

究缺乏从未来关注视角对资质过剩感引发越轨创新行为过程中边界条件的探讨。高未来关注会激发个体的冗余资质优势，促使其在证明目标导向的驱动下，主动开展越轨创新行为这一挑战性的创新活动（Yadav et al.，2007）。可见，引入未来关注不仅弥补了该项研究的空白，对于明晰资质过剩感、证明目标导向和越轨创新行为的关系意义重大。因此，本书基于自我验证理论，构建一个有调节的中介模型，探讨了资质过剩感—证明目标导向—越轨创新行为在不同未来关注水平下的变化机制。通过两阶段的 483 份数据分析，得出研究结果：未来关注正向调节证明目标导向在资质过剩感与越轨创新行为之间的中介作用，未来关注程度越高，证明目标导向的中介作用越强。该结果说明，未来关注是资质过剩感与员工越轨创新行为关系间存在的边界条件。

6.1.4 心理特权、认知冲突能揭示差序式领导对越轨创新行为影响的作用机制

（1）心理特权能揭示差序式领导对越轨创新行为影响的中介机制。探索员工越轨创新行为的形成机制，有助于更好地认识并引导该行为。然而尚未有研究打开差序式领导与越轨创新行为之间关系的"黑箱"，更是缺乏通过心理特权揭示差序式领导对越轨创新行为作用的中介机制。基于差序格局理论和社会比较理论，在受到差别对待以后，圈内员工在向下比较的过程中，倾向于认为自身优势具有合理性而产生心理特权，进而会实施越轨创新行为以来维系现有优势；圈外员工在向上比较的过程中，产生心理特权感，进而敢于践行越轨创新行为以获得自认为该有的优待（Wheeler et al.，2013）。由此可见，心理特权可能是揭示差序式领导对越轨创新行为作用的重要中介机制，有待学者深入分析。为此，本书基于差序格局理论，在"关系导向"和"权威导向"的差序环境中揭示差序式领导与越轨创新行为之间的关系，并结合社会比较理论探究两者之间的作用机制，分析并验证心理特权在两者关系中的中介作用。通过实证检验，最终得到研究结论：员工心理特权是揭示差序式领导促使越轨创新行为形成的中介机制。

（2）认知冲突是差序式领导促进越轨创新行为形成的边界条件。现有研究缺乏从认知冲突视角对差序式领导引发越轨创新行为过程中边界条件的探讨。根据紧张理论，越轨创新行为是在某种心理状态下因紧张感而产生的，而认知冲突会进一步放大具有心理特权的员工所产生的紧张情绪，从而提高

越轨创新行为发生的可能性。可见，认知冲突是差序式领导、心理特权影响越轨创新行为的重要边界条件，但目前尚未有研究对此进行深入剖析，这不利于全面揭示差序式领导与越轨创新行为之间的作用机制。因此，本书根据紧张理论，引入认知冲突作为调节变量，通过问卷调查和实证分析，检验并修正理论模型。研究发现，认知冲突不仅正向调节员工心理特权与员工越轨创新行为之间的关系，而且正向调节差序式领导—心理特权—越轨创新行为这一中介机制。本书揭示了差序式领导、心理特权、越轨创新行为和认知冲突的关系，并得到研究结论：认知冲突是差序式领导与员工越轨创新行为关系间存在的边界条件。

6.1.5　角色宽度自我效能感、主动性人格能揭示悖论式领导对越轨创新行为影响的作用机制

（1）角色宽度自我效能感能揭示悖论式领导对越轨创新行为影响的中介机制。梳理文献发现，以往研究在探讨领导风格与越轨创新行为之间的中介机制时，大多从社会交换理论和资源保存理论出发关注员工的心理安全感、上下级关系和责任感，尚未有研究探讨角色宽度自我效能感在悖论式领导与越轨创新行为间的中介作用。根据社会认知理论，悖论式领导体现的包容性、给予员工个性化的关怀，加强了员工对自身能力的把握（彭伟等，2018），能够提升角色宽度自我效能感，进而促进员工越轨创新行为。可见，从社会认知理论出发，引入角色宽度自我效能感作为悖论式领导与越轨创新行为间的中介机制具有合理性和价值性。鉴于此，本书基于社会认知理论，引入角色宽度自我效能感作为中介变量，实证检验结果证实，悖论式领导作为外部环境的重要组成部分，可以通过影响员工的角色宽度自我效能感间接地促进员工越轨创新行为的发生。进一步得出研究结论：角色宽度自我效能感是揭示悖论式领导对越轨创新行为影响的中介机制。

（2）主动性人格是悖论式领导促进越轨创新行为形成的边界条件。现有研究缺乏对主动型人格在悖论式领导引发越轨创新行为过程中边界条件的探讨。以往的研究指出，个体的人格特质可以激活不同的情境反应，能够调节工作环境因素对员工心理认知和行为的影响（Bodankin et al.，2009）。其中，领导风格是工作环境因素的一个重要组成部分，角色宽度自我效能感属于个人的心理认知范畴（Parker，1998），可见，主动性人格作为一种积极的人格

特质，在悖论式领导对角色宽度自我效能感、越轨创新行为之间可能起到重要的调节作用，有待学者深入分析。鉴于此，本书引入主动性人格作为调节变量，并构建一个有调节的中介模型，探讨了悖论式领导—角色宽度自我效能感—越轨创新行为在不同主动性人格水平下的变化机制。实证研究结果证实，主动性人格能够调节悖论式领导对角色宽度自我效能感的影响，进而调节角色宽度自我效能的中介效应而对越轨创新行为产生影响。由此得出研究结论：主动性人格是悖论式领导促进越轨创新行为形成的边界条件。

6.1.6 工作旺盛感、自我提升价值观能揭示领导权变激励对越轨创新行为影响的作用机制

（1）工作旺盛感能揭示领导权变激励对越轨创新行为影响的中介机制。现有研究大多强调领导权变激励通过个体能力引发创新行为的路径，忽视了工作旺盛感在领导权变激励与员工越轨创新行为之间的作用机制。然而，与激活个体能力相比，领导权变激励激活员工工作旺盛感较少受个体素质、时间和成本等因素的约束（朱苏丽等，2015），更有利于高效、快速地激活越轨创新行为。可见，解构领导权变激励与员工越轨创新行为之间的关系，工作旺盛感更值得优先考量，更有利于最大限度上发挥员工价值。鉴于此，本书基于综合激励模型，将领导权变激励作为一种外部激励，将员工工作旺盛感作为激励后的一种知觉体验，将越轨创新行为作为一种反应。通过实证检验，证实员工工作旺盛感在领导权变激励和越轨创新行为关系间具有重要的传导作用，即领导对员工作出权变激励行为后，不仅会对其越轨创新行为产生直接影响，同时会激活个体工作旺盛感，进一步转化为越轨创新行为。进而得出研究结论：工作旺盛感是揭示领导权变激励对越轨创新行为影响的中介机制。

（2）自我提升价值观是领导权变激励促进越轨创新行为形成的边界条件。现有研究关注个体能力、工作条件等客观因素的调节作用（赵峰等，2013），缺乏对个体价值观调节机制的探讨，忽视了个体自我提升价值观对工作旺盛感影响越轨创新行为路径的边界作用（Walumbwa et al.，2018），与强调个体能动性的人力资本理念相悖，最终导致企业忽视了员工价值观的培育。鉴于此，本书将自我提升价值观引入领导权变激励、工作旺盛感和越轨创新行为的整合模型，从价值观视角丰富激励理论的研究。实证研究发现，

自我提升价值观正向调节每日工作旺盛感与每日越轨创新行为之间的关系，同时正向调节每日工作旺盛感在领导权变激励与每日越轨创新行为之间的中介效应。以上研究结果说明：自我提升价值观是领导权变激励促进越轨创新行为形成的边界条件。

6.1.7 创新自我效能感、个人—组织匹配能揭示组织创新氛围对越轨创新行为影响的作用机制

（1）创新自我效能感能揭示组织创新氛围对越轨创新行为影响的中介机制。现有研究尚未关注到组织创新氛围对越轨创新行为的作用路径。然而基于社会认知理论，创新自我效能感作为个体自我认知的重要内容，是将环境信息传导至行为的重要中介变量。可见，创新自我效能感可能是揭开两者关系间"黑箱"的重要中介机制，但目前尚未有研究关注，这不利于打开越轨创新行为产生的"黑箱"，无法明晰组织创新氛围与越轨创新行为之间的传导机理。鉴于此，本书基于社会认知理论，引入创新自我效能感作为组织创新氛围影响越轨创新行为的中介变量。通过实证检验，证实创新自我效能感在组织创新氛围和越轨创新行为关键间具有重要的传导作用，即组织创新氛围不仅对越轨创新行为产生直接影响，同时还会提升员工创新自我效能感，进一步促进越轨创新行为的产生。进而得出研究结论，创新自我效能感是揭示组织创新氛围对越轨创新行为影响的中介机制。

（2）个人—组织匹配是组织创新氛围促使越轨创新行为形成的边界条件。现有研究缺乏对个人—组织匹配在组织创新氛围影响越轨创新行为过程中边界条件的探讨。个人—组织匹配是反映个人与组织在价值观等方面的相容性（Kristof，1996），是其自我引导的依据（Chatman，1999）。一般来说，个人—组织匹配度越高的个体越倾向将组织的期望作为行为准则（Yu，2016），因此，组织环境对高个人—组织匹配员工的心理和行为的作用可能更显著（Maia et al.，2016）。可见，个人—组织匹配在组织创新氛围对创新自我效能感、越轨创新行为之间可能起到重要的调节作用，有待学者深入分析。鉴于此，本书基于社会认知理论，假设并验证了个人—组织匹配在组织创新氛围影响创新自我效能感过程中的调节作用。实证研究结果表明，个人—组织匹配的高低不仅调节了组织创新氛围和创新自我效能感的关系，还调节组织创新氛围对越轨创新行为的间接作用。换言之，组织营造一种鼓励

创新的氛围，能有效地改善员工的创新自我效能感，进而诱发后续的越轨创新行为，但是自我效能感的强度受到个人—组织匹配差异上的影响。可见，个人—组织匹配是组织创新氛围促使越轨创新行为形成的重要边界条件。

6.1.8 越轨创新行为的重要结果变量

（1）个体创新绩效是越轨创新行为的重要结果变量。关于越轨创新行为对个体创新绩效的作用效果研究，学界尚未达成统一认识且主要持正负两种观点。可见，现有研究对此仍存在争议，使学界无法对越轨创新行为进行判断，更难以为组织鼓励还是打压越轨创新行为提供有效的答案。因此，厘清越轨创新行为"赋能"还是"负担"个体创新绩效，是开展越轨创新行为影响结果研究必须首要解决的问题。本书从探索学习优势、资源整合优势和延迟公开优势的角度探讨越轨创新行为对个体创新绩效的积极作用（王弘钰、万鹏宇，2020），同时也考虑了越轨创新行为实施难度、缺乏指导和被过度关注等问题，潜在抑制个体绩效创造，最终提出越轨创新行为总体上正向影响个体创新绩效的核心假设。在预调查的基础上，基于219名员工两阶段的跨时点数据，验证了该核心假设。研究基于理论和数据得出研究结论：越轨创新行为对个体创新绩效具有积极作用，为学界理解越轨创新行为提供了一定的参考。值得注意的是，越轨创新行为总体上正向影响个体创新绩效，但越轨创新行为在何种情境下促进个体创新绩效的问题仍需要进一步探索。

（2）团队创造和组织创新是越轨创新的重要结果变量。目前对"越轨创新—创新绩效"的研究主要集中在个体层面，而其对团队和组织层面创新绩效的影响未得到充分的探讨。研究表明，起源于组织中的某一层级的越轨创新事件，随着创意过程的推进，其影响后果不可避免地会催生、传递或延伸到其他层次（陈建安等，2021）。因此，有必要增加越轨创新对团队和组织层面创新绩效的相关研究，拓展越轨创新作用效果讨论的广度和深度，以期为企业创新实践提供切实有效的指导。鉴于此，本书采用单案例研究的方法，以王小川研发搜狗浏览器的经历为纵向研究案例，借鉴事件系统理论，选取越轨创新事件强度、空间和时间属性为切入点，系统深入地探索越轨创新事件影响过程的跨层次动态演化机制。研究得出以下结论：时间属性上，随着时间持续性，越轨创新事件倡导者通过持续地意义建构实现个人创意、团队创造以及组织创新的跨层次动态发展；强度属性上，越轨创新事件的强度属性越强，越需要个体持续的意义建构来保护和推进越轨创新事件进程；空间属性上，越轨创新事件发展时，其主要倡导者所处的地位越高，越有助于扩大越轨创新事件的影响。以上结果表明，越轨创新会对团队创造和组织创新带来重要影响。

6.1.9　越轨创新行为促进个体创新绩效的边界条件

（1）组织创新氛围是越轨创新行为促使个体创新绩效正向转化的边界条件。以往研究通过实证检验了创新自我效能、创造力等个体层面创新要素对越轨创新行为影响个体创新绩效的边界意义（王弘钰、万鹏宇，2020；黄玮等，2017），对组织创新氛围等组织层面创新要素的边界意义却鲜有关注（Waheed et al.，2019），难以从组织视角有力地解决越轨创新行为如何促进个体创新绩效的问题。鉴于此，本书基于个人—组织匹配理论，构建了组织创新氛围对越轨创新行为与个体创新绩效关系的调节模型。实证检验发现，组织创新氛围是越轨创新行为影响个体创新绩效的重要组织情境，组织创新氛围强化了越轨创新行为对个体创新绩效的正向影响。具体而言，高水平的组织创新氛围下，越轨创新行为对个体创新绩效的正向影响最强；中等水平的组织创新氛围下，越轨创新行为依然显著正向影响个体创新绩效；低水平的组织创新氛围下，越轨创新行为对个体创新绩效的影响不显著。以上研究结果说明，组织创新氛围是越轨创新行为促使个体创新绩效正向转化的边界条件。

（2）领导权变激励是越轨创新行为促使个体创新绩效正向转化的边界条件。现有探究领导因素对越轨创新行为与个体创新绩效的边界研究仍处于单一化状态，忽视了领导权变激励对越轨创新行为与个体创新绩效的关系重要的调节作用，滞后于灵活权变的管理实践，难以为企业权变管理员工的越轨创新行为提供全面的启发借鉴。因此，本书基于个人—上级匹配理论，从领导的视角构建了领导权变激励对越轨创新行为与个体创新绩效关系的调节模型。研究发现，越轨创新行为与高领导权变激励的匹配会促进个体创新绩效，具体而言，高水平的领导权变激励下，越轨创新行为对个体创新绩效的正向影响最强；中等水平的领导权变激励下，越轨创新行为依然显著正向影响个体创新绩效；低水平的领导权变激励下，越轨创新行为显著负向影响个体创新绩效。可见，领导权变激励是越轨创新行为促使个体创新绩效正向转化的边界条件。

（3）领导容错性是越轨创新行为促使个体创新绩效正向转化的边界条件。越轨创新行为面临双重"困境"，即手段的非法叛逆性与过程的探索试错性，领导的宽容处理方式是越轨创新者想法被叫停惩罚或完善推进的重要情境要素（马跃如等，2020）。然而，现有研究忽视了具有中国文化特色的领导容错性对越轨创新行为与个体创新绩效关系的调节作用，无法用东方领导智慧解答问题。引入领导容错性这一具有本土特色的东方领导方式，更能以一种包容的领导方式处理创新中手段偏差、目的忠诚的矛盾，推进越轨创新行为研究的本土化。鉴于此，本书在个人—上级匹配理论的基础上，构建了领导容错性对越轨创新行为和个体创新绩效关系的调节作用。研究发现，领导容错性强化了越轨创新行为对个体创新绩效的影响，具体而言，高水平的领导容错性下，越轨创新行为对个体创新绩效的正向影响最强；中等水平的领导容错性下，越轨创新行为依然显著正向影响个体创新绩效；低水平的领导容错性下，越轨创新行为显著负向影响个体创新绩效。由此可见，领导容错性是越轨创新行为促使个体创新绩效正向转化的边界条件。

6.2　理论贡献

6.2.1　加深了对越轨创新行为概念、内涵的理解，修订了越轨创新行为的测量量表

通过对现有越轨创新行为概念的梳理，不难发现，学者们主要以管理者是否知晓为分界点，分别界定了管理层知晓前或者知晓后某一种情境下的越轨创新行为。第一种是管理者知晓前，即员工为了避免当前"不成熟"的创意想法遭到管理层否决，而选择先私下进行创新而待创意成熟再公开。第二种是管理者知晓后，即创新方案在被决策者否决的情况下，员工为了组织的利益，私下完成创新方案的行为（Mainemelis，2010；Lin et al.，2016）。然而根据创新过程理论，员工越轨创新行为在管理者知晓前后都会发生（Mainemelis，2010），甚至能够从知晓前发展到知晓后阶段，即越轨创新行为是一个动态且连续的创新过程。这意味着，原有界定方式以管理者是否知晓为分界点作出划分是片面的、不完整的，而创新过程视角为两种越轨创新建立

了合理的连接，将两者有机地整合起来，弥补之前界定的不足。基于此，本书从创新过程出发，结合管理者知晓前和知晓后两种视角包含的内涵特征，将越轨创新行为界定为：员工避免或无视上级的否决，坚信自己的创意会给企业创造价值，并通过非正式途径继续深耕的创新行为。这一研究不仅能够全面地反映越轨创新行为的概念、内涵，极大地加深了理论界与实践界对员工越轨创新行为的理解与认识，同时也为增强越轨创新行为的内涵统一性作出贡献。

与之对应地，学者们分别从管理层是否知晓视角对越轨创新行为的测量进行了探索（Criscuolo et al., 2014；Lin et al., 2016）。但仍存在两点不足：（1）缺乏从创新过程视角测量员工越轨创新行为。如前所述，依据创新过程理论，越轨创新行为是一个动态且连续的创新过程，其行为在管理者知晓前后都会发生（Mainemelis，2010），甚至能够从知晓前发展到知晓后阶段。这表明，目前的量表测量结果不能覆盖员工越轨创新行为过程的全貌，更是会对研究结果造成一定的偏差。（2）未能基于儒家文化情境取向识别越轨创新行为的维度。相较于西方文化内涵，中国儒家文化中的"面子文化"和"谏净文化"能够更为贴切地揭示出中国员工的越轨创新行为本质。但目前尚未有研究基于儒家文化情境取向识别越轨创新行为的内涵与维度并编制相应的测量量表。这使目前的越轨创新行为量表难以适用于中国组织情境。本书从创新过程理论出发，并基于儒家文化的情境取向，将越轨创新行为的两个维度命名为"暗度陈仓"和"君命不受"。再通过对文献梳理、访谈、内容分析、题项编制与量表信度和效度验证等方法，成功修订了适应本土组织儒家文化情境的，具有创新全过程特征的双维度越轨创新行为测量量表。这不仅弥补了目前越轨创新行为测量研究的不足，修订了完整的、具有本土化意义的员工越轨创新行为测量量表，为今后开展越轨创新行为研究奠定了关键的基础，更有助于推进中国组织情境下越轨创新行为的深入分析与研究。

6.2.2　验证资质过剩感对越轨创新行为的影响并揭示其形成机制

（1）验证了资质过剩感对越轨创新行为具有显著的正向影响。文献梳理发现，资质过剩感作为一种认知因素被提出是促进越轨创新行为形成的重要前因变量（王朝晖，2019），但却未得到学者们的充分探讨，难以为有效引导员工资质过剩感的积极转化提供借鉴。为弥补上述不足，本书基于自我验证理论，关注到个体具有主动寻求自我实现、获取资源、工作重塑的需求和动机，提出并验证出资质过剩感对越轨创新行为具有显著正向影响（王弘钰，2019）。本书不仅正面回应了积极行为学界呼吁关注资质过剩个体"积极面"的研究建议，丰富了资质过剩感的作用效果研究，更为资质过剩感向越轨创新行为转化提供了崭新的理论视角，拓宽了自我验证理论的应用范围，为组织个体双赢探索出了一条新路径。

（2）揭示了资质过剩感对越轨创新行为影响的中介机制。关于资质过剩感影响越轨创新行为的中介机制研究，已有学者从悖论视角展开提出悖论思维的传导效应（王朝辉，2019），但忽视了从资质过剩个体渴望证明自我的内在动机出发，缺乏通过证明目标导向揭示资质过剩感对越轨创新行为作用的中介机制，这不利于全面揭示资质过剩感与越轨创新行为之间的关系及作用机制。为弥补这一缺陷，本书基于自我验证理论，提出感知资质过剩的个体往往具备较高的自我定位和自信程度，进而转化为个体较强的证明目标导向，促使他们主动从事越轨创新行为，并通过实证检验，得出证明目标导向是揭示资质过剩感影响越轨创新行为的中介机制。本书在自我验证理论的框架内探讨了资质过剩感影响越轨创新行为的心理机制和行为过程，为明晰资质过剩个体的行为产生过程提供了更加深入与全面的视角，进一步丰富了越轨创新行为形成机制的理论研究。

（3）识别出资质过剩感促进越轨创新行为形成的边界条件。现有研究缺乏从未来关注视角对资质过剩感引发越轨创新行为过程中边界条件的探讨。研究表明，高未来关注会激发个体的冗余资质优势，促使其在证明目标导向的驱动下，主动开展越轨创新行为这一挑战性的创新活动（杨刚等，2019）。可见，未来关注是资质过剩感促进越轨创新行为过程中重要边界条件，然而目前尚未有研究关注，难以为企业在个体层面上激励、管理员工的越轨创新行为提供全面的启发借鉴。本书从个体未来关注的视角为越轨创新行为的产生构建了个体层面的权变环境，关注到个体的前瞻性在个体证明目标导向驱动下从事越轨创新行为的重要作用，通过整合有调节的中介模型，探讨了资质过剩感—证明目标导向—越轨创新行为在不同未来关注水平下的变化机制，弥补了无人探讨资质过剩感与越轨创新行为边界机制的研究空白，对越轨创新行为形成机制的理论研究也有所补益。

6.2.3　揭示了差序式领导对越轨创新行为的影响及其形成机制

（1）识别并验证出差序式领导对越轨创新行为具有显著的正向影响。现有对员工越轨创新行为形成机制的研究多基于西方理论视角，但却缺乏对华人文化情境差序格局的思考，特别缺乏对更符合中国文化价值观的差序式领导的研究，这不利于实现中国组织情境中员工越轨创新行为发生的全面、深入理解。本书基于差序格局理论，从"圈内"和"圈外"的视角探讨员工越轨创新行为产生的原因，关注差序式领导对员工越轨创新行为的影响，分析并验证了差序式领导与员工越轨创新行为间的关系，最终得出了差序式领导是越轨创新行为重要的前因变量。这一结论揭示了激发员工选择越轨创新行为的重要因素是领导将员工依照亲疏关系进行"圈内人"与"圈外人"的划分并区别对待，对有效推动差序格局理论在管理学领域的发展，并进一步丰富员工越轨创新行为理论具有重要启示。

（2）揭示了差序式领导对越轨创新行为影响的中介机制。目前尚未有研究揭示差序式领导对越轨创新行为作用的中介机制，未能打开差序式领导与越轨创新行为之间关系的"黑箱"，难以为企业引导越轨创新行为提供指导。结合差序格局理论和社会比较理论分析发现，差序式领导既会使圈内员工在下行比较中，因自身较高的网络地位和较好主观感受而产生心理特权，进而迫切地希望通过越轨创新行为提高个体和组织绩效来维系现有优势；还会使圈外员工在上行比较中，因边缘化和较高的不公平感而产生心理特权，进而敢于在非正式途径下践行创新，得到自认为该有的优待。因此，基于差序格局理论和社会比较理论，本书识别出差序式领导可以通过影响员工的心理特权间接地促进员工越轨创新行为的发生。通过揭示并验证心理特权中介机制的成立，打开了差序式领导与越轨创新行为之间关系的"黑箱"，深化了我们对两者间关系机理的认识。

（3）识别出差序式领导促进越轨创新行为产生的边界条件。现有研究忽视了认知冲突在差序式领导影响越轨创新行为过程中发挥的重要边界条件的探讨，难以全面揭示差序式领导与越轨创新行为之间的作用机制。本书根据紧张理论，识别出认知冲突会进一步放大具有心理特权的员工所产生的紧张情绪，从而提高越轨创新行为发生的可能性。进一步验证了认知冲突能够正向调节心理特权在差序式领导与员工越轨创新行为之间的中介作用。上述研究完善了差序式领导影响越轨创新行为作用机制的研究框架，进一步厘清了差序式领导作用效果的理论边界，有助于拓展情境因素在员工创新行为形成研究方面的推广应用，同时对差序式领导理论和越轨创新行为理论均是重要的补充。

6.2.4 验证悖论式领导对越轨创新行为的影响并揭示其形成机制

（1）验证了悖论式领导对越轨创新行为具有显著的正向影响。在目前诸多关于领导风格与越轨创新行为关系的研究中，大多探讨单一导向的领导风格与越轨创新行为之间的关系，而悖论式领导善于跳出单一导向的束缚、灵活处理组织管理中的矛盾（孙柯意等，2019），会对员工起到角色模范的作用，促使员工同样灵活地看待问题，进而提升施越轨创新行为的可能性。但是却鲜少有研究关注悖论式领导对越轨创新行为发生的影响，不利于学者们从悖论思维式管理方式的角度来理解越轨创新行为的形成。本书基于社会认知理论，结合问卷调查法的实证检验结果，验证了悖论式领导正向影响越轨创新行为。引入悖论式领导，从领导层面因素上拓宽了越轨创新行为的前因变量研究，丰富了越轨创新行为相关理论研究。

（2）揭示了悖论式领导对越轨创新行为影响的中介机制。梳理文献发现，以往研究在探讨领导风格与越轨创新行为之间的中介机制时，大多从社会交换理论和资源保存理论出发关注员工的心理安全感、上下级关系和责任感，尚未有研究探讨角色宽度自我效能感在悖论式领导与越轨创新行为间的中介作用，这不利于深入揭示悖论式领导与越轨创新行为之间的关系及作用机制。根据社会认知理论，悖论式领导体现的包容性、给予员工个性化的关怀，加强了员工对自身能力的把握（彭伟等，2018），能够提升角色宽度自我效能感，进而促进员工越轨创新行为。因此，基于社会认知理论，本书识别出悖论式领导作为个人外部环境的重要组成部分，可以通过影响员工的角色宽度自我效能感间接地促进员工越轨创新行为的发生。以角色宽度自我效能感为中介变量，揭示了悖论式领导对越轨创新行为的影响的作用机制，打开了悖论式领导与越轨创新行为之间关系的"黑箱"，并弥补了现有越轨创新行为形成机制研究的不足。

（3）识别出悖论式领导促使越轨创新行为形成的边界条件。现有研究缺乏对主动型人格在悖论式领导引发越轨创新行为过程中边界条件的探讨。然而有研究指出，个体的人格特质可以激活不同的情境反应，能够调节工作环境因素对员工心理认知和行为的影响（Bodankin et al.，2009）。其中，领导风格是工作环境因素的一个重要组成部分，角色宽度自我效能感属于个人的心理认知范畴（Parker，1998），可见，主动性人格作为一种积极的人格特质，在悖论式领导对角色宽度自我效能感、越轨创新行为之间可能起到重要的调节作用，有待学者深入分析。本书揭示并验证，主动性人格作为个体的一种积极人格特质，使不同主动性人格水平的员工对领导的情境因素作出不同的反应，主动性人格能够调节悖论式领导对角色宽度自我效能感的影响，进而调节角色宽度自我效能的中介效应而对越轨创新产生影响。本书将社会认知理论作为主要理论支撑，厘清悖论式领导、角色宽度自我效能感、越轨创新行为和主动性人格之间的关系，拓宽了社会认知理论在这一作用路径上的应用范围。

6.2.5　揭示了领导权变激励对越轨创新行为的影响及其形成机制

（1）识别并检验出领导权变激励对越轨创新行为具有显著的正向影响。现有研究对领导权变激励与员工越轨创新行为的关系鲜有涉及，难以为企业激励、权变管理员工的越轨创新行为提供全面的启发借鉴。而且在研究方法上多采用横截面或多时点的设计，回溯性作答会导致失真、偏差等问题，不仅严重影响结论的准确性，更难以对影响效应中的即时效应与延时效应进行区分，无法从时间尺度上揭示和理解变量间的关系（王尧等，2019）。本书基于综合激励模型，识别并验证了领导权变激励是越轨创新行为形成的重要前因变量，且领导权变激励对越轨创新行为具有显著的正向影响，同时借助经验取样法在每个工作日的工作情境下及时、准确、动态地获取并匹配同一个体的领导权变激励、工作旺盛感和越轨创新行为，进一步揭示了领导权变激励的即时效应与延时效应，加深学者对领导权变激励作用效果的理解，为企业管理者发挥权变激励的长效价值提供理论依据。

（2）揭示了领导权变激励对越轨创新行为影响的中介机制。现有研究大多强调领导权变激励通过个体能力引发创新行为的路径，忽视了工作旺盛感在领导权变激励与员工越轨创新行为之间的作用机制。然而，与激活个体能力相比，领导权变激励激活员工工作旺盛感较少受个体素质、时间和成本等因素的约束（朱苏丽等，2015），更有利于高效、快速地激活越轨创新行为。

可见，解构领导权变激励与员工越轨创新行为之间的关系，工作旺盛感更值得优先考量，也更有利于最大限度上发挥员工价值。本书基于综合激励模型，识别并验证出领导权变激励通过员工工作旺盛感影响越轨创新行为的特殊路径，有效地弥补了上述研究不足。研究结论揭示了领导权变激励对员工工作旺盛感和越轨创新行为的动态作用机制，拓展了越轨创新行为相关研究，可为企业激活、管理员工工作旺盛感和越轨创新行为提供理论依据和实践指导。

（3）识别出领导权变激励促使越轨创新行为形成的边界条件。现有研究关注个体能力、工作条件等客观因素的调节作用（赵峰等，2013），忽视了个体自我提升价值观对工作旺盛感影响越轨创新行为路径的边界作用（Walumbwa et al.，2018），这与强调个体能动性的人力资本理念相悖，最终导致企业忽视了员工价值观的培育。本书识别出自我提升价值观具有重要的边界作用，并通过实证研究证实自我提升价值观在员工的工作旺盛感与越轨创新行为的关系间具有正向调节作用；自我提升价值观同时正向调节了工作旺盛感在领导权变激励和越轨创新行为之间的中介机制。本书将自我提升价值观引入领导权变激励、工作旺盛感和越轨创新行为的整合模型，从价值观视角丰富激励理论的研究。

6.2.6 验证组织创新氛围对越轨创新行为的影响并揭示及其形成机制

（1）验证了组织创新氛围对越轨创新行为具有显著的正向影响。以往研究大多集中在如何通过组织创新氛围有效激发员工创新行为（王辉等，2017），却忽视了组织创新氛围可能是促进越轨创新行为产生的重要前因变量（Globocnik et al.，2015）。根据社会认知加工理论，组织氛围是组织成员的重要外部环境，当组织创新氛围较高时，员工的创新热情被激发，但资源有限性的问题也会更加突出。此时通过正式途径无法实现的创意，极可能通过非正式途径来实现即实施越轨创新行为。因此，基于社会认知理论视角，本书探讨并验证了组织创新氛围对越轨创新行为的积极作用。研究结论不仅支持了学者格罗博尼克和扎洛默（2015）提出的逻辑推理，丰富了员工越轨创新行为的前因变量研究，也为解释组织创新氛围影响越轨创新行为提供了崭新的理论视角。

（2）揭示了组织创新氛围对越轨创新行为影响的中介机制。现有研究尚未关注到组织创新氛围对越轨创新行为的作用路径。然而基于社会认知理论，创新自我效能感作为个体自我认知的重要内容，是将环境信息传导至行为的重要中介变量。可见，创新自我效能感可能是揭开两者关系间"黑箱"的重要中介机制，但目前尚未有研究关注，这不利于打开越轨创新行为产生的"黑箱"，无法明晰组织创新氛围与越轨创新行为之间的传导机理。本书根据社会认知理论，揭示并验证组织创新氛围通过员工创新自我效能影响越轨创新行为的中介机制，有效地弥补了上述研究不足。本书基于社会认知理论解析了组织创新氛围激发越轨创新行为的内在心理机制，打开了越轨创新行为产生的"黑箱"，丰富了创新自我效能感的相关研究，并拓展了社会认知理论的应用范围。

（3）识别出组织创新氛围促进越轨创新行为形成的边界条件。现有研究缺乏对个人—组织匹配在组织创新氛围影响越轨创新行为过程中边界条件的探讨。研究表明，个人—组织匹配度越高的个体越倾向将组织的期望作为行为准则（Yu，2016），因此，组织环境对高个人—组织匹配员工的心理和行为的作用可能更显著（Maia et al.，2016）。可见，个人—组织匹配在组织创新氛围对创新自我效能感、越轨创新行为之间可能起到重要的调节作用，有待学者深入分析。本书假设并验证了个人—组织匹配在组织创新氛围影响创新自我效能感过程中的调节作用。该研究结论一方面有助于理解越轨创新行为产生的边界条件，澄清组织创新氛围在什么情境下更能激发越轨创新行为，在实践上为企业有效地进行越轨创新行为管理提供指导。另一方面本书进一步验证社会认知理论的观点，即个体具有自我反应的能力，通过与外部环境的互动可以影响其自我效能感以及后续的行为。这一研究结论不仅有助于理解越轨创新行为发生的调节机制，丰富社会认知理论的相关研究，对推动企业越轨创新行为管理实践也具有重要的指导价值。

6.2.7　识别出越轨创新行为促使个体创新绩效形成的边界条件

（1）识别出组织层面越轨创新行为促进个体创新绩效形成的边界条件。以往研究通过实证检验了创新自我效能、创造力等个体层面创新要素对越轨创新行为影响个体创新绩效的边界意义（王弘钰、万鹏宇，2020；黄玮等，2017），对组织创新氛围等组织层面创新要素的边界意义却鲜有关注（Waheed et al.，2019），难以从组织视角有力地解决越轨创新行为如何促进个体创新绩效的问题。本书正面响应了奥格斯多弗（2005）和赵斌、古睿、李瑶

（2019）的建议，在个人—环境匹配理论的整体框架下，选取了个人—组织匹配理论构建了越轨创新行为、组织创新氛围和个体创新绩效的匹配模型。揭示了组织创新氛围是越轨创新行为能否显著影响个体创新绩效的边界，在一定程度上丰富了个人—组织匹配理论的内涵，凸显了组织创新氛围在行为—绩效转化中的重要作用，从组织情境的视角推动了个人—组织匹配理论和个人—环境匹配理论在组织创新中的应用和发展。

（2）识别出领导层面越轨创新行为促进个体创新绩效形成的边界条件。现有探究领导因素对越轨创新行为与个体创新绩效的边界研究仍处于单一化状态，存在以下不足：一方面忽视了领导权变激励对越轨创新行为与个体创新绩效的关系重要的调节作用，滞后于灵活权变的管理实践，难以为企业权变管理员工的越轨创新行为提供全面的启发借鉴；另一方面忽视了具有中国文化特色的领导容错性对越轨创新行为与个体创新绩效关系的调节作用，无法用东方领导智慧解答问题。为弥补上述不足，本书在个人—环境匹配理论的整体框架下，选取了个人—上级匹配理论构建了越轨创新行为、领导情境（领导权变激励和领导容错性）和个体创新绩效的匹配模型。揭示了领导权变激励、领导容错性对越轨创新行为和个体创新绩效促进关系的解释作用。这在一定程度上推动了越轨创新行为理论的本土化研究，丰富了个人—上级匹配理论的内涵，凸显了领导权变激励和领导容错性在行为—绩效转化中的重要作用，从领导情境的视角拓展了个人—环境匹配理论在组织创新中的应用和发展。

6.2.8　揭示了越轨创新事件影响过程的多层次动态演化机制

（1）揭示越轨创新事件影响过程的多层次动态演化。关于越轨创新作用效果，现有研究主要以静态视角为主，从创意延迟公开（黄玮等，2017）、工作要求—资源模型（赵斌等，2019）等方面探讨其对个体创新绩效的积极作用。而实际上越轨创新的影响后果并非仅限于提升个体层面创新绩效（Mainemelis，2010；Kim et al.，2014），其影响的深度和广度还可能延展到其他层面（韩雪亮等，2015），而理论研究对此并未给予很好的解答。因此，本书不再局限于静态视角下个体层面研究，而是从"事件"视角出发，关注到越轨创新事件影响后果的空间延展性和时间持续性。通过案例研究，发现越轨创新在实现创意过程中，即在细化、倡导、采纳阶段，可以视为一个依次实现团队创造、确定合法性地位以及推动组织创新的多层次动态演化过程，这在一定程度上揭示越轨创新的动态发展。通过事件视角分析越轨创新不仅能够帮助厘清越轨创新后续影响，为拓展越轨创新相关理论提供一个可行的方向，而且更加符合组织跨层次、动态性特征，有助于构建更加完整的理论来揭示组织中的现象（刘东等，2017）。本书研究结论丰富了越轨创新研究的动态性和多层次分析，延伸了越轨创新的相关理论，不仅为后续研究学者提供一个可供拓展的思路，也更能够帮助指导复杂的组织管理实践。

（2）揭示越轨创新事件影响过程的内在演化机制。针对越轨创新的实现问题，现有研究过于强调越轨创新成功的外部情境（赵斌等，2019；Lin et al.，2016），而对越轨创新影响过程及内在机制的研究却相对滞后，也未能充分解决越轨创新低效的问题。本书响应学者展开过程研究的呼吁（Neil et al.，2014），借助事件系统理论，刻画出越轨创新倡导者在事件经历中如何实现越轨创新提升组织创新的完整路径，弥补了以往实证研究缺乏对越轨创新影响过程分析的不足，对越轨创新相关研究是一个有益的补充。另外，本书关注到越轨创新倡导者内在能动性作用，具体而言，在创意细化阶段以强大的创意信念感染他人，构建团队协作；在创意倡导阶段，使用理性地向上影响策略实现越轨创新事件跨层面发展；在创意采纳阶段，借助社会网络识别和获取资源，推动组织创新。创意倡导者在自下而上推动组织创新的重要作用已经得到验证（Drechsler et al.，2021），本书拓展了这一结果，具体揭示了在越轨创新事件发展的不同阶段，创意倡导者执行活动的侧重点。研究结论有助于进一步增强对创意倡导者的理解，丰富创意倡导者的相关研究。

第7章　对策建议与研究展望

7.1　对策与建议

7.1.1　建立合理的上下级关系，提高组织创新效率

本书探究了受中国差序观念影响的差序式领导与员工越轨创新行为之间的关系，并发现差序式领导会显著正向影响员工的越轨创新行为。相较于圈外人，差序式领导通常会赋予圈内人更多的思想交流和决策支持，并给予更多的谅解以及奖励和提升机会，这导致圈内员工因自己拥有的特权实施越轨创新行为、圈外员工为了进入圈内而实施越轨创新行为。这在一定程度上会降低组织的公平感，影响创新的效率和有效性。因此，在现实管理实践中，领导者要注重自身的管理方式，在工作中平衡好与下属之间的关系，严格使用伦理规范约束自身行为，在肯定圈内员工对组织的贡献和付出的同时加强对其行为的引导，促使圈内员工谨慎对待自己的言行，采用合乎公司规章制度的方式行事，推动组织健康发展。在面对圈外员工时，要主动沟通、坦诚包容、关怀支持，积极营造团结、友善、公正、道德的工作氛围，改善上下级关系，提高圈外员工对组织的忠诚，促使其以更高的工作热情和采用合法手段进行创新活动。

7.1.2　关注员工心理特权，避免引发越轨行为

本书研究发现，差序式领导之所以会促进员工越轨创新行为的产生，部分原因在于差序式领导对圈内员工和圈外员工的差别对待让员工形成了较强的心理特权，而强烈的心理特权不仅会促使圈内员工因有恃无恐而敢于违背章程，也会使圈外员工为了获得圈内人身份而冒险越轨创新。因此，领导者需要在工作中需要保持公平、公正、公事公办的管理方式，不应因为关系亲

疏而差别对待；同时，对于关系亲近的员工，领导者需要密切关注他们的心理状态，向他们灌输正确的价值观念以将他们引向客观的自我评价，从而避免员工高估自己的价值、夸大自己的贡献，进而降低心理特权产生的可能性。此外，对于关系疏远的员工，领导者也要注意与他们保持密切的互动与沟通来了解他们的想法，并实事求是地评价他们的工作贡献、给予及时的正面反馈，以避免员工感到不被重视，认为无法在组织中实现自身价值。

7.1.3　包容不同意见、缓解认知冲突，推进合规化创新活动

在关于差序式领导与员工越轨创新行为关系的研究中，本书发现，领导与员工之间的认知冲突是差序式领导对员工越轨创新行为作用路径中重要的权变因素。依据计划行为理论，当下属认为自己与领导之间存在创新相关的认知冲突时，其想要通过越轨途径实现目标的想法就会得到加强，从而诱发出更多的越轨创新行为。因此，在组织中，领导需要关注自身与员工的认知冲突程度并适当地对这种冲突加以缓解。一方面，领导需要在组织中营造良好的沟通交流的氛围，在鼓励员工积极表达自己的观念和看法的同时，也要对员工的不同意见给予充分的理解与包容，从而提高领导与员工之间的认知相容性和情感相容性，以避免陷入道不同不相为谋的窘境；另一方面，领导也应该向员工提供更多自我发展的机会，即便员工自身想法与领导相悖，也有机会通过正规途径实施创新想法以证明自身想法的可行性和价值性，从而避免认知冲突可能带来的负面影响，并提升员工的创新积极性。

7.1.4　提升管理者的悖论式思维和能力

从领导的功能角度来说，悖论式领导会起到角色模范的作用，能够向员工展示如何对待和处理组织结构和员工个性化需求之间的矛盾。通过观察领导者的处理方式，员工能够充分理解自身创新过程中所面临的困境，也能理解实施越轨创新行为的合理性。在这种情况下，员工有充分的悖论意识去处理和应对自身所面临的矛盾境地，不会被生硬的组织规范所束缚，能更加坚定地去实现创新目标。鉴于悖论式领导能有效激发员工的越轨创新行为，企业要通过制度和人力资源管理实践引导管理者深入了解创新活动的本质，鼓励管理者多与研发人员或创新者交流分享。通过复盘创新活动过程、聆听创新实践者的分享与感悟等途径提升管理者对于创新活动以及创新实施者的深

刻理解，进而培养其悖论思维。同时，企业也可以为管理者提供专项培训，使管理者具备悖论式领导的素质和能力。通过评估现有管理队伍的领导力水平，寻找现有领导力水平与理想的悖论式领导行为的差距，从而确定悖论式领导行为培训的重点和难点，进而提升管理者的悖论思维水平。

7.1.5　运用悖论思维管理越轨创新行为

本书研究发现，悖论式领导运用"两者皆可"的处事思维，以一种灵活的态度对待并妥善解决组织中出现的矛盾与张力问题，能给员工的越轨创新留下空间和"土壤"，从而提升员工越轨创新的可能性。因此，管理者要善于运用悖论思维，既要认识到创新过程的复杂性和不确定性，也要意识到员工在创新过程中很可能为了更好地实现创新目标而偏离规范或违背管理指令，毕竟在很多情况下创新成功本身就意味着打破现有规范、挣脱思维定式的束缚，这样才能为创新者提供足够的容错空间和保持环境，进而激发员工的创新动机和行为。同时，领导者应该认识到任何一个组织的资源都是有限的，当组织中进行创新的员工很多时，组织资源一定无法满足所有创新者对于资源的需求，这时通过正式途径无法获得组织创新资源支持时，一部分员工可能会转而通过非正式途径进行创新，即通过越轨创新的方式来推动创意发展进程。实施越轨创新的员工是以组织利益为出发点，想为组织提升效益和福祉，"越轨"只是其实现创新目标的一手途径。领导者需要认识到员工越轨创新的合理性和必然性，并运用悖论思维灵活应对和处理员工的越轨创新行为，坦然"拥抱"和接受组织创新实践中的矛盾问题，从而提升员工创新的心理安全感，最终正向作用企业的创新能力和竞争力。

7.1.6　培养员工的角色宽度自我效能感，调动创新潜力

本书研究还发现，悖论式领导可以通过正向影响员工的角色宽度自我效能感而间接促使越轨创新的发生。拥有高角色宽度自我效能感的员工相信他们能够扮演一个更广泛和更积极的角色，有信心执行超出既定工作职责要求范围的角色外行为，所以角色宽度自我效能感有利于激发员工的主人翁精神，促使其不满足于仅仅完成基本工作任务，想要创造性地解决复杂问题从而创造更大的价值。所以管理者要注重对员工角色宽度自我效能感的培养，在日常工作中多尊重员工提出的创意，及时给予员工认可和肯定，使员工感觉到

自身对于组织的发展有重要的价值和作用，从而提高员工对于改进流程、提出改善建议等方面的积极性，充分调动员工的创新潜力。同时，组织也要对员工进行技能方面的培训，不仅要让员工产生"可以做"的想法，还要提高员工的自身素质和能力即产生"能做"的想法，增强员工的自信心，从而具备从事角色外任务的硬性条件。通过学习多项技能，员工在解决问题时可以进行知识迁移，更可能凌驾于本职工作视角之上，基于新颖且全局的视角实施更多的角色外行为，提出创造性的解决方案。

7.1.7　注重个人—组织匹配，提升员工创新自我效能感

结合社会认知理论，本书研究发现，个人—组织匹配在组织创新氛围与员工创新自我效能感之间起正向调节作用。具体而言，高个人—组织匹配的员工能够更加敏锐地感知组织创新氛围，并将创新作为自己的行为标准，这会加强员工的主动模仿和学习行为，从而进一步促进创新自我效能感的产生。创新自我效能感作为推动员工创新的重要前因一向是管理者实施创新激励的重点关注对象。考虑到个人—组织匹配的调节作用，管理者在培养员工创新自我效能感的过程中需要有意识地关注并提升员工与组织匹配的程度。企业可以设置科学合理的人员选拔机制选择与企业价值观相容性较高的员工，来保证员工与组织的高度匹配；企业也可以在绩效考核体系中体现出企业的价值观，使宽泛的价值观落实到实际考核中，从而促使员工重视并接纳企业的价值观，进而实现良好的个人—组织匹配。

7.1.8　培养员工工作旺盛感与自我提升价值观

员工个体的工作活力和旺盛感密切相关，工作旺盛感不仅可以增加个体的知识分享、创新等积极行为，还会增加团队融洽度、创造力，驱动个体和组织创新绩效的提升，所以企业领导应当通过针对性激励，了解不同员工的所求所需，充分调动员工的积极性，提升个体的学习活力和奉献活力，促进新思路和新想法的产生，使个体和整个团队受益于工作旺盛感。企业人力资源的活性、创新性也可以促进员工的工作旺盛感，所以企业应该实施以员工发展为中心的人力资源管理实践，为员工的全面发展提供保障，同时及时满足员工发展过程中所需要的资源和机会。员工具备了工作旺盛感才可能有动力和积极性去从事越轨创新等角色外行为，去创造超出工作岗位要求的价值。

此外，企业领导者同时应当注意到，个体创新行为会受到自我提升价值观这一个体因素的调节，在招聘过程中应当筛选拥有较强成就动机和自我提升观的员工，在员工进入工作单位后，应当通过培训宣讲、职业生涯规划等形式帮助个体牢固树立自我提升的价值观，增强个体的发展意识和提升意识，提升员工在活力和价值观方面的软实力。

7.1.9 加强领导权变激励，促进员工越轨创新行为

本书研究发现，领导权变激励对员工行为有重要影响。在创新时代，领导者往往面临两难困境：一方面是激励员工根据一线经验、观察等行为不断产生新想法；另一方面迫于时间、成本等压力要求员工放弃一些新想法或创意，这种两难困境对领导激励和组织治理构成了巨大挑战。究其原因，在于员工创新的前瞻性、能动性与相对滞后的管理制度或方式之间存在冲突，因此，为了尽可能降低管理滞后性带来的负面影响，领导应当采取权变管理的手段增加组织管理柔性，不要刻板地执行组织规范，根据现实情况灵活处理。对于员工创新想法给予恰当反馈，结合内外部情况给员工提供针对性建议和可调配资源。对于现阶段不成熟或与员工能力不符的越轨创新行为，也应当给予认可和鼓励，避免挫伤员工创新积极性和使命感。另外，本书通过研究发现，领导权变激励行为的影响效果存在长效机制和延时性效果，所以应当充分关注领导权变激励行为的后续影响以及滞后效应，不可过于急功近利，耐心地通过深化权变激励事半功倍地激活员工工作活力与创新行为。

7.1.10 强化组织创新氛围，推动越轨创新行为向个体创新绩效转化

本书基于个人—组织匹配理论，研究发现，组织创新氛围是越轨创新行为影响个体创新绩效的重要组织情境，组织创新氛围强化了越轨创新行为对个体创新绩效的正向影响。因此，在具体实践中，管理者应当和员工一道努力，共同培育和提升组织创新氛围，对促进越轨创新行为的绩效转化提供针对性的组织氛围培养建议。一方面，通过为员工提供专业技术、信息与设备等全方位支持；适当授权给予员工自由的工作空间等，为越轨创新行为的转化与成熟提供了探索和成长空间。另一方面，企业可通过文化与制度建设，引导和鼓励员工创新性思考，尝试在实践中学习；增强自下而上沟通和平行沟通的渠道，保证研发人员的意见交流通畅；管理层则应该尊重员工的不同

意见，积极开放地面对研发人员所提出的新的工作方式；团队之间提升合作意识，使成员不会因为越轨创新员工的"叛逆"特征而拒绝与之交流、合作等，进而为越轨创新行为向创新绩效转化提供了环境助力。

7.1.11　提高领导容错性，推动越轨创新行为向个体创新绩效转化

本书在个人—上级匹配理论的基础上，揭示了领导容错性对越轨创新行为和个体创新绩效关系的调节作用。研究发现，高水平的领导容错性，会促进越轨创新行为向个体创新绩效积极转化。企业在日常管理中要坚持灵活管理和包容试错行为，克服领导激励与管理方面的惰性和刚性，管理者要多与一线员工沟通交流，对员工的行为及所面临的境况有深入的理解，切忌用僵化的管理原则去控制员工灵活的行为。一方面，要倡导创新思想，鼓励员工在一些非结构化的工作时间开拓新思维，引导员工跨界创新搜索，合理、客观和变通地评估员工越轨创新行为，选拔合理的越轨创新项目推进合规化，增加对员工高风险创新项目的失败容忍度，避免挫伤员工的创新积极性；另一方面，应当充分关注领导容错能力建设，中国古语云"君子以厚德载物"，身为组织内的领导者，海纳百川的包容品质不仅是一种美德，更是一门根植文化传统的管理哲学。领导者通过对员工的越轨创新试错给予一定的"容"，让其从容地"放"，为其演化成长提供一定空间和安全保障，促进越轨创新行为向个体创新绩效积极转化。

7.1.12　管理者正视并合理倡导越轨创新行为

对每个企业而言，如何管理创新活动为企业赢得竞争优势，是管理实践中不可回避的重要问题。特别是越轨创新领域中，由于其本身的复杂性，所以对于管理者而言，当员工作出越轨创新行为之后，也非常有必要重视此种现象并对之做具体分析，不加区分地持肯定或否定态度似乎均可能会失之偏颇。本书研究结论能够为企业提供一些可借鉴的思路：（1）正视越轨创新带来的积极作用。与自上而下由组织主导的创新不同，越轨创新有助于减少外在规范的限制，通过低成本实施创新活动，有利于推动企业创新成果的产生，提升企业竞争力。因此，管理者在企业中要正视越轨创新行为带来的积极作用。管理者确保组织战略清晰性，通过战略诱导和资源倾斜引导员工产生更多有益于组织发展的创新想法，对创意想法持包容的态度，激发个体的创新

活力，提高其为之努力的程度，进而推动组织创新变革。（2）在企业中合理倡导越轨创新这种自下而上的创新方式。组织管理者也不可盲目推崇和纵容个体开展越轨创新行为，但可以通过设定必要的限制性条件，例如强化组织创新氛围、培育管理者容错性思维、采取权变激励等措施来给予员工一定的时间来实施计划外的创新设想，从而使越轨创新行为有机会争取合法化。

7.1.13　发挥员工主观能动性，提升组织创新绩效

本书研究发现，作为自下而上开展的创意活动，能否获得合法性是决定越轨创新事件后续影响的关键因素（Hinings，2018）。换言之，企业不仅需要设计组织氛围促进越轨创新行为产生，更需要具体分析其价值性，授予越轨创新的合法性并鼓励组织成员完成越轨创新的商业化，实现越轨创新向组织创新绩效转化。在这个过程中，员工作为创意倡导者发挥关键性作用，他们通过保护越轨创新活动免受组织规范或资源约束的制约，促进了越轨创新项目的成功。本书的研究结论为企业提供一些借鉴，即员工作为推动创新活动的主要行动者，要充分发挥个体主观能动性。具体而言，一方面，保护创新活动免受组织规范或资源约束的制约，维护越轨创新活动的实现。在组织背景下，通过为有发展前景的创新项目和新事业寻找资源、突破自己实际掌握的权力的边界并勇于承担风险，扮演最具创业精神的角色。另一方面，积极争取合法性地位，实现越轨创新向组织创新绩效转化。在社会互动中通过对创意的价值性和可行性进行意义构建，积极争取团队认可和管理者采纳，来获取合法性，实现创意活动。对于高层管理者而言，则需要把握作出决策的时机，来授予合法性并提供适当的支持。

7.2　研究展望

虽得出一系列有价值的研究成果，但是本书仍存在一些不足和值得改进的地方，具体如下。

7.2.1　完善中国情境下越轨创新行为的量表修订

第3章中对越轨创新行为的内涵与维度进行了理论构建，内容分析法适合存在理论预设的描述性研究，因此，本书采用内容分析法对量表题项进行

提取。越轨创新行为作为偏离组织规范的非正式行为,在中国情境下其表现形式与结构多样,期望学者可以通过扎根理论等不需要理论预设的研究方法进一步进行探索性研究,以期进一步完善越轨创新行为的内涵与结构。

7.2.2 完善越轨创新行为形成机制的研究

越轨创新行为作为一个热点研究主题,受到学者的广泛关注,并展开大量研究探讨和分析其形成机制(Lin et al.,2016;刘晓琴,2017)。为了进一步推动和促进该领域的发展,除了零散的实证研究外,还需要在多视角下系统地梳理和分析越轨创新行为的形成机制,从理论的角度深入分析越轨创新行为本质,找到进一步的研究方向(王弘钰等,2019)。因此,本书从个体、领导和组织三者下进行分析与整合,形成一个完整的指导框架。为更好地指导中国情境下的管理实践,本书从以下两个方向,呼吁国内外学者对越轨创新行为形成机制进行更广泛更深入地探究。

(1)增加跨层研究。目前对于越轨创新行为的研究,大多集中于个体层面,跨层研究还比较少,但员工的越轨创新行为是由多种多样的因素共同驱动的,单层的变量并不能产生决定性的作用(Chen et al.,2013)。所以未来研究应该把个人层面、团队层面和组织层面进一步结合起来,考虑团队和组织情境的交互作用对于员工越轨创新行为的影响(郭一蓉、宋继文、朱丽,2018)。例如,高层领导的风格和组织氛围如何单独影响或交互作用于团队的创造力水平,进而再影响个体的越轨创新行为? 在以后的研究中,可以把中高层领导方式、组织氛围、团队创造力水平和个体越轨创新行为结合起来。把个体特点和团队/组织情境因素结合起来考量,进行两层甚至是三层的跨层研究,不仅是现在学术界的主流研究范式,也能从更深层次挖掘越轨创新行为真正的影响因素,进而对越轨创新领域的研究和管理实践提供指导。

(2)关注东西方对比研究。不同文化背景下的员工对领导方式有不同的期望,因而对同一领导风格的解读在东西方会有差异(郭一蓉等,2018)。例如一些西方研究表明,心理授权是授权型领导和变革型领导影响员工创造力的重要中介机制(Zhang and Bartol,2010),但在中国的情境下的一项研究表明,心理授权在变革型领导和组织对创造力的支持这两者之间起到中介作用,但对员工的创造力并无显著影响(丁琳、席酉民,2008)。这意味着在中国情境下,授权并不一定能使员工积极放心地从事创造性工作,这也警惕在实践中慎用心理授权。以上研究结论都表明，在中国这样一个高集体主义（张鹏等，2011）和高权力距离的国家，如何更好地激励下属的越轨创新行为还需要充分结合文化背景。

7.2.3 深化越轨创新行为作用效果的研究

（1）深入解答越轨创新行为促进个体创新绩效的情境因素。在第 5 章 5.1 节中，本书从组织情境（组织创新氛围）和领导情境（领导权变激励和领导容错性）两个层面解答了导致越轨创新行为促进个体创新绩效正向转化的情境因素，但是否存在组织容错氛围、组织包容性等组织情境变量，构成越轨创新行为与个体创新绩效正负关系的"分水岭"？后续可以通过延伸探索丰富研究的情境性。

（2）进一步完善越轨创新行为对团队创造与组织创新的理论模型。本书基于案例研究揭示越轨创新事件的属性特征，对团队以及组织的影响过程，得出一些有价值的研究结论，但是仍然存在一定的局限性：第一，研究选取单一案例纵向展开，尽管满足案例研究的理论抽样和极端化原则，但是单一案例存在固有的局限性，在未来可以选取更多其他行业的越轨创新事件进行多案例研究，以增强研究结论的稳健性。第二，本书聚焦于创新企业中越轨创新事件如何提升个体、团队以及组织效能，然而在这个作用路径中，可能存在其他重要因素影响本书的研究结论。例如，管理者对越轨创新的态度决定了越轨创新是否能够有效实现，因而如何改变管理者的态度、如何说服管理者对创意的认可等，围绕这些因素，未来研究可以作更加详尽的探索。

附　录

附录1　访谈提纲

尊敬的领导：

您好！我们是吉林大学课题组。本问卷是关于您工作体验的基本调查，您的回答将会被如实记录并只作研究使用，请放心作答！

衷心地感谢您的合作与支持！

一、访谈目的

目前我们正在做一项关于员工行为的研究，探讨员工的越轨创新行为。这在学术上被定义为员工避免或无视上级的否决，坚信自己的创意会给企业创造价值，并通过非正式途径继续深耕的创新行为。

二、正式问题

（1）您、同事及下属有没有做过越轨创新行为，如有请举例说明？

（2）您有没有听说过越轨创新行为的其他事例，如有请举例说明？

三、补充问题

（1）您认为越轨创新行为的产生原因是什么？

（2）您认为越轨创新行为会产生什么结果？

四、基本的背景情况

您的性别：

教育程度：

从事行业：

公司职位：

您的年龄：

单位性质：

您的工龄：

附录2　第3章调查问卷

尊敬的领导：

您好！我们是吉林大学课题组。本问卷是关于您工作体验的基本调查，您的回答将会被如实记录并只作研究使用，请放心作答！衷心地感谢您的合作与支持！

一、请根据您日常工作的实际情况，如实地填写以下问题。

题项	完全不符合	有些不符合	不确定	有些符合	完全符合
我善于思考，不会只局限于思考正在从事的项目	1	2	3	4	5
我会主动改良和丰富某些新的想法	1	2	3	4	5
我在完成工作的过程中，愿意去挖掘新的商业机会	1	2	3	4	5
我会主动开展非官方项目来补充官方项目	1	2	3	4	5
我不会放弃一些被组织否决但有价值的方案	1	2	3	4	5
我愿意利用自己的工作时间，去完善一些没有被组织采纳的方案	1	2	3	4	5
我愿意利用自己的工作资源，去完成一些没有被组织采纳的方案	1	2	3	4	5
我不会完全遵从上级的命令，坚持自己的创新方案	1	2	3	4	5

二、请根据您日常工作的实际情况，如实地填写以下问题。

题项	完全不符合	有些不符合	不确定	有些符合	完全符合
我相信我有能力创造性地解决问题	1	2	3	4	5
我善于提出新颖的想法	1	2	3	4	5
我擅长从别人的观点中得到启发	1	2	3	4	5
我的工作所需的学历水平低于我现在的学历	1	2	3	4	5
我以前的工作经验与胜任我这份工作没有多大关系	1	2	3	4	5

续表

题项	完全不符合	有些不符合	不确定	有些符合	完全符合
我的一些工作技能在目前工作岗位上用不上	1	2	3	4	5
比我学历低的人也可以把我目前的工作做好	1	2	3	4	5
我以前接受的培训对这份工作来说没有多大用处	1	2	3	4	5
我的很多知识在当前工作岗位上用不着	1	2	3	4	5
我的教育水平比我工作所要求的要高	1	2	3	4	5
一些没我有工作经验的人也可以把我目前的工作做好	1	2	3	4	5
我的能力高于工作所要求的	1	2	3	4	5

三、请根据您的实际情况，如实地填写以下问题。

题项	完全不符合	有些不符合	不确定	有些符合	完全符合
如果不能按照我的方法做事，我会生气	1	2	3	4	5
偶尔我会嫉妒别人的好运	1	2	3	4	5
我不会特别厌恶某个人	1	2	3	4	5
我愿意反抗权威，无论对错	1	2	3	4	5
我对任何人都很有礼貌	1	2	3	4	5
偶尔我会对求助的人感到生气	1	2	3	4	5

四、基本信息

性别：

男　女

年龄：

20 岁以下　20 ~ 30 岁　31 ~ 40 岁　40 岁以上

教育程度：

大专以下　大专　本科　硕士　博士

工龄：

5 年以下　5 ~ 10 年　11 ~ 15 年　16 ~ 20 年　20 年以上

职位：

普通员工　基层管理者　中层管理者　高层管理者

编码：_____

附录3　第4章第2节调查问卷

尊敬的员工：

您好！我们是企业管理调查课题组。以下调查是我们课题研究的一部分，请您匿名作答，答案无对错之分，仅需反映您的实际现状，请您根据工作中的真实体验，选择与您实际情况最相符的一项，结果仅用于学术研究，请您放心作答！

感谢您的支持与配合！

一、请根据您的实际情况选择与您最相符的一项。

题项	非常不符合	有些不符合	不确定	有些符合	非常符合
我的很多知识无法在现有工作岗位上体现价值	1	2	3	4	5
我的学历水平高于目前工作所需	1	2	3	4	5
我的工作所需的学历水平低于我现在的学历	1	2	3	4	5
我以前的工作经验与胜任我这份工作没有多大关系	1	2	3	4	5
我的一些工作技能在目前工作岗位上用不上	1	2	3	4	5
比我学历低的人也可以把我目前的工作做好	1	2	3	4	5
我以前接受的培训对这份工作来说没有多大用处	1	2	3	4	5
一些没我有工作经验的人也可以把我目前的工作做好	1	2	3	4	5
我的能力高于工作所要求的	1	2	3	4	5

二、请根据您的实际情况进行选择。

题项	非常不符合	有些不符合	不确定	有些符合	非常符合
当同事认为我工作出色时，我会很开心	1	2	3	4	5
我不断尝试更好地证明自己的工作能力	1	2	3	4	5
当我比同事表现得更好我会很开心	1	2	3	4	5
我喜欢从事可以证明我能力的项目和工作	1	2	3	4	5

三、请根据您的实际情况选择与您最相符的一项。

题项	非常不符合	有些不符合	不确定	有些符合	非常符合
我在完成本职任务后，还思考了潜在的商业机会	1	2	3	4	5
组织分配的任务外，我的工作计划让我没有更多的时间去做其他的工作	1	2	3	4	5
我在所从事的主要工作之外思考了一些新的创意	1	2	3	4	5
我开展一些子项目，这使我能够接触一些新的领域	1	2	3	4	5
我主动花费时间去开展一些非官方的项目来丰富未来的官方项目	1	2	3	4	5

四、请根据您的实际情况进行选择。

题项	非常不符合	有些不符合	不确定	有些符合	非常符合
我主动思考我的未来会如何变化	1	2	3	4	5
我主动想象和预测未来会带给我什么	1	2	3	4	5
我会主动考虑我的未来将要发生什么	1	2	3	4	5
我会主动想象明天将带给我什么	1	2	3	4	5

五、基本信息

您的性别：

男　女

您的年龄：

20 岁以下　20~30 岁　31~40 岁　40 岁以上

您的教育程度：

大专以下　大专　本科　硕士　博士

编码：＿＿＿＿＿＿＿＿＿＿＿＿＿

附录4　第4章第3节调查问卷

（员工填写）

尊敬的女士/先生：

您好！我们是吉林大学课题组。本问卷是关于您工作体验的基本调查，您的回答将会被如实记录并只作研究使用，请放心作答！

衷心地感谢您的合作与支持！

一、有些领导会将下属区分为自己人和外人，相较于外人下属，您的领导在对待自己人下属时：

题项	完全不符合	有些不符合	不确定	有些符合	完全符合
接触和互动较为频繁	1	2	3	4	5
对于紧急和困难的状况较会伸出援手	1	2	3	4	5
主动提供、保留可能升迁的机会	1	2	3	4	5
给予较多可以获得奖励的机会	1	2	3	4	5
指派较重要且容易取得绩效的工作	1	2	3	4	5
给予较快的升迁速度	1	2	3	4	5
对于不当行为，给予的处罚较轻微	1	2	3	4	5
一般不会追究该名下属所犯的错误	1	2	3	4	5
一般情况下，对该名下属所犯的错"睁一只眼闭一只眼"	1	2	3	4	5
较少因为工作上的失误而受到责备	1	2	3	4	5

二、请根据您日常工作的实际情况，如实地填写以下问题。

题项	完全不符合	有些不符合	不确定	有些符合	完全符合
老实说，我觉得自己比别人更有价值	1	2	3	4	5
好事就应该降临到我头上	1	2	3	4	5
如果我在泰坦尼克号上，我有资格上第一艘救生艇	1	2	3	4	5
我值得获得最好的东西	1	2	3	4	5
以我的能力，没必要受到特殊待遇	1	2	3	4	5
我应该得到更多的东西	1	2	3	4	5

题项	完全不符合	有些不符合	不确定	有些符合	完全符合
以我的工作效率，理应比别人拥有更多休息的时间	1	2	3	4	5
事情应该按照我想的方向发展	1	2	3	4	5
我觉得我有资格做更多的事情	1	2	3	4	5
我善于思考，不会只局限于思考正在从事的项目	1	2	3	4	5
我会主动改良和丰富某些新的想法	1	2	3	4	5
我在完成工作的过程中，愿意去挖掘新的商业机会	1	2	3	4	5
我会主动开展非官方项目来补充官方项目	1	2	3	4	5
我不会放弃一些被组织否决但有价值的方案	1	2	3	4	5
我愿意利用自己的工作时间，去完善一些没有被组织采纳的方案	1	2	3	4	5
我愿意利用自己的工作资源，去完善一些没有被组织采纳的方案	1	2	3	4	5

三、基本信息

您的性别：

男　女

您的年龄：

20 岁以下　20～30 岁　31～40 岁　40 岁以上

您的教育程度：

大专以下　大专　本科　硕士　博士

您的工龄：

5 年以下　5～10 年　11～15 年　16～20 年　20 年以上

您的职位：

普通员工　基层管理者　中层管理者　高层管理者

编码：＿＿＿＿＿＿＿＿＿＿＿

（主管填写）

尊敬的领导：

您好！我们是吉林大学课题组。本问卷是关于您工作体验的基本调查，您的回答将会被如实记录并只作研究使用，请放心作答！

衷心地感谢您的合作与支持！

请您根据实际工作情况，对给定名单的本部门下属进行评价

您对_____员工的评价。

题项	完全不符合	有些不符合	不确定	有些符合	完全符合
该员工就我在会议上布置的任务提出不同看法	1	2	3	4	5
在讨论工作问题时，我与该员工常常持有不同想法	1	2	3	4	5
该员工敢于就工作问题本身向我提出他的看法	1	2	3	4	5
该员工可能对采用任务完成过程与方法与我有不同看法	1	2	3	4	5

编码：_____

附录 5　第 4 章第 4 节调查问卷

尊敬的女士/先生：

您好！我们是吉林大学课题组。本问卷是关于您工作体验的基本调查，您的回答将会被如实记录并只作研究使用，请放心作答！

衷心地感谢您的合作与支持！

一、本部分涉及领导的管理方式与行为特征，请您根据实际情况对直接领导进行评价。

题项	完全不符合	有些不符合	不确定	有些符合	完全符合
用公平的方法统一对待所有下属，但也把他们当作独立的个体来对待	1	2	3	4	5
对所有下属一视同仁，但也考虑他们的个人特质或个性	1	2	3	4	5
对下属统一管理，但也考虑他们的个性化需求	1	2	3	4	5
公平分配工作任务，但也考虑个人的优势和处理不同任务的能力	1	2	3	4	5
既表现出领导的欲望，但也允许他人分享领导的角色	1	2	3	4	5
喜欢成为关注的焦点，但也允许别人显露光芒	1	2	3	4	5
坚持得到尊重，但也尊重他人	1	2	3	4	5
有很高的自我评价，但也表现出对个人缺点和他人价值的意识	1	2	3	4	5
对自己的想法和信念自信，但也承认自己可以向他人学习	1	2	3	4	5
为下属作最终决策，但让下属处理具体的工作过程	1	2	3	4	5
在重大问题上作出决策，把次要的事情委派给下属	1	2	3	4	5
掌握全局控制权，但给予下属适当的自主权	1	2	3	4	5
强调在工作表现上的一致性，但允许有例外	1	2	3	4	5

续表

题项	完全不符合	有些不符合	不确定	有些符合	完全符合
阐明工作要求，但不是对所有细节做要求	1	2	3	4	5
对工作标准要求很高，但不是吹毛求疵	1	2	3	4	5
对工作要求高，但允许下属犯错	1	2	3	4	5
认识到主管和下属之间的区别，但不会摆领导架子	1	2	3	4	5
与下属保持距离，但并不冷漠	1	2	3	4	5
保持职位差异，但维护下属的尊严	1	2	3	4	5
在工作中与下属保持距离，但也对他们友好	1	2	3	4	5

二、本部分涉及您工作中的创新行为，请根据实际情况作答。

题项	完全不符合	有些不符合	不确定	有些符合	完全符合
我能基于工作计划灵活地安排工作任务，从而挖掘新的、潜在的、有价值的商业机会	1	2	3	4	5
除了组织分配的任务外，我的工作计划使我没有更多的时间去做其他的工作	1	2	3	4	5
除了我的主要工作之外，我还喜欢思考一些新的想法	1	2	3	4	5
我正在开展一些子项目，这使我能够接触一些新的领域	1	2	3	4	5
我主动花费时间去开展一些非官方的项目来丰富未来的官方项目	1	2	3	4	5

三、本部分涉及您做事的自信心水平，请根据实际情况作答。

题项	完全不符合	有些不符合	不确定	有些符合	完全符合
我能积极向其他同事提供信息	1	2	3	4	5
我能帮助团队设定工作目标	1	2	3	4	5
我能为自己的工作内容设计新的流程来增加效率	1	2	3	4	5
我能与公司外部的人（如供应商、客户、同行）讨论问题	1	2	3	4	5

续表

题项	完全不符合	有些不符合	不确定	有些符合	完全符合
我能分析公司面临的长远问题并提出解决方案	1	2	3	4	5
我能够代表工作小组与上级领导交流	1	2	3	4	5
我能与其他部门的同事交流，并为他们的工作提出建议	1	2	3	4	5

四、本部分涉及您日常工作中的行为习惯和做事方式，请根据实际情况作答。

题项	完全不符合	有些不符合	不确定	有些符合	完全符合
我总是在不断探寻新的途径以改善自己的生活	1	2	3	4	5
无论在哪里，我都是推动建设性变革的强大力量	1	2	3	4	5
没有什么事情比看到自己的想法成为现实更令我兴奋的了	1	2	3	4	5
如果我看到了自己不喜欢的事物，我会改变它	1	2	3	4	5
如果我坚信某一事情，无论成功的概率大小，我都会尽力把它做好	1	2	3	4	5
我喜欢做自己想法的提出者，即使别人反对	1	2	3	4	5
我善于捕捉机遇	1	2	3	4	5
我总是在寻找更好的做事方法	1	2	3	4	5
如果我坚信某一想法，没有什么阻碍可以阻止我使之变成现实	1	2	3	4	5
我能够在他人之前很早就发现了一个好机遇	1	2	3	4	5

五、基本信息

您的性别：

男　女

您的年龄：

21～30 岁　31～40 岁　41～50 岁　50 岁以上

您的教育程度：

专科及以下　本科　硕士及以上

您的工龄：

1 年以下　1～5 年　6～10 年　10 年以上

您的职位：

普通员工　基层管理者　中层管理者　高层管理者

附录6　第4章第5节调查问卷

尊敬的员工：

您好！我们是企业管理调查课题组。以下调查是我们课题研究的一部分，请您匿名作答，答案无对错之分，仅需反映您的实际现状，请您根据工作中的真实体验，选择与您实际情况最相符的一项，结果仅用于学术研究，请您放心作答！

感谢您的支持与配合！

一、请根据您今天的工作情况选择与您最相符的一项。

题项	非常不符合	有些不符合	不确定	有些符合	非常符合
今天，领导对我工作出色的地方给予了特别的肯定	1	2	3	4	5
今天，领导对我做得比一般人好的地方进行了表扬	1	2	3	4	5
今天，领导对我出色的表现给予积极反馈	1	2	3	4	5
今天，领导无视我的良好表现	1	2	3	4	5
今天，我感觉自己充满能量和精力	1	2	3	4	5
今天，我看到了自己的进步	1	2	3	4	5
今天，我觉得自己充满活力	1	2	3	4	5
今天，我觉得精力不太充沛	1	2	3	4	5
今天，我感到警觉和清醒	1	2	3	4	5
今天，我在完成本职任务后，还思考了潜在的商业机会	1	2	3	4	5
今天，除组织分配的任务外，我的工作计划让我没有更多的时间去做其他的工作	1	2	3	4	5
今天，我在所从事的主要工作之外思考了一些新的创意	1	2	3	4	5
今天，我开展一些子项目，这使我能够接触一些新的领域	1	2	3	4	5
我今天主动花费时间去开展一些非官方的项目来丰富未来的官方项目	1	2	3	4	5

二、请根据您的实际情况选择与您最相符的一项。

题项	非常不符合	有些不符合	不确定	有些符合	非常符合
我认为成功（达到目标）很重要	1	2	3	4	5
我是一个有抱负（辛勤工作，有理想）的人	1	2	3	4	5
我认为有影响力（对人和事物有影响力）很重要	1	2	3	4	5

三、基本信息

您的性别：

男　女

您的年龄：

21～30 岁　31～40 岁　41～50 岁　50 岁以上

您的教育程度：

专科及以下　本科　硕士及以上

编码：＿＿＿＿＿＿＿＿＿＿＿＿＿

附录7　第4章第6节调查问卷

尊敬的先生/女士：

　　您好！感谢您在百忙之中抽出时间填写这份问卷。这是一份旨在了解员工创新行为的学术研究问卷。请您根据个人的实际情况和真实想法来回答各个问题，答案无对错和优劣之分。本问卷采用不记名方式，不会对个人及公司产生任何影响，并且我们会对您的调查结果严格保密。对于您的支持和帮助，我们深表感谢！

一、请根据公司实际情况选择与您最相符的一项。

题项	完全不符合	有些不符合	不确定	有些符合	完全符合
同事之间不会提防对方偷学自己的技术和本领	1	2	3	4	5
同事之间能够相互支持和协助	1	2	3	4	5
同事之间普遍能以沟通协调来化解问题与冲突	1	2	3	4	5
在总任务要求下，员工可以自由设定自己的工作目标和进度	1	2	3	4	5
工作中，员工可以自由决定工作程序或工作方法	1	2	3	4	5
员工在工作中能自主安排任务的先后次序	1	2	3	4	5
员工有空余时间去开发创意或寻找新方法	1	2	3	4	5
员工可以申请足够的设备、器材来验证新想法	1	2	3	4	5
员工可以获取充分的信息、资料来进行创造性工作	1	2	3	4	5
主管能够尊重和容忍员工提出不同的意见与异议	1	2	3	4	5
主管通常支持和鼓励下属表达自己的新观点	1	2	3	4	5
主管拥有良好的沟通协调能力	1	2	3	4	5

续表

题项	完全不符合	有些不符合	不确定	有些符合	完全符合
公司赏识和认可有创新和进取精神的员工	1	2	3	4	5
公司通常为员工的创新构想提供奖励	1	2	3	4	5
公司崇尚自由开放与创新变革	1	2	3	4	5

二、请根据您的实际情况选择与您最相符的一项。

题项	完全不符合	有些不符合	不确定	有些符合	完全符合
工作中,我对自己创新性解决问题的能力有信心	1	2	3	4	5
我认为我擅长想出新的点子和想法	1	2	3	4	5
我可以想办法使其他人的创意更完善	1	2	3	4	5
我擅长用新方法来解决问题	1	2	3	4	5

三、请根据以下描述与您实际情况的符合程度进行选择。

题项	完全不符合	有些不符合	不确定	有些符合	完全符合
我的个人价值观与企业价值观非常相似	1	2	3	4	5
我的个人价值观能够与企业价值观相匹配	1	2	3	4	5
企业价值观非常符合我个人在生活中的价值观	1	2	3	4	5
现有工作所提供的物质和精神资源与我期望的相符	1	2	3	4	5
我所追求的工作特征,在我的工作中能充分体现	1	2	3	4	5
我的工作,能给予我想要从职业中得到的大部分东西	1	2	3	4	5
工作要求与我所具备的技能可以很好匹配	1	2	3	4	5
我的能力和所受的训练,非常适合工作对我的要求	1	2	3	4	5
我个人的能力及所接受的教育,与工作对我的要求很匹配	1	2	3	4	5

四、请根据您的实际情况进行选择。

题项	完全不符合	有些不符合	不确定	有些符合	完全符合
我会继续完善某些新方案或新想法，即使这些方案或想法没有获得上级的认可	1	2	3	4	5
我常会思考如何改善那些被淘汰的新方案	1	2	3	4	5
即使上级不同意我的新方案，我仍会继续去做	1	2	3	4	5
除了已经通过的方案，我还花了一定的精力做一些已经被否决的方案	1	2	3	4	5
我会花时间继续跟进一些被否决的方案	1	2	3	4	5
至今，在被否决的方案中，有几个我还没有放弃	1	2	3	4	5
在工作中我完善了一些被否决的方案或想法	1	2	3	4	5
我会改进某些被否决的方案，并执行它	1	2	3	4	5
即使要花费一些工作时间或资源，我仍会继续完善一些被叫停的新方案	1	2	3	4	5

五、基本信息

您的性别：

男　女

您的年龄：

20 岁以下　21～30 岁　31～40 岁　41～50 岁　50 岁以上

您的教育程度：

高中/中专及以下　本科　研究生及以上

您的工龄：

1 年以下　1～5 年　6～10 年　10 年以上

您的职位：

普通员工　基层管理者　中层管理者　高层管理者

您从事的行业：

互联网金融行业　高新技术行业　制造业　教育　其他

附录8　第5章第1节预调查

尊敬的员工：

您好！我们是企业管理调查课题组。以下调查是我们课题研究的一部分，请您匿名作答，答案无对错之分，仅需反映您的实际现状，请您根据真实体验，结果仅用于学术研究，请您放心作答！感谢您的支持与配合！

一、请根据公司实际情况选择与您最相符的一项。

题项	非常不符合	不符合	有些不符合	不确定	有些符合	符合	非常符合
我正在开展一些子项目，这帮助我接触一些新的领域	1	2	3	4	5	6	7
我乐于探索有助于工作任务的新知识领域	1	2	3	4	5	6	7
我会即兴地对工作任务的具体开展方式进行创新设计	1	2	3	4	5	6	7
我有一定的时间和权力在任务之外自由创新和探索	1	2	3	4	5	6	7
虽然没有得到领导的认可，我仍在继续改良并提升被否想法或方案的创新度	1	2	3	4	5	6	7
虽然领导已经明确要求我停止研发某些项目，但我仍在继续从事这些项目	1	2	3	4	5	6	7
我努力完善那些已被资深员工或非正式领袖否决的想法	1	2	3	4	5	6	7
虽然某些想法已经被团队或团队中的多数群体否决，但我仍在改良它们	1	2	3	4	5	6	7
为了创新性地解决工作难题，有时我会不按组织规定流程办事	1	2	3	4	5	6	7
为了更好地完成工作，有时我会打破既定的组织规范	1	2	3	4	5	6	7
我敢于打破潜规则，创造性地开展工作	1	2	3	4	5	6	7

题项	非常不符合	不符合	有些不符合	不确定	有些符合	符合	非常符合
为了用新方法解决组织中的问题，我会打破传统常识或惯例	1	2	3	4	5	6	7
单位同事会互相支持、互相帮助	1	2	3	4	5	6	7
单位同事乐于分享交流工作方法和技术	1	2	3	4	5	6	7
单位同事共同探讨和解决问题	1	2	3	4	5	6	7
单位同事乐于对我的新想法提供意见或建议	1	2	3	4	5	6	7
主管难以接受下级的异议或不同看法	1	2	3	4	5	6	7
我的主管鼓励下属改进生产或服务	1	2	3	4	5	6	7
主管推动下属工作创意的实施	1	2	3	4	5	6	7
我的主管是一个优秀的创新榜样	1	2	3	4	5	6	7
企业鼓励员工创新尝试，从错误中学习	1	2	3	4	5	6	7
企业欣赏并认可有创新精神的员工	1	2	3	4	5	6	7
企业通常奖励员工的创意构想	1	2	3	4	5	6	7
企业崇尚自由开放与创新变革	1	2	3	4	5	6	7
当我做得比一般人好时，我的领导会表扬我	1	2	3	4	5	6	7
当我表现出色时，领导总会给予我积极的反馈	1	2	3	4	5	6	7
当下属无意犯错时，我的上级会容忍下属的过错	1	2	3	4	5	6	7
我的上级会原谅下属出现的差错	1	2	3	4	5	6	7
我的上级会接受下属提出的反对意见	1	2	3	4	5	6	7
我的上级会接受下属的批评意见并加以改进	1	2	3	4	5	6	7
通过新想法改善现状	1	2	3	4	5	6	7
主动支持具有创新性的思想	1	2	3	4	5	6	7

题项	非常不符合	不符合	有些不符合	不确定	有些符合	符合	非常符合
通过学习掌握新方法和新技能	1	2	3	4	5	6	7
领导夸奖我的创意	1	2	3	4	5	6	7
使创新想法具备使用价值	1	2	3	4	5	6	7
面对问题能提出创造性解决方案	1	2	3	4	5	6	7
用系统的方法介绍创新性的思想	1	2	3	4	5	6	7
推动企业成员重视思维创新	1	2	3	4	5	6	7
我偶尔会对寻求帮助的人生气	1	2	3	4	5	6	7
不按照我的方法做事，我会生气	1	2	3	4	5	6	7
我偶尔会嫉妒他人的好运	1	2	3	4	5	6	7
我不会特别厌恶某个人	1	2	3	4	5	6	7
我对任何人都有礼貌	1	2	3	4	5	6	7
我愿意反抗权威，无论对错	1	2	3	4	5	6	7

二、基本信息：

性别：

男　女

年龄：

25 岁及以下　26～30 岁　31～35 岁　36～40 岁　41 岁及以上

受教育程度：

大专及以下　本科　研究生

工作年限：

5 年及以下　6～10 年　11～15 年　16 年及以上

行业：

通信 IT　生物医药　机械制造　化工材料

附录9　第5章第1节正式调查（时间点1）

尊敬的员工：

您好！我们是企业管理调查课题组。以下调查是我们课题研究的一部分，请您匿名作答，答案无对错之分，仅需反映您的实际现状，请您根据真实体验，结果仅用于学术研究，请您放心作答！感谢您的支持与配合！

请根据公司实际情况选择与您最相符的一项。

题项	非常不符合	不符合	有些不符合	不确定	有些符合	符合	非常符合
我正在开展一些子项目，这帮助我接触一些新的领域	1	2	3	4	5	6	7
我乐于探索有助于工作任务的新知识领域	1	2	3	4	5	6	7
我会即兴地对工作任务的具体开展方式进行创新设计	1	2	3	4	5	6	7
我有一定的时间和权力在任务之外自由创新和探索	1	2	3	4	5	6	7
虽然没有得到领导的认可，我仍在继续改良并提升被否想法或方案的创新度	1	2	3	4	5	6	7
虽然领导已经明确要求我停止研发某些项目，但我仍在继续从事这些项目	1	2	3	4	5	6	7
我努力完善那些已被资深员工或非正式领袖否决的想法	1	2	3	4	5	6	7
虽然某些想法已经被团队或团队中的多数群体否决，但我仍在改良它们	1	2	3	4	5	6	7
为了创新性地解决工作难题，有时我会不按组织规定流程办事	1	2	3	4	5	6	7
为了更好地完成工作，有时我会打破既定的组织规范	1	2	3	4	5	6	7
我敢于打破潜规则，创造性地开展工作	1	2	3	4	5	6	7

题项	非常不符合	不符合	有些不符合	不确定	有些符合	符合	非常符合
为了用新方法解决组织中的问题，我会打破传统常识或惯例	1	2	3	4	5	6	7
单位同事乐于分享交流工作方法和技术	1	2	3	4	5	6	7
单位同事共同探讨和解决问题	1	2	3	4	5	6	7
单位同事乐于对我的新想法提供意见或建议	1	2	3	4	5	6	7
我的主管鼓励下属改进生产或服务	1	2	3	4	5	6	7
主管推动下属工作创意的实施	1	2	3	4	5	6	7
我的主管是一个优秀的创新榜样	1	2	3	4	5	6	7
企业鼓励员工创新尝试，从错误中学习	1	2	3	4	5	6	7
企业欣赏并认可有创新精神的员工	1	2	3	4	5	6	7
企业通常奖励员工的创意构想	1	2	3	4	5	6	7
企业崇尚自由开放与创新变革	1	2	3	4	5	6	7
当我的工作做得好时，领导会给予我特别的认可	1	2	3	4	5	6	7
当我表现出色时，领导总会给予我积极的反馈	1	2	3	4	5	6	7
对我的良好表现，领导经常视若无睹	1	2	3	4	5	6	7
当下属无意犯错时，我的上级会容忍下属的过错	1	2	3	4	5	6	7
我的上级会原谅下属出现的差错	1	2	3	4	5	6	7
我的上级会接受下属提出的反对意见	1	2	3	4	5	6	7
我的上级会接受下属的批评意见并加以改进	1	2	3	4	5	6	7
我有时会想骂人	1	2	3	4	5	6	7
有时我也说假话	1	2	3	4	5	6	7
有时我将今天该做的事拖到明天去做	1	2	3	4	5	6	7
有时我也会说人家的闲话	1	2	3	4	5	6	7

编码：_____

附录10　第5章第1节正式调查（时间点2）

尊敬的员工：

您好！我们是企业管理调查课题组。以下调查是我们课题研究的一部分，请您匿名作答，答案无对错之分，仅需反映您的实际现状，请您根据真实体验，结果仅用于学术研究，请您放心作答！感谢您的支持与配合！

一、请根据公司实际情况选择与您最相符的一项。

题项	非常不符合	不符合	有些不符合	不确定	有些符合	符合	非常符合
通过新想法改善现状	1	2	3	4	5	6	7
通过学习掌握新方法和新技能	1	2	3	4	5	6	7
领导夸奖我的创意	1	2	3	4	5	6	7
使创新想法具备使用价值	1	2	3	4	5	6	7
面对问题能提出创造性解决方案	1	2	3	4	5	6	7
用系统的方法介绍创新性的思想	1	2	3	4	5	6	7
我有时会想骂人	1	2	3	4	5	6	7
有时我也说假话	1	2	3	4	5	6	7
有时我将今天该做的事拖到明天去做	1	2	3	4	5	6	7
有时我也会说人家的闲话	1	2	3	4	5	6	7

二、基本信息：

性别：

男　女

年龄：

25岁及以下　26~30岁　31~35岁　36~40岁　41岁及以上

受教育程度：

大专及以下　本科　研究生

工作年限：

5 年及以下　6～10 年　11～15 年　16 年及以上

行业：

通信 IT　生物医药　机械制造　化工材料

编码：＿＿＿＿＿＿＿＿＿＿＿＿＿＿

参考文献

[1] 曹大友, 刘夏青. 鼓励还是打压? ——创造性角色认同对越轨创新行为的影响机制研究 [J]. 西南政法大学学报, 2020, 22 (1): 139-151.

[2] 陈超, 刘新梅, 段成钢. 未充分就业感知对抗令创新的影响 [J]. 科技进步与对策, 2020, 37 (13): 134-140.

[3] 陈洪安, 黄一帆, 臧文佩. 资质过剩与组织公民行为的关系研究——基于角色效能感的中介效应 [J]. 安徽师范大学学报 (自然科学版), 2018, 41 (6): 511-518, 551.

[4] 陈建安, 李双亮, 陈武. 员工内部创业: 前沿探析与展望 [J]. 外国经济与管理, 2021, 43 (4): 136-152.

[5] 陈文强. 长期视角下股权激励的动态效应研究 [D]. 杭州: 浙江大学, 2017.

[6] 陈伍洋, 叶茂林, 陈宇帅, 等. 下属越轨创新对主管阻抑的影响——地位威胁感和权威主义取向的作用 [J]. 心理科学, 2017, 40 (3): 670-677.

[7] 陈晓萍, 徐淑英, 樊景立. 组织与管理研究的实证方法 (第2版) [M]. 北京: 北京大出版社, 2012.

[8] 陈颖媛, 邹智敏, 潘俊豪. 资质过剩感影响组织公民行为的情绪路径 [J]. 心理学报, 2017, 49 (1): 72-82.

[9] 程豹, 周星, 郭功星. 资质过剩感知影响员工职业满意度的认知路径 [J]. 经济管理, 2019, 41 (2): 107-121.

[10] 褚福磊, 王蕊, 高中华. 新员工资质过剩动态变化及作用机制: 组织社会化视角 [J]. 心理科学进展, 2018, 26 (12): 2101-2112.

[11] 褚福磊, 王蕊. 资质过剩感与亲组织不道德行为: 心理特权与谦卑型领导的作用 [J]. 心理科学, 2019, 42 (2): 365-371.

[12] 崔明明, 苏屹, 李丹. 跨界行为对员工任务绩效的影响——基于

价值观的多元调节作用 [J]. 经济管理, 2018, 40 (8): 72 - 88.

[13] 崔智淞, 王弘钰, 刘伯龙. 违命创新行为的影响因素及模式——基于科技型企业新生代员工的实证研究 [J]. 科技管理研究, 2021, 41 (2): 154 - 160.

[14] 达莫达尔·N. 古亚拉提. 经济计量学精要 [M]. 张涛, 译. 北京: 机械工业出版社, 2010.

[15] 邓艳芳. 员工越轨创新研究综述与展望 [J]. 领导科学, 2019 (12): 61 - 64.

[16] 丁琳, 席酉民. 变革型领导对员工创造力的作用机理研究 [J]. 管理科学, 2008, 21 (6): 40 - 46.

[17] 董磊明, 郭俊霞. 乡土社会中的面子观与乡村治理 [J]. 中国社会科学, 2017 (8): 147 - 160.

[18] 杜鹏程, 贾玉立, 倪清. 差错能成为创新之源吗——基于差错管理文化对员工创造力影响的跨层次分析 [J]. 科技管理研究, 2015 (9): 161 - 166.

[19] 高良谋, 王磊. 偏私的领导风格是否有效? 基于差序式领导的文化适应性分析与理论延展 [J]. 经济管理, 2013, 35 (4): 183 - 194.

[20] 龚潇潇, 叶作亮, 吴玉萍, 等. 直播场景氛围线索对消费者冲动消费意愿的影响机制研究 [J]. 管理学报, 2019, 16 (6): 875 - 882.

[21] 顾远东, 彭纪生. 组织创新氛围对员工创新行为的影响: 创新自我效能感的中介作用 [J]. 南开管理评论, 2010, 13 (1): 30 - 41.

[22] 郭萌. 何以激发越轨创新——双元领导与责任知觉的作用 [J]. 科技进步与对策, 2020, 37 (9): 49 - 54.

[23] 郭衍宏, 高英, 田泽慧. 上行何以下效? 创业型领导对员工越轨创新的影响 [J]. 企业经济, 2021, 40 (1): 47 - 55.

[24] 郭一蓉, 宋继文, 朱丽. 领导对创造力的作用机制与理论基础探讨 [J]. 中国人力资源开发, 2018, 35 (8): 135 - 150.

[25] 郭亿馨, 苏勇, 吉祥熙. 员工未来关注与不道德亲组织行为: 一个中介—调节模型的构建与检验 [J]. 中国人力资源开发, 2018, 35 (2): 30 - 40.

[26] 郭钟泽, 谢宝国, 程延园. 发展机会、乐观和工作投入: 任务责

任心的调节作用［J］. 心理科学，2017，40（1）：160 – 167.

［27］郭钟泽，谢宝国，程延园. 昨天的积极体验影响今天的工作投入吗？——一项经验取样的日记研究［J］. 管理评论，2019，31（1）：171 – 182.

［28］韩雪亮，王霄. 自下而上推动企业组织创新的过程机制探析［J］. 外国经济与管理，2015，37（9）：3 – 16.

［29］韩翼，廖建桥，龙立荣. 雇员工作绩效结构模型构建与实证研究［J］. 管理科学学报，2007（5）：62 – 77.

［30］蒿坡. 共享型领导对团队和个体产出的影响与作用机制研究［D］. 武汉：华中科技大学，2016.

［31］洪雁. 中国组织情境下领导越轨行为的分类框架及效能机制研究［D］. 杭州：浙江大学，2012.

［32］侯烜方，刘蕴琦，黄蓉，等. 新生代员工工作价值观对越轨创新的影响机制：标新立异还是阳奉阴违［J］. 科技进步与对策，2020，38（14）：143 – 150.

［33］胡琼晶，魏俊杰，王露，等. 犯错者地位如何影响同事容错？——任务目标偏离度和团队互依性的作用［J］. 管理世界，2021，37（6）：113 – 127，7.

［34］黄玮，项国鹏，杜运周，等. 越轨创新与个体创新绩效的关系研究——地位和创造力的联合调节作用［J］. 南开管理评论，2017，20（1）：143 – 154.

［35］霍伟伟，罗瑾琏，李鲜苗，等. 好创意为何易"夭折"：创意领地视角的多层次研究［J］. 科学学与科学技术管理，2018，39（9）：165 – 176.

［36］季燕妮. 基于波特—劳勒综合激励模型的基层公务员绩效考核研究［D］. 北京：首都经济贸易大学，2017.

［37］贾良定，唐翌，李宗卉，等. 愿景型领导：中国企业家的实证研究及其启示［J］. 管理世界，2004，20（2）：84 – 96.

［38］江依. 员工越轨创新行为研究综述及其展望［J］. 科技管理研究，2018，38（10）：131 – 139.

［39］姜定宇，张菀真. 华人差序式领导与部属效能［J］. 本土心理学研究，2010（33）：109 – 177.

［40］金玉笑，王晨曦，周禹．个性化契约视角下员工越轨创新的诱因［J］．中国人力资源开发，2018，35（8）：151－163.

［41］康鑫，尹净，冯志军．管理者亲社会行为对越轨创新的影响机制研究——调节焦点与工作自主性的作用［J］．技术经济，2020，39（8）：35－42，103.

［42］康勇军，彭坚．累并快乐着：服务型领导的收益与代价——基于工作—家庭资源模型视角［J］．心理学报，2019，51（2）：227－237.

［43］李传佳，赵亚普，李立．成就目标导向对咨询网络给予中心度的影响：团队认同的调节作用［J］．科学学与科学技术管理，2018，39（10）：112－124.

［44］李晖，丁刚．资质过剩对新生代个体创新绩效的作用机理——工作塑造的中介作用与职业延迟满足的调节效应［J］．技术经济与管理研究，2019（6）：3－9.

［45］李锐，田晓明，柳士顺．仁慈领导会增加员工的亲社会性规则违背吗？［J］．心理学报，2015，47（5）：637－652.

［46］李树文，姚柱，张显春．员工越轨创新实现路径与边界：游戏动态性的触发作用［J］．科技进步与对策，2019，36（23）：147－152.

［47］李鲜苗，徐振亭，霍伟伟．创意越轨行为对创造力的影响：领导反馈调节与创新自我效能感的中介作用［J］．科技进步与对策，2019，36（6）：138－145.

［48］李晓玉，赵申苒，高昂，等．差序式领导对员工建言行为的影响：组织承诺与内部人身份认知的多重中介效应［J］．心理与行为研究，2019，17（3）：408－414，432.

［49］李晓园，方迪慧，刘思聪．主动性员工更容易产生越轨创新行为吗？基于人—工作匹配的调节作用［J］．金融教育研究，2020，33（2）：64－74.

［50］廖辉尧，梁建．自我牺牲型领导与员工主动行为：一个整合模型［J］．中国人力资源开发，2015（23）：28－37.

［51］林英晖，程垦．差序式领导与员工亲组织非伦理行为：圈内人和圈外人视角［J］．管理科学，2017，30（3）：35－50.

［52］凌玲，卿涛．培训能提升员工组织承诺吗——可雇佣性和期望符

合度的影响 [J]．南开管理评论，2013，16（3）：127－139．

[53] 刘博，赵金金，于水仙．目标取向对新生代员工隐性知识共享的影响机制——一个有中介的调节模型 [J]．财经论丛，2020（2）：83－93．

[54] 刘博，赵金金．工作自主性对知识型员工越轨创新行为与职业倦怠的影响研究——基于角色压力及组织自尊的作用 [J]．南京邮电大学学报（社会科学版），2018，20（5）：63－74．

[55] 刘长江，张跃，郝芳，等．利益冲突情境中社会行为的自动激活：合作还是利己？[J]．心理科学进展，2016，24（12）：1897－1906．

[56] 刘超，刘军，陈星汶，等．本土组织情境下上下级匹配模型的构建与探讨 [J]．中国人力资源开发，2020，37（3）：58－77．

[57] 刘东，刘军．事件系统理论原理及其在管理科研与实践中的应用分析 [J]．管理学季刊，2017，2（2）：64－80，127－128．

[58] 刘小禹，刘军，许浚，等．职场排斥对员工主动性行为的影响机制——基于自我验证理论的视角 [J]．心理学报，2015，47（6）：826－836．

[59] 刘晓琴．非伦理领导对员工职场创新越轨行为的影响机制研究 [J]．软科学，2017，31（9）：93－96．

[60] 刘颖．企业员工组织信任的内容结构及其相关问题的研究 [D]．广州：暨南大学，2007．

[61] 刘玉新，朱楠，陈晨，等．员工何以蓬勃旺盛？影响工作旺盛感的组织情境与理论模型 [J]．心理科学进展，2019，27（12）：2122－2132．

[62] 刘云，石金涛，张文勤．创新气氛的概念界定与量表验证 [J]．科学学研究，2009，27（2）：289－294．

[63] 刘云，石金涛．组织创新气氛与激励偏好对员工创新行为的交互效应研究 [J]．管理世界，2009（10）：88－101，114＋188．

[64] 刘志彪．新时代实现创新引领性发展：关键问题和运行机制——学习十九大报告关于建设创新型国家的体会 [J]．中国地质大学学报（社会科学版），2018，18（2）：1－7．

[65] 罗胜强，姜嬿．管理学问卷调查研究方法 [M]．重庆：重庆大学出版社，2014．

[66] 罗兴武，张皓，刘洋，等．数字平台企业如何从事件中塑造数字创新能力？——基于事件系统理论的钉钉成长案例研究 [J]．南开管理评

论，2021.

[67] 马君，王暐，杨灿. 差序格局下绩效评价公平与员工绩效关系研究 [J]. 管理科学，2012，25（4）：56 - 68.

[68] 马璐，谢鹏. 工作场所地位对员工越轨创新的影响：能力面子压力与地位关心水平的作用 [J]. 科技进步与对策，2021，38（3）：133 - 142.

[69] 马跃如，蒋珊珊. 团队认知多样性、知识共享与团队创新绩效——基于包容性领导的调节效应检验 [J]. 湖南大学学报（社会科学版），2020，34（5）：45 - 51.

[70] 毛基业，陈诚. 案例研究的理论构建：艾森哈特的新洞见——第十届"中国企业管理案例与质性研究论坛（2016）"会议综述 [J]. 管理世界，2017（2）：135 - 141.

[71] 门贺，赵慧军，段旭. 绩效考核对员工越轨创新的影响——一个被调节的中介模型 [J]. 科技进步与对策，2021，38（10）：151 - 160.

[72] 苗仁涛，曹毅. 资本整合视角下高绩效工作系统对员工创新行为的影响——一项跨层次研究 [J]. 经济科学，2020（5）：72 - 85.

[73] 潘持春，王震. 领导亲和型幽默对员工越轨创新的影响——上下级关系和角色宽度自我效能的多重中介作用 [J]. 技术经济，2020，39（9）：144 - 152，180.

[74] 彭伟，李慧. 悖论式领导对员工主动行为的影响机制——团队内部网络连带强度与上下级关系的作用 [J]. 外国经济与管理，2018，40（7）：142 - 154.

[75] 尚玉钒，李磊. 领导行为示范、工作复杂性、工作调节焦点与创造力 [J]. 科学学与科学技术管理，2015，36（6）：147 - 158.

[76] 沈伊默，周婉茹，魏丽华，等. 仁慈领导与员工创新行为：内部人身份感知的中介作用和领导—部属交换关系差异化的调节作用 [J]. 心理学报，2017，49（8）：1100 - 1112.

[77] 沈毅. 从"权威性格"到"个人权威"：对本土组织领导及"差序格局"之"关系"形态的再探讨 [J]. 开放时代，2014（5）：176 - 196.

[78] 史宋源，时丹丹. 越轨创新、员工自主性与组织创新能力 [J]. 哈尔滨商业大学学报（社会科学版），2020（4）：84 - 93.

[79] 宋志刚，顾琴轩. 创造性人格与员工创造力：一个被调节的中介

模型研究［J］．心理科学，2015，38（3）：700－707．

［80］苏敬勤，刘静．案例研究数据科学性的评价体系——基于不同数据源案例研究样本论文的实证分析［J］．科学学研究，2013，31（10）：1522－1531．

［81］苏郁锋，吴能全，周翔．制度视角的创业过程模型——基于扎根理论的多案例研究［J］．南开管理评论，2017，20（1）：181－192．

［82］孙柯意，张博坚．悖论式领导对变革支持行为的影响机制——基于员工特质正念的调节作用［J］．技术经济与管理研究，2019（8）：45－50．

［83］孙颖．科创企业与制造企业越轨创新的触发路径选择——一项模糊集定性比较分析研究［J］．财经论丛，2021（2）：92－102．

［84］谭乐，蒿坡，杨晓，等．悖论式领导：研究述评与展望［J］．外国经济与管理，2020，42（4）：63－79．

［85］汤丹丹，温忠麟．共同方法偏差检验：问题与建议［J］．心理科学，2020，43（1）：215－223．

［86］陶厚永，章娟，李玲．差序式领导对员工利社会行为的影响［J］．中国工业经济，2016（3）：114－129．

［87］万鹏宇，邹国庆，汲海锋．精神型领导对知识型个体创新绩效的影响——知识分享和领导认同的作用［J］．技术经济，2019，38（5）：29－37，66．

［88］王朝晖．员工资质过剩感与越轨创新——基于悖论视角的链式中介关系研究［J］．经济经纬，2019，36（5）：128－134．

［89］王春艳，袁庆宏，林润辉，等．什么样的群体离职更令人担忧？基于事件系统理论的多案例分析［J］．中国人力资源开发，2018，35（3）：136－148．

［90］王弘钰，崔智淞，李孟燃．冲突视角下新生代员工越轨创新行为的影响因素研究——独立型自我建构和组织创新氛围的调节作用［J］．现代财经（天津财经大学学报），2018，38（7）：60－71．

［91］王弘钰，崔智淞，邹纯龙，等．忠诚还是叛逆？中国组织情境下的员工越轨创新行为［J］．心理科学进展，2019，27（6）：975－989．

［92］王弘钰，万鹏宇．效能视角下共享型领导、越轨创新对创新绩效

的影响 [J]. 现代财经（天津财经大学学报），2020，40（1）：84 – 97.

[93] 王弘钰，于佳利. 组织创新氛围对越轨创新行为的影响机制研究 [J]. 软科学，2019，33（2）：126 – 129.

[94] 王弘钰，邹纯龙. 变革型领导对员工越轨创新的影响——一个有调节的中介模型 [J]. 科技管理研究，2019，39（2）：165 – 171.

[95] 王弘钰，邹纯龙. 上下级关系对员工越轨创新的影响机制研究 [J]. 华东经济管理，2019，33（4）：37 – 43.

[96] 王华强. 评估型绩效考核对辱虐管理的影响：阻碍性压力与完美主义的作用 [J]. 暨南学报（哲学社会科学版），2017，39（4）：18 – 30.

[97] 王辉，常阳. 组织创新氛围、工作动机对员工创新行为的影响 [J]. 管理科学，2017，30（3），51 – 62.

[98] 王辉，忻蓉，徐淑英. 中国企业 CEO 的领导行为及对企业经营业绩的影响 [J]. 管理世界，2006（4）：87 – 96，139.

[99] 王伟，刘汉轻. 越轨创新的前因、过程与结果研究 [J]. 科技管理研究，2020，40（15）：20 – 25.

[100] 王伟，王灿. 越轨创新的概念、测量及结果研究 [J]. 科技管理研究，2020，40（17）：7 – 12.

[101] 王艳子，张婷. 建设性越轨行为对个体创新绩效的双刃剑影响效应 [J]. 当代经济管理，2020，42（12）：73 – 78.

[102] 王尧，章凯，张娇娇，等. 领导可信赖性：委派效应的分水岭及其消极面的形成机制 [J]. 管理世界，2019，35（2）：185 – 196.

[103] 王永跃，王慧娟，王晓辰. 内部人身份感知对员工创新行为的影响——创新自我效能感和遵从权威的作用 [J]. 心理科学，2015，38（4）：954 – 959.

[104] 魏龙，党兴华. 惯例复制对越轨创新的影响：网络闭合与知识基础的调节 [J]. 科研管理，2020，41（10）：30 – 39.

[105] 温忠麟，叶宝娟. 有调节的中介模型检验方法：竞争还是替补？[J]. 心理学报，2014（5）：714 – 726.

[106] 吴士健，杜梦贞，张洁. 真实型领导对员工越轨创新行为的影响——组织自尊与建设性责任认知的链式中介作用及差错反感文化的调节作用 [J]. 科技进步与对策，2020，37（13）：141 – 150.

［107］吴士健，杜梦贞，周忠宝．和合文化情境下包容性领导如何影响员工越轨创新行为［J］．科技进步与对策，2020，37（17）：142－151.

［108］吴颖宣，程学生，杨睿，等．抗令创新与团队创新绩效关系研究——建言行为和工作自主性的调节作用［J］．科学学与科学技术管理，2018，39（12）：142－155.

［109］吴玉明，潘诚，周银珍．谦卑型领导与越轨创新行为——上下级关系与心理特权的链式中介模型［J］．软科学，2020，34（4）：140－144.

［110］伍林．悖论式领导对知识型员工创新行为的作用机制研究［D］．武汉：武汉大学，2017.

［111］肖小虹，刘文兴，汪兴东，等．辱虐管理对员工知识共享的影响研究［J］．科研管理，2018，39（2）：117－124.

［112］肖志明．"将在外，君命有所不受"——远程岗位真的有利于员工越轨创新行为吗？［J］．外国经济与管理，2020，42（4）：36－47.

［113］阎亮，张治河．组织创新氛围对员工创新行为的混合影响机制［J］．科研管理，2017，38（9）：97－105.

［114］颜士梅．内容分析方法及在人力资源管理研究中的运用［J］．软科学，2008，22（9）：133－139.

［115］杨陈，杨付，景熠，等．谦卑型领导如何改善员工绩效：心理需求满足的中介作用和工作单位结构的调节作用［J］．南开管理评论，2018，21（2）：121－134.

［116］杨刚，宋建敏，纪谱华．员工创造力与越轨创新：心理特权和道德推脱视角［J］．科技进步与对策，2019，36（7）：115－122.

［117］杨剑钊，李晓娣．前摄型人格对越轨创新绩效作用路径研究——创新催化的中介作用及变革型领导行为的调节作用［J］．预测，2019，38（4）：17－23.

［118］杨晶照，杨东涛，赵顺娣，等．工作场所中员工创新的内驱力：员工创造力自我效能感［J］．心理科学进展，2012，19（9）：1363－1370.

［119］杨术．威权领导、员工沉默行为与员工绩效关系研究［D］．长春：吉林大学，2016.

［120］杨新国，万鹏宇．战略共识对制造业一线销售离职倾向的影响［J］．湖南财政经济学院学报，2017，33（4）：105－111.

[121] 杨亚中，叶茂林，陈宇帅. 工作退缩行为研究述评 [J]. 中国人力资源开发，2014（17）：43 – 49.

[122] 叶存军，何斌，孙旭，等. 包容型领导在创新领域的双刃剑效应——违反规范可接受感知的中介和主动性人格的调节 [J]. 技术经济，2020，39（11）：136 – 146.

[123] 叶明华，杨国枢. 中国人的家族主义：概念分析与实证衡鉴 [J].“中央研究院”民族学研究所集刊，1997，83：169 – 225.

[124] 于桂兰，付博. 上下级关系对组织政治知觉与员工离职倾向影响的被中介的调节效应分析 [J]. 管理学报，2015，12（6）：830 – 838.

[125] 张凯丽，唐宁玉. 组织中的诚实行为——员工差错承认的前因与结果探究 [J]. 南开管理评论，2016，19（6）：36 – 48.

[126] 张默，任声策. 创业者如何从事件中塑造创业能力？——基于事件系统理论的连续创业案例研究 [J]. 管理世界，2018，34（11）：134 – 149，196.

[127] 张鹏程，刘文兴，廖建桥. 魅力型领导对员工创造力的影响机制：仅有心理安全足够吗？[J]. 管理世界，2011（10），94 – 107.

[128] 张庆普，张伟. 创意团队创意方案形成过程与机理研究——基于创意发酵视角 [J]. 研究与发展管理，2014，26（6）：99 – 113.

[129] 张兴贵，罗中正，严标宾. 个人—环境（组织）匹配视角的员工幸福感 [J]. 心理科学进展，2012，20（6）：935 – 943.

[130] 张永军，张鹏程，赵君. 家长式领导对员工亲组织非伦理行为的影响：基于传统性的调节效应 [J]. 南开管理评论，2017，20（2）：169 – 179.

[131] 张勇，龙立荣. 绩效薪酬对雇员创造力的影响：人—工作匹配和创造力自我效能的作用 [J]. 心理学报，2013，45（3）：363 – 376.

[132] 赵斌，古睿，李瑶. 员工越轨创新成功的情境化研究 [J]. 科学学研究，2019，37（11）：2102 – 2112.

[133] 赵斌，古睿，宇卫昕. 员工越轨创新行为与创新绩效关系机理研究 [J]. 科技进步与对策，2020，37（21）：144 – 151.

[134] 赵斌，韩盼盼. 人—工作匹配、辱虐管理对创新行为的影响——基本心理需求的中介作用 [J]. 软科学，2016，30（4）：74 – 79.

［135］赵峰，刘丽香，连悦．综合激励模型视阈下创新人才激励机制研究［J］．科学管理研究，2013，31（6）：98－101．

［136］赵金金．差序式领导对知识型员工建设性越轨行为的影响机制研究［J］．商业经济与管理，2019（11）：42－54．

［137］赵乐，乐嘉昂，王雷．领导调节聚焦行为对越轨创新的影响——创新资源结构性紧张和创造力的联合调节作用［J］．预测，2019，38（1）：1－7．

［138］赵卫红，崔勋，曹霞．过度胜任感对员工绩效的影响机制——有中介的调节模型［J］．科学学与科学技术管理，2016，37（6）：169－180．

［139］郑伯埙．差序格局与华人组织行为［J］．本土心理学研究，1995（3）：142－219．

［140］钟熙，付晔，王甜．包容性领导、内部人身份认知与员工知识共享——组织创新氛围的调节作用［J］．研究与发展管理，2019，31（3）：109－120．

［141］周春城．权变奖励领导对员工及团队绩效的影响机制研究［D］．北京：中国科学技术大学，2019．

［142］周洁，张建卫，李海红，等．差错是创新之源吗？——双元视角下组织差错管理氛围对国防研发人员创新能力的作用机制［J］．预测，2020，39（6）：1－9．

［143］周舜怡，贾建锋，张大鹏．危机情境下领导的外向型特质的激活及效能研究——以农夫山泉"砒霜门"事件与"标准门"事件为例［J］．中国人力资源开发，2019，36（12）：105－121．

［144］周霞，王雯童．资质过剩感对知识型员工越轨创新的影响——有调节的中介模型［J］．科技管理研究，2021，41（1）：151－159．

［145］周星，程坦．领导容错行为能否提高员工的积极性？——一项跨层次研究［J］．经济管理，2020，42（1）：109－124．

［146］周燕，钱慧池．工作嵌入对知识型员工越轨创新行为的影响——建设性责任知觉与角色宽度自我效能的链式中介作用［J］．科技进步与对策，2021，38（16）：142－150．

［147］朱桂龙，温敏瑢，王萧萧．从创意产生到创意采纳：员工创意过程分析框架构建［J］．外国经济与管理，2021，43（4）：123－135．

［148］朱苏丽，龙立荣，贺伟，等. 超越工具性交换：中国企业员工—组织类亲情交换关系的理论建构与实证研究［J］. 管理世界，2015（11）：119 - 134，160，187 - 188.

［149］邹纯龙. 员工越轨创新行为的结构测量、形成机制及作用效果［D］. 长春：吉林大学，2020.

［150］ABID G. How does thriving matter at workplace［J］. International Journal of Economics and Empirical Research，2016，4（10）：521 - 527.

［151］AJZEN I. The theory of planned behavior［J］. Organizational Behavior and Human Decision Processes，1991，50（2）：179 - 211.

［152］AMABILE T M，CONTI R，CON H，LAZENBY J，et al. Assessing the work environment for creativity［J］. Academy of Management Journal，1996，39（5）：1154 - 1184.

［153］AMABILE T M. Componential theory of creativity［J］. Harvard Business School，2012，12（96）：1 - 10.

［154］AMASON A C. Distinguishing the effects of functional and dysfunctional conflict on strategic decision making：Resolving a paradox for top management teams［J］. The Academy of Management Journal，1996，39（1）：123 - 148.

［155］AMPOFO E T，COETZER A，POISAT P. Extending the job embeddedness-life satisfaction relationship：An exploratory investigation［J］. Journal of Organizational Effectiveness：People Performance，2018，5（3）：236 - 258.

［156］ANDELA M，DOEF M. A comprehensive assessment of the person-environment fit dimensions and their relationships with work-related outcomes［J］. Journal of Career Development，2019，46（5）：567 - 582.

［157］ASHKANASY N M，DORRIS A D. Emotions in the workplace［J］. Annual Review of Organizational Psychology and Organizational Behavior，2017，4（1）：67 - 90.

［158］ASPINWALL L G，LEAF S L. In search of the unique aspects of hope：Pinning our hopes on positive emotions，future-oriented thinking，hard times，and other people［J］. Psychological Inquiry，2002，13（4）：276 - 288.

［159］ASTAKHOVA M N. Explaining the effects of perceived person-supervisor fit and person-organization fit on organizational commitment in the U. S. and Japan [J]. Journal of Business Research, 2016, 69 (2): 956 –963.

[160] AUGSDORFER P. Bootlegging and path dependency [J]. Research Policy, 2005, 34 (1): 1 –11.

[161] AUGSDORFER P. Forbidden fruit: An analysis of bootlegging, uncertainty, and learning in corporate R&D [M]. Aldershot: Avebury, 1996.

[162] AUGSDORFER P. Managing the unmanageable [J]. Research-Technology Management, 2008, 51 (4): 41 –47.

[163] AUGSDORFER P. The manager as pirate: An inspection of the gentle art of bootlegging [J]. Creativity and Innovation Management, 1994, 3 (2): 91 –95.

[164] AUGSDORFER P. A diagnostic personality test to identity likely corporate bootleg researchers [J]. International Journal of Innovation Management, 2012, 16 (1): 125 –133.

[165] BAER M. Putting creativity to work: The implementation of creative ideas in organizations [J]. Academy of Management Journal, 2012, 55 (5): 1102 –1119.

[166] BANDURA A. Organization application of social cognitive theory [J]. Australian Journal of management, 1988, 13 (2): 275 –302.

[167] BANDURA A. Regulation of cognitive processes through perceived self-efficacy [J]. Developmental Psychology, 1989, 25 (5): 729.

[168] BANDURA A. Social cognitive theory: An agentic perspective [J]. Asian Journal of Social Psychology, 1999 (2): 21 –41.

[169] BANDURA A. Social foundations of thought and action: A social cognitive theory [J]. Englewood Cliffs, NJ, 1986.

[170] BANDURA A. Social learning theory [J]. Scotts Valley, California, ReCAPP, 1977, 1 (1): 33 –52.

[171] BARGH J A, WILLIAMS E L. The automaticity of social life [J]. Current Directions in Psychological Science, 2006 (15): 1 –4.

[172] BENNETT R J, ROBINSON S L. Development of a measure of workplace deviance [J]. Journal of Applied Psychology, 2000, 85 (3): 349 –360.

[173] BERG J M. Balancing on the creative high-wire: forecasting the suc-

cess of novel ideas in organizations [J]. Administrative Science Quarterly, 2016, 61 (3): 433 – 468.

[174] BERGENDAHL M, MAGNUSSON M. Creating ideas for innovation: Effects of organizational distance on knowledge creation processes. [J] Creativity and Innovation Management, 2015, 24 (1): 87 – 101.

[175] BOCK G, ZMUD R W, KIM Y, et al. Behavioral intention formation in knowledge sharing: Examining the roles of extrinsic motivators, social-psychological factors, and organizational climate [J]. Management Information Systems Quarterly, 2005, 29 (1): 87 – 111.

[176] BODANKIN M, TZINER A. Constructive deviance, destructive deviance and personality: How do they interrelate? [J]. Amfiteatru Economic Journal, 2009, 11 (26): 549 – 564.

[177] BOULDING K. Conflict and defense [M]. New York: Harper & Row, 1963.

[178] BRIAN D. Employee volunteer programs are associated with firm-level benefits and CEO incentives: Data on the ethical dilemma of corporate social responsibility activities [J]. Journal of Business Ethics, 2020, 162 (3): 449 – 472.

[179] BRINCKS A M, ENDERS C K, LLABRE M M, et al. Centering predictor variables in three-level contextual models [J]. Multivariate Behavioral Research, 2017, 52 (2): 149 – 163.

[180] BROWN G, LAWRENCE T B, ROBINSON S L. Territoriality in organizations [J]. Academy of Management Review, 2005, 30 (3): 577 – 594.

[181] BUENGELER C, HOMAN A C, VOELPEL S C. The challenge of being a young manager: The effects of contingent reward and participative leadership on team-level turnover depend on leader age [J]. Journal of Organizational Behavior, 2016, 37 (8): 1224 – 1245.

[182] BURGELMAN R A, SAYLES L R. Inside corporate innovation: Strategy, structure, and managerial skills [M]. London: Collier-Macmillan, 1986.

[183] BURGELMAN RA, GROVE, ANDREW S. Let chaos reign, then rein in chaos-repeatedly: Managing strategic dynamics for corporate longevity [J]. Strategic Management Journal, 2007, 28 (10): 905 – 979.

［184］ BURRIS E R. The risks and rewards of speaking up: Managerial responses to employee voice ［J］. Academy of Management Journal, 2012, 55 (4): 851 – 875.

［185］ CABLE D M, DERUE D S. The convergent and discriminant validity of subjective fit perceptions ［J］. Journal of applied psychology, 2002, 87 (5): 875.

［186］ CAI H, KWAN V, SEDIKIDES C. A sociocultural approach to narcissism: The case of modern China ［J］. European Journal of Personality, 2012 (26): 529 – 535.

［187］ CAMPBELL W K, BONACCI A M, SHELTON J, et al. Psychological entitlement: Interpersonal consequences and validation of a self-report measure ［J］. Journal of Personality Assessment, 2004 (83): 29 – 45.

［188］ CAPLAN R D. Person-environment fit theory and organizations: Commensurate dimensions, time perspectives, and mechanisms ［J］. Journal of Vocational Behavior, 1987, 31 (3): 248 – 267.

［189］ CARMELI A, REITER-PALMON R, ZIV E. Inclusive leadership and employee involvement in creative tasks in the workplace: The mediating role of psychological safety ［J］. Creativity Research Journal, 2010, 22 (3): 250 – 260.

［190］ CARMELI A, SPREITZER G M. Trust, connectivity, and thriving: implications for innovative behaviors at work. The Journal of Creative Behavior, 2009, 43 (3): 169 – 191.

［191］ CHATMAN J A. Improving interactional organizational research: A model of person-organization fit ［J］. Academy of Management Review, 1989, 14 (3): 333 – 349.

［192］ CHATMAN J A. Matching people and organizations: Selection and socialization in public accounting firms ［J］. Administrative Science Quarterly, 1999, 36 (3): 459 – 484.

［193］ CHEN G, FARH J L, CAMPBELLBUSH E M, et al. Teams as innovative systems: Multilevel motivational antecedents of innovation in R&D teams ［J］. Journal of Applied Psychology, 2013, 98 (6): 1018 – 1027.

［194］ CHEN Y, LIU D, TANG G, HOGAN T M. Workplace events and employee creativity: A multistudy field investigation [J]. Personnel Psychology, 2020, 74 (2): 211 – 236.

[195] CHENG B, ZHOU X, GUO G, et al. Perceived overqualification and cyberloafing: A moderated-mediation model based on equity theory [J]. Journal of Business Ethics, 2018, 127 (18): 1 – 13.

[196] CHENG Y – T, VEN DE VEN A H. Learning the innovation journey: order out of chaos? [J]. Organization Science, 1996, 7 (6): 593 – 614.

[197] CHENHALL R H. The role of cognitive and affective conflict in early implementation of active-based cost management [J]. Behavioural Research in Accounting, 2004 (16): 19 – 44.

[198] CHUANG A, HSU R S, WANG A C, et al. Does west "fit" with east? In search of a Chinese model of person-environment fit [J]. Academy of Management Journal, 2015, 58 (2): 480 – 510.

[199] CHURCHILL G A. A paradigm for developing better measures of marketing constructs [J]. Journal of Marketing Research, 1979, 16 (1): 64 – 73.

[200] COSH A, FU X, HUGHES A. Organization structure and innovation performance in different environment [J]. Small Business Economics, 2012, 39 (2): 1 – 17.

[201] CRISCUOLO P, SALTER A, TER WAL A L J. Going underground: Bootlegging and individual innovative performance [J]. Organization Science, 2014, 25 (5): 1287 – 1305.

[202] DAMEN F, VAN KNIPPENBERG B, VAN KNIPPENBERG D. Affective match in leadership: Leader emotional displays, follower positive affect, and follower performance [J]. Journal of Applied Social Psychology, 2008, 38 (4): 868 – 902.

[203] DESHON R P, GILLESPIE J Z. A motivated action theory account of goal orientation [J]. Journal of Applied Psychology, 2005, 90 (6): 1096 – 1127.

[204] DONG Y, LIAO H, CHUANG A, et al. Fostering employee service creativity: Joint effects of customer empowering behaviors and supervisory empowering leadership [J]. Journal of Applied Psychology, 2015, 100 (5): 1364 – 1380.

[205] DRECHSLER K, REIBENSPIESS V, ECKHARDT A, et al. Innova-

tion champions' activities and influences in organizations-A literature review [J]. International Journal of Innovation Management, 2021, 25 (6): 1363 – 9196.

[206] DUST S B, RESICK C J, MARGOLIS J A, et al. Ethical leadership and employee success: Examining the roles of psychological empowerment and emotional exhaustion [J]. The Leadership Quarterly, 2018, 29 (5): 570 – 583.

[207] EDMONDSON A C. Making it safe: the effects of leader inclusiveness and professional status on psychological safety and improvement efforts in health care teams [J]. Journal of Organizational Behavior, 2006 (3): 941 – 966.

[208] EDWARDS J R, LAMBERT L S. Methods for integrating moderation and mediation: A general analytical framework using moderated path analysis [J]. Psychological Methods, 2007, 12 (1): 1 – 22.

[209] EDWARDS J R. Person-environment fit in organizations: An assessment of theoretical progress [J]. Academy of Management Annals, 2008, 2 (1): 167 – 230.

[210] EISENHARDT K. Building theories from case study research [J]. Academy of Management Review, 1989, 14 (4): 532 – 550.

[211] ENKEL E, GASSMANN O. Creative imitation: exploring the case of cross-industry innovation [J]. R&D Management, 2010, 40 (3): 256 – 270.

[212] ERDOGAN B, TOMáS I, VALLS V, et al. Perceived overqualification, relative deprivation, and person-centric outcomes: The moderating role of career centrality [J]. Journal of Vocational Behavior, 2018, 107 (4): 233 – 245.

[213] FARH J L, LEE C, FARH C I C. Task conflict and team creativity: A question of how much and when [J]. Journal of Applied Psychology, 2010, 95 (6): 1173.

[214] FISCHER D G, FICK C. Measuring social desirability: Short forms of the Marlowe-Crowne social desirability scale [J]. Educational and Psychological Measurement, 1993, 53 (2): 417 – 424.

[215] Fisher C D, To M L. Using experience sampling methodology in organizational behavior [J]. Journal of Organizational behavior, 2012, 33 (7): 865 – 877.

[216] FISKE S T, AMY J C, GLICK P. Universal dimensions of social cognition: warmth and competence [J]. Trends in Cognitive Sciences, 2007, 11

（2）：77 - 83.

［217］FORD C M. A theory of individual creative action in multiple social domains ［J］. Academy of Management Review, 1996, 21 （4）：1112 - 1142.

［218］FORNELL C, LARCKER D F. Evaluating structural equation models with unobservable variables and measurement error ［J］. Journal of Marketing Research, 1981, 18 （1）：39 - 50.

［219］FU P P, TSUI A S, LIU J, et al. Pursuit of whose happiness? Executive leaders' transformational behaviors and personal values. Administrative Science Quarterly, 2010, 55 （2）：222 - 254.

［220］FULLER B. MARLER L E. Change driven by nature：A meta-analytic review of the proactive personality literature ［J］. Journal of Vocational Behavior, 2009, 75 （3）：329 - 345.

［221］GALPERIN B L. Exploring the nomological network of workplace deviance：Developing and validating a measure of constructive deviance ［J］. Journal of Applied Social Psychology, 2012, 42 （12）：2988 - 3025.

［222］GAWKE J C, GORGIEVSKI M J, BAKKER A B. Measuring intrapreneurship at the individual level：Development and validation of the Employee Intrapreneurship Scale （EIS） ［J］. European Management Journal, 2019, 37 （6）：806 - 817.

［223］GERBER J P, WHEELER L, SULS J. A social comparison theory meta analysis 60 + years on ［J］. Psychological Bulletin, 2018, 144 （2）：177 - 197.

［224］GLOBOCNIK D, SALOMO S. Do formal management practices impact the emergence of bootlegging behavior? ［J］. Journal of Product Innovation Management, 2015, 32 （4）：505 - 521.

［225］GLOBOCNIK D. Taking or avoiding risk through secret innovation activities—the relationships among employees' risk propensity, bootlegging, and management support ［J］. International Journal of Innovation Management, 2019, 23 （3）.

［226］GOODALE J C, KURATKO D F, HORNSBY J S, et al. Operations management and corporate entrepreneurship：The moderating effect of operations control on the antecedents of corporate entrepreneurial activity in relation to innova-tion performance [J]. Journal of Operations Management, 2011, 29 (1 – 2): 116 – 127.

[227] GRIFFITH J A, GIBSON C, MEDEIROS K, et al. Are you thinking what I'm thinking? The influence of leader style, distance, and leader-follower mental model congruence on creative performance [J]. Journal of Leadership & Organizational Studies, 2018, 25 (2): 153 – 170.

[228] GUZMAN F A, ESPEJO A. Introducing changes at work: How voice behavior relates to management innovation [J]. Journal of Organizational Behav-ior, 2018, 40 (1): 73 – 90.

[229] HARVEY S. Creative synthesis: Exploring the process of extraordinary group creativity [J]. Academy of Management Review, 2014, 39 (3): 324 – 343.

[230] HAYTON J C, KELLEY D J. A competency – based framework for promoting corporate entrepreneurship [J]. Human Resource Management, 2006, 45 (3): 407 – 427.

[231] HEYDEN M L M, SIDHU J S, VOLBERDA H W. The conjoint influ-ence of top and middle management characteristics on management innovation [J]. Journal of Management, 2018, 44 (4): 1505 – 1529.

[232] HIGGINS E T. Beyond pleasure and pain [J]. American Psychologis, 1997, 52 (12): 1280 – 1300.

[233] HILDENBRAND K, SACRAMENTO C A, BINNEWIES C. Transfor-mational leadership and burnout: The role of thriving and followers'openness to ex-perience [J]. Journal of Occupational Health Psychology, 2018, 23 (1): 31 – 43.

[234] HININGS B, GEGENHUBER T, GREENWOOD R. Digital innovation and transformation: An institutional perspective [J]. Information and Organiza-tion, 2018, 28 (1): 1471 – 7727.

[235] HIRAK R, PENG A C, CARMELI A, et al. Linking leader inclu-siveness to work unit performance: The importance of psychological safety and learn-ing from failures [J]. The Leadership Quarterly, 2012, 23 (1): 107 – 117.

[236] HOLLAND J L. A theory of vocational choice [J]. Journal of Counse-

ling Psychology, 1959, 6 (1): 35 –45.

[237] HORNUNG S, ROUSSEAU D M, GLASER J. Creating flexible work arrangements through idiosyncratic deals [J]. Journal of Applied Psychology, 2008, 93 (3): 655 – 664.

[238] HOWELL J M, BOIES K. Champions of technological innovation: The influence of contextual knowledge, role orientation, idea generation, and idea promotion on champion emergence [J]. The Leadership Quarterly, 2004, 15 (1): 123 – 143.

[239] HOWELL J M, HIGGINS C A. Champions of technological innovation [J]. Administrative Science Quarterly, 1990, 35 (2): 317 – 341.

[240] HSU M L A, FAN H L. Organizational innovation climate and creative outcomes: Exploring the moderating effect of time pressure [J]. Creativity Research Journal, 2010, 22 (4): 378 – 386.

[241] HULSHEGER U R, LANG J W B, DEPENBROCK F, et al. The power of presence: The role of mindfulness at work for daily levels and change trajectories of psychological detachment and sleep quality [J]. Journal of Applied Psychology, 2014, 99 (6): 1113 – 1128.

[242] HWANG K K. Face and favor: the Chinese power game [J]. American Journal of Sociology, 1987, 92 (4): 944 – 974.

[243] JIANG J, GAO A, YANG B Y. Employees' critical thinking, leaders' inspirational motivation, and voice behavior [J]. Journal of Personnel Psychology, 2018, 17 (1): 33 – 41.

[244] JING Z, XIAOYE M W, DAVIDE B, et al. Understanding the receiving side of creativity: A multidisciplinary review and implications for management research [J]. Journal of Management, 2019, 45 (6): 2570 – 2595.

[245] JOHNSON H H, JOHNSON M D. Influence of event characteristics on assessing credibility and advice-taking [J]. Journal of Managerial Psychology, 2017, 32 (1): 89 – 103.

[246] JUDGE T A, SIMON L S, HURST C, et al. What I experienced yesterday is who I am today: Relationship of work motivations and behaviors to within-individual variation in the five-factor model of personality [J]. Journal of Applied

Psychology, 2014, 99 (2): 199 – 221.

[247] KALSHOVEN K, HARTOG D N D, HOOGH A H B D. Ethical leadership and followers' helping and initiative: The role of demonstrated responsibility and job autonomy [J]. European Journal of Work & Organizational Psychology, 2013, 22 (2): 165 – 181.

[248] KANNAN-NARASIMHAN R, LAWRENCE B S. How innovators reframe resources in the strategy – making process to gain innovation adoption [J]. Strategic Management Journal, 2018, 39 (3): 720 – 758.

[249] KIM J J, PARK J, SOHN Y W, ET AL. Perceived overqualification, boredom, and extra-role behaviors: Testing a moderated mediation model [J]. Journal of Career Development, 2019, 10 (2): 1 – 15.

[250] KIM Y H, STING F J, LOCH C H. Top – down, bottom-up, or both? Toward an integrative perspective on operations strategy formation [J]. Journal of Operations Management, 2014, 23 (7 – 8): 462 – 474.

[251] KNIGHT K. A description model of the intra-firm innovation process [J]. Journal of Business, 1967, 40 (4): 478 – 496.

[252] KRAUS M W, PIFF P K, MENDOZA-DENTON R, et al. Social class, solipsismand contextualism: How the rich are different from the poor [J]. Psychological Review, 2012, 119 (3): 546 – 572.

[253] KRISTOF A L. Person-organization fit: an integrative review of its conceptualizations, measurement, and implications [J]. Personnel psychology, 1996, 49 (1): 1 – 49.

[254] KRISTOF-BROWN A L, ZIMMERMAN R D, JOHNSON E C. Consequences of individuals' fit at work: A meta- analysis of person-job, person-organization, person-group, and person-supervisor fit [J]. Personnel Psychology, 2005, 58 (2): 281 – 342.

[255] KWANG – KUO HWANG. Chinese relationalism: theoretical construction and methodological considerations [J]. Journal for the Theory of Social Behaviour, 2000, 30 (2): 155 – 178.

[256] LANDRY G, VANDENBERGHE C. Role of commitment to the supervisor, leader-member exchange and supervisor based self-esteem in employee-su-

pervisor conflicts ［J］. The Journal of Social Psychology, 2009, 149（1）: 5 – 28.

［257］LEE A, SCHWARZ G, NEWMAN A, et al. Investigating when and why psychological entitlement predicts unethical pro-organizational behavior ［J］. Journal of Business Ethics, 2019, 154（1）: 109 – 126.

［258］LEE Y, ANTONAKIS J. When preference is not satisfied but the individual is: How power distance moderates person-job fit ［J］. Journal of Management, 2014, 40（3）: 641 – 675.

［259］LEHMAN W E, SIMPSON D D. Employee substance use and on-the-job behaviors ［J］. Journal of Applied Psychology, 1992, 77（3）: 309 – 321.

［260］LEWIS M W, ANDRIOPOULOS C, SMITH W K. Paradoxical leadership to enable strategic agility ［J］. California Management Review, 2014, 56（3）: 58 – 77.

［261］LIDEN R C, WAYNE S J, SPARROWE R T. An examination of the mediating role of psychological empowerment on the relations between the job, interpersonal relationships, and work outcomes ［J］. Journal of Applied Psychology, 2000, 85（3）: 0021 – 9010.

［262］LIN B, LAW K S, ZHOU J. Why is underemployment related to creativity and OCB? A task-crafting explanation of the curvilinear moderated relations ［J］. Academy of Management Journal, 2017, 60（1）: 156 – 177.

［263］LIN B, LAW K, CHEN C. "I love to do it" or "I can do it"? Competing mechanisms in explaining creative deviance ［C］. Academy of Management Meeting, 2012.

［264］LIN B, MAINEMELIS C, KARK R. Leaders' responses to creative deviance: Differential effects on subsequent creative deviance and creative performance ［J］. Leadership Quarterly, 2016, 27（4）: 537 – 556.

［265］LITCHFIELD R C, GILSON L L, GILSON P W. Defining creative ideas: Toward a more nuanced approach ［J］. Group & Organization Management, 2015, 40（2）: 238 – 265.

［266］LIU F, CHOW I H, ZHANG J, et al. Organizational innovation climate and individual innovative behavior: Exploring the moderating effects of psychological ownership and psychological empowerment [J]. Review of Managerial Science, 2019, 13 (4): 771 –789.

[267] LIU X, BARANCHENKO Y, AN F, et al. The impact of ethical leadership on employee creative deviance: The mediating role of job autonomy [J]. Leadership & Organization Development Journal, 2020, 42 (2): 219 –232.

[268] LIU Z Q, PAN X Q, ZHU T T. Status-striving orientation, creative deviance engagement and employee creativity: Perspective of structural strain [J]. Chinese Management Studies, 2021, 15 (4): 821 –842.

[269] LOBENE E V, MEADE A W. The effects of career calling and perceived overqualificationon work outcomes for primary and secondary school teachers [J]. Journal of Career Development, 2013, 40 (6): 508 –530.

[270] LUO Y, EICKHOFF S B, HÉTU S, et al. Social comparison in the brain: Acoordinate-based meta-analysis of functional brain imaging studies on the downward and upward comparisons [J]. Human Brain Mapping, 2018, 39 (1): 440 –458.

[271] MADJAR N, GREENBERG E, CHEN Z. Factors for radical creativity, incremental creativity, and routine, noncreative performance [J]. Journal of Applied Psychology, 2011, 96 (4): 730 –743.

[272] MAIA L G, BASTOS A V B, SOLINGER O N. Which factors make the difference for explaining growth in newcomer organization commitment? A latent growth modeling approach [J]. Journal of Organizational Behavior, 2016, 37 (4): 537 –557.

[273] MAINEMELIS C. Stealing fire: creative deviance in the evolution of new ideas [J]. Academy of Management Review, 2010, 35 (4): 558 –578.

[274] MALIK M A R, BUTT A N, CHOI J N. Rewards and employee creative performance: Moderating effects of creative self-efficacy, reward importance, and locus of control [J]. Journal of Organizational Behavior, 2015, 36 (1): 59 –74.

[275] MARKHAM S E, YAMMARINO F J, MURRY W D, et al. Leader-member exchange, shared values, and performance: Agreement and levels of analysis do matter [J]. The Leadership Quarterly, 2010, 21 (3): 469 –480.

[276] MASOUDNIA Y, SZWEJCZEWSKI M. Bootlegging in the R&D Departments of High-Technology Firms [J]. Research Technology Management, 2012, 55 (5): 368 – 372.

[277] MATTA F K, SCOTT B A, KOOPMAN J, et al. Does seeing "eye to eye" affect work engagement and organizational citizenship behavior? A role theory perspective on LMX agreement [J]. Academy of Management Journal, 2015, 58 (6): 1686 – 1708.

[278] MATTA F K, VAN DYNE L. Understanding the disparate behavioral consequences of lmx differentiation: The role of social comparison emotions [J]. Academy of Management Review, 2020, 45 (1): 154 – 180.

[279] MAYNARD D C, JOSEPH T A, MAYNARD A M. Underemployment, job attitudes, and turnover intentions [J]. Journal of Organizational Behavior, 2006, 27 (4): 509 – 536.

[280] MAYNARD D C, PARFYONOVA N M. Perceived overqualification and withdrawal behaviours: Examining the roles of job attitudes and work values [J]. Journal of Occupational and Organizational Psychology, 2013, 86 (3): 435 – 455.

[281] MCKEE-RYAN F M, HARVEY J. "I have a job, but…": are view of underemployment [J]. Journal of Management, 2011, 37 (4): 962 – 996.

[282] MITTAL S, DHAR R L. Transformational leadership and employee creativity: Mediating role of knowledge sharing [J]. Management Decision, 2015, 53 (5): 894 – 910.

[283] MONTAG T, MAERTZ C P J, BAER M. A critical analysis of the workplace creativity criterion space [J]. Journal of Management, 2012, 38 (4): 1362 – 1386.

[284] MORGESON F P, MITCHELL T R, LIU D. Event system theory: An event-oriented approach to the organizational sciences [J]. Academy of Management Review, 2015, 40 (4): 515 – 537.

[285] MUCHINSKY P M, MONAHAN C J. What is person-environment congruence? Supplementary versus complementary models of fit [J]. Journal of Vocational Behavior, 1987, 31 (3): 268 – 277.

［286］MUELLER J S, MELWANI S, LOEWENSTEIN J, et al. Reframing the decision-makers' dilemma: Towards a social context model of creative idea recognition ［J］. Academy of Management Journal, 2018, 61 (1): 94 –110.

［287］NEIL A, KRISTINA P, JING Z. Innovation and creativity in organizations: A state-of-the-science review, prospective commentary, and guiding framework ［J］. Journal of Management, 2014, 40 (5), 1297 –1333.

［288］NG T W H, FELDMAN D C. Organizational tenure and job performance ［J］. Journal of Management, 2010, 36 (5): 1220 –1250.

［289］ODOARDI C. The relationship between proactive goal generation and innovative behaviour at work ［J］. Journal of Management Development, 2015, 34 (5): 553 –565.

［290］OKE A, MUNSHI N, WALUMBWA F O. The influence of leadership on innovation processes and activities ［J］. Organizational Dynamics, 2009, 38 (1): 64 –72.

［291］PARKER S K, BINDL U K, STRAUSS K. Making things happen: A model of proactive motivation ［J］. Journal of Management, 2010, 36 (4): 827 –856.

［292］PARKER S K, COLLINSC G. Taking stock: Integrating and differentiating multiple proactive behaviors ［J］. Journal of Management, 2010, 36 (3): 633 –662.

［293］PARKER S K, WILLIAMS H M, TURNER N. Modeling the antecedents of proactive behavior at work ［J］. Journal of Applied Psychology, 2006, 91 (3): 636 –652.

［294］PARKER S K. Enhancing role breadth self-efficacy: The roles of job enrichment and other organizational interventions ［J］. Journal of applied psychology, 1998, 83 (6): 835.

［295］PERRY-SMITH J E, MANNUCCI P V. From creativity to innovation: The social network drivers of the four phases of the idea journey ［J］. Academy of Management Review, 2017, 42 (1): 53 –79.

［296］PERVIN L A. Persons, situations, interactions: The history of a controversy and a discussion of theoretical models ［J］. Academy of Management Review, 1989, 14 (3): 350 – 360.

[297] PIFF P K. Wealth and the inflated self: Class, entitlement, and narcissism [J]. Personality & Social Psychology Bulletin, 2013, 40 (1): 34 – 43.

[298] PLOWMAN D A, BAKER L T, BECK T E, et al. Radical change accidentally: The emergence and amplification of small change [J]. Academy of Management Journal, 2007, 50 (3): 515 – 543.

[299] PODSAKOFF P M, MACKENZIE S B, PODSAKOFF N P. Sources of method bias in social science research and recommendations on how to control it [J]. Annual Review of Psychology, 2012, 63 (1): 539 – 569.

[300] PORATH C, SPREITZER G, GIBSON C, et al. Thriving at work: Toward its measurement, construct validation, and theoretical refinement [J]. Journal of Organizational Behavior, 2012, 33 (2): 250 – 275.

[301] PULFORD B D, WOODWARD B, TAYLOR E. Do social comparisons in academic settings relate to gender and academic self-confidence? [J]. Social Psychology of Education, 2018, 21 (3): 677 – 690.

[302] PUROHIT B. Sales person performance: Role of perceived overqualification and organization type [J]. Marketing Intelligence and Planning, 2018, 36 (1): 79 – 92.

[303] QU R, JANSSEN O, SHI K. Transformational Leadership and follower creativity: The mediating role of follower relational identification and the moderating role of leader creativity expectations [J]. Leadership Quarterly, 2015, 26 (2): 286 – 299.

[304] RANDEL A E, GALVIN B M, SHORE L M, et al. Inclusive leadership: Realizing positive outcomes through belongingness and being valued for uniqueness [J]. Human Resource Management Review, 2018, 28 (2): 190 – 203.

[305] RANK J, PACE V L, FRESE M. Three avenues for future research on creativity, innovation, and initiative [J]. Applied Psychology: An International Review, 2004, 53 (4): 518 – 528.

[306] REUVER M, VAN ENGEN M L, VINKENBURG C J, et al. Transformational leadership and innovative work behaviour: Exploring the relevance of gender differences [J]. Creativity and Innovation Management, 2008, 17 (3):

227 – 234.

[307] RICHTER A W, HIRST G, VAN KNIPPENBERG D, et al. Creative self-efficacy and individual creativity in team contexts: Cross-level interactions with team informational resources [J]. Journal of Applied Psychology, 2012, 97 (6): 1282 – 1290.

[308] ROBERTSON D C. Empiricism in business ethics: Suggested research directions [J]. Journal of Business Ethics, 1993, 12 (8): 585 – 599.

[309] ROTHMAN A M, STEIL J M. Adolescent attachment and entitlement in a world of wealth [J]. Journal of Infant, Child, and Adolescent Psychotherapy, 2012, 11 (1): 53 – 65.

[310] RUNCO M A. Creativity [J]. Annual Review of Psychology, 2004: 657 – 687.

[311] RUSSO M, BUONOCORE F, CARMELI A, et al. When family supportive supervisors meet employees' need for caring: Implications for work-family enrichment and thriving [J]. Journal of Management, 2018, 44 (4): 1678 – 1702.

[312] SARAH H. Creative synthesis: Exploring the process of extraordinary group creativity [J]. The Academy of Management Review, 2014, 39 (3): 324 – 343.

[313] SCHILPZAND P, CHO J, HOUSTON L. Not too tired to be proactive: Daily empowering leadership spurs next-morning employee proactivity as moderated by nightly sleep quality [J]. Academy of Management Journal, 2018, 61 (6): 2367 – 2387.

[314] SEIBERT S E, CRANT J M, KRAIMER M L. Proactive personality and career success [J]. Journal of applied psychology, 1999, 84 (3): 416.

[315] SEIDEL V P, O'MAHONY S. Managing the repertoire: Stories, Metaphors, Prototypes, and concept coherence in product innovation [J]. Organization Science, 2014, 25 (3): 691 – 712.

[316] SHALLEY C E. Effects of productivity goals, creativity goals, and personal discretion on individual creativity [J]. Journal of Applied Psychology, 1991, 76 (2): 179 – 185.

[317] SHAO Y, NIJSTAD B A, TAUBER S. Creativity under workload

pressure and integrative complexity: The double-Edged sword of paradoxical leadership [J]. Organizational Behavior and Human Decision Processes, 2019, 155: 7 – 19.

[318] SHIPP A J, EDWARDS J R, LAMBERT L S. Conceptualization and measurement of temporal focus: The subjective experience of the past, present, and future [J]. Organizational Behavior and Human Decision Processes, 2009, 110 (1): 1 – 22.

[319] SHORE L M, RANDEL A E, CHUNG B G, et al. Inclusion and diversity in work groups: A review and model for future research [J]. Journal of Management, 2011, 37 (4): 1262 – 1289.

[320] SILVERTHORNE C. The impact of organizational culture and person-organization fit on organizational commitment and job satisfaction in Taiwan [J]. Leadership & Organization Development Journal, 2004, 25 (7): 592 – 599.

[321] SIMONTON D K. Creativity as blind variation and selective retention: Is the creative process darwinian? [J]. Psychological Inquiry, 1999, 10 (4): 309 – 328.

[322] SINGH N, GOEL A. Self-efficacy and emotional intelligence among creative professional: A study on gender differeces [J]. Learning Community-An International Journal of Educational and Social Development, 2014, 5 (1): 23 – 31.

[323] ŠKERLAVAJ M, CERNE M, DYSVIK A. I get by with a little help from my supervisor: Creative-idea generation, idea implementation, and perceived supervisor support [J]. Leadership Quarterly, 2014, 25 (5): 987 – 1000.

[324] SPREITZER G, SUTCLIFFE K, DUTTON J, et al. A socially embedded model of thriving at work [J]. Organization Science, 2005, 16 (5): 537 – 549.

[325] STAW B M, BOETTGER R D. Task revision: A neglected form of work performance [J]. The Academy of Management Journal, 1990, 33 (3): 534 – 559.

[326] STAW B M, BOETTGER, RICHARD D. Task revision: A neglected form of work performance [J]. The Academy of Management Journal, 1990, 33 (3): 534 – 559.

［327］ STAW B M. An evolutionary approach to creativity and innovation ［J］. Journal of Applied Psychology, 1990, 287 – 308.

［328］ STROBEL M, TUMASJAN A, SPORRLE M, et al. The future starts today, not tomorrow: How future focus promotes organizational citizenship behaviors ［J］. Human Relations, 2013, 66 (6): 829 – 856.

［329］ SWANN W B, WENZLAFF R M, KRULL D S, et al. Allure of negative feedback: Self-verification strivings among depressed persons ［J］. Journal of Abnormal Psychology, 1992, 101 (2): 293 – 306.

［330］ SWANN W B. The trouble with change: Self-verification and allegiance to the self ［J］. Psychological Science, 1997, 8 (3): 177 – 180.

［331］ SWIFT M, BALKIN D B, MATUSIK S F. Goal orientations and the motivation to share knowledge ［J］. Journal of Knowledge Management, 2010, 14 (3): 378 – 393.

［332］ SZPUNAR K K, MCDERMOTT K B. Episodic future thought and its relation to remembering: Evidence from ratings of subjective experience ［J］. Consciousness and Cognition, 2008, 17 (1): 330 – 334.

［333］ TANG N, JIANG Y, CHEN C, et al. Inclusion and inclusion management in the Chinese context: An exploratory study ［J］. International Journal of Human Resource Management, 2015, 26 (6): 856 – 874.

［334］ TENZER H, YANG P. Personality, values, or attitudes? Individual-level antecedents to creative deviance ［J］. International Journal of Innovation Management, 2019, 23 (2): 1 – 30.

［335］ TENZER H, YANG P. The impact of organisational support and individual achievement orientation on creative deviance ［J］. International Journal of Innovation Management, 2020, 24 (2): 1 – 33.

［336］ THOMPSON K W, SHEA T H, SIKORADM, et al. Rethinking underemployment and overqualification in organizations: the not so ugly truth ［J］. Business Horizons, 2013, 56 (1): 113 – 121.

［337］ TIERNEY P, FARMER S M. Creative self-efficacy: Its potential antecedents and relationship to creative performance ［J］. Academy of Management Journal, 2002, 45 (6): 1137 – 1148.

［338］TJOSVOLD D. The conflict-positive organization：It depends upon us ［J］. Journal of Organizational Behavior, 2008, 29（1）：19 – 28.

［339］VAN DOESUM N J, TYBUR J M, VAN LANGE P A M. Class impressions：Higher social class elicits lower prosociality ［J］. Journal of Experimental Social Psychology, 2017（68）：11 – 20.

［340］VAN K D, VAN K G A. Leadership and affect：moving the hearts and minds of followers ［J］. Academy of Management Annals, 2016, 10（1）：799 – 840.

［341］VANDEWALLE D. Development and validation of a work domain goal orientation instrument ［J］. Educational and Psychological Measurement, 1997, 57（6）：995 – 1015.

［342］VOGEL E A, ROSE J P, OKDIE B M, et al. Who compares and despairs? The effect of social comparison orientation on social media use and its outcomes ［J］. Personality and Individual Differences, 2015（86）：249 – 256.

［343］WAHEED A, MIAO X, WAHEED S, et al. How new HRM practices, organizational innovation, and innovative climate affect the innovation performance in the IT industry：A moderated – mediation analysis ［J］. Sustainability, 2019, 11（3）：621 – 641.

［344］WALUMBWA F O, HARTNELL C A, MISATI E. Does ethical leadership enhance group learning behavior? Examining the mediating influence of group ethical conduct, justice climate, and peer justice ［J］. Journal of Business Research, 2017, 72（3）：14 – 23.

［345］WALUMBWA F O, MUCHIRI M K, MISATI E, et al. Inspired to perform：A multilevel investigation of antecedents and consequences of thriving at work ［J］. Journal of Organizational Behavior, 2018, 39（3）：249 – 261.

［346］WALUMBWA F O, WU C, ORWA B. Contingent reward transactional leadership, work attitudes, and organizational citizenship behavior：The role of procedural justice climate perceptions and strength ［J］. The Leadership Quarterly, 2008, 19（3）：251 – 265.

［347］WENG L C. Improving employee job performance through ethical leadership and "Guanxi"：The moderation effects of supervisor-subordinate guanxi differentiation [J]. Asia Pacific Management Review, 2014, 19 (3): 321 – 342.

[348] WENG L J, CHENG C P. Effects of response order on likert-type scales [J]. Educational and Psychological Measurement, 2000, 60 (6): 908 – 924.

[349] WHEELER A R, HALBESLEBEN J R B, WHITMAN M V. The interactive effects of abusive supervision and entitlement on emotional exhaustion and co-worker abuse [J]. Journal of Occupational & Organizational Psychology, 2013, 86 (4): 477 – 496.

[350] WOOD J V. What is social comparison and how should we study it? [J]. Personality and Social Psychology Bulletin, 1996, 22 (5): 520 – 537.

[351] XU A J, LOI R, CHOW C W C. What threatens retail employees' thriving at work under leader-member exchange? The role of store spatial crowding and team negative affective tone [J]. Human Resource Management, 2019, 58 (4): 371 – 382.

[352] YADAV M S, PRABHU J C, CHANDY R K. Managing the future: CEO attention and innovation outcomes [J]. Journal of Marketing, 2007, 71 (4): 84 – 101.

[353] YANG Y, LI Z, LIANG L, et al. Why and when paradoxical leader behavior impact employee creativity: Thriving at work and psychological safety [J]. Current Psychology, 2019, 23 (1): 1 – 12.

[354] YIN R K. Case study research: design and methods [M]. Sage Publications, 2014.

[355] YU K T. Inter-Relationships among different types of person-environment fit and job satisfagtion [J]. Applied Psychology, 2016, 65 (1): 38 – 65.

[356] YU Y, YE M. Can big fish in a small pond also swim happily? The influence of perceived overqualification on career success [J]. Open Journal of Social Sciences, 2019, 7 (3): 1 – 12.

[357] ZHANG M J, LAW K S, LIN B. You think you are big fish in a small pond? Perceived overqualification, goal orientations, and proactivity at work [J]. Journal of Organizational Behavior, 2016, 37 (1): 61 – 84.

[358] ZHANG X, BARTOL K M. Linking leadership and employee creativi-

ty: The influence of psychological empowerment, intrinsic motivation, and creative process engagement [J]. Academy of Management Journal, 2010, 53 (1), 107 - 128.

[359] ZHANG Y, WALDMAN D A, HAN Y L, et al. Paradoxical leader behaviors in people management: Antecedents and consequences [J]. Academy of Management Journal, 2015, 58 (2): 538 - 566.

[360] ZHOU J, GEORGE J M. When job dissatisfaction leads to creativity: Encouraging the expression of voice [J]. Academy of Management Journal, 2001, 44 (4): 682 - 696.

[361] ZITEK E M, JORDAN A H, MONIN B, et al. Victim entitlement to behave selfishly [J]. Journal of Personality and Social Psychology, 2010, 98 (2): 245 - 255.